にっぽん
観光列車の旅

Scenic Train Rides in Japan

ぼくらはみんな子供のときから、乗り物が好きだった。
自動車、バス、電車、汽車……
ぼくらの旅ごころはそこで初めて芽生えたのではなかったか。
そう、移動することのわくわく感！

旅のタイプには滞在型と移動型があるが、
いうまでもなく旅の本質は滞在地にではなく、
移動する時間のなかにある。
「旅先」というが、旅先は滞在が長くなればそこはそのうち「居住地」になる。
そのうち、がいつなのかはわからない。
「住むように旅をする」などと気取っていうことがあるけれど、
住んでしまったら最後「旅先」ではなくなる。
そのうち、とはきっと彼の地で安全で退屈な日常が始まった瞬間だろう。
それを察知して、旅人は再び移動を始める。

荷物をまとめて、駅舎に向かう。
ホームで列車を待つ。
列車が到着するまでの、あの、わくわくする心持ち。
あれはいったいなんだろう？

移動する、ということにわけもなく込みあげてくる歓びがあるとすれば、
それは人が地上に生まれて以来のDNAのようなものかもしれない。
民族規模の大移動からはじまって隣の村へ行く個人的な小さな移動まで。

やがて、ホームへ列車が滑り込む。
宮沢賢治の銀河鉄道の列車がやってくるのは、街外れの夜の野原からだ。
気がつくと、小さな列車はごとごとごとごと走り続けている。
夜の軽便鉄道の、小さな黄いろの電燈のならんだ車室に、
窓から外を見ながら座っている。
どこかで、銀河ステーション、というふしぎな声がし、
いきなり目の前がぱっと明るくなる。

日常を飛び出した旅人にとって、これ以上の至福の瞬間はあるまい。

青部駅〜崎平駅間に架かる大井川第二
橋梁を走るSLかわね路号(大井川鐵道)
撮影:安田眞樹

地球新発見の旅
What am I feeling here?
にっぽん 観光列車の旅

スペシャルインタビュー
室井滋さん、観光列車の魅力を教えてください!! 　14

おいしい鉄道旅　17
- ろくもん　しなの鉄道　18
- 明知鉄道食堂車　明知鉄道　24
- TOHOKU EMOTION　JR東日本　30
- レストラン・キハ　いすみ鉄道　36
- 越乃Shu*Kura　JR東日本　42
- 伊予灘ものがたり　JR四国　48

もっと乗りたい！注目のレストラン列車　52
懐石列車　小湊鐵道　薬草列車　樽見鉄道　ビール列車　関東鉄道

にっぽん全国 うまい駅弁図鑑　54

聖地の周辺を列車で旅する　61
- リゾートしらかみ　JR東日本　62
- 富士登山電車　富士急行　68
- 展望車両634型 スカイツリートレイン　東武鉄道　74
- 天空　南海電鉄　80
- 奥出雲おろち号　JR西日本　84

古都・京都を楽しむ観光列車　88
展望列車「きらら」　叡山電車
嵯峨野トロッコ列車　嵯峨野観光鉄道

観光列車王国・九州へ　90
九州プランニングマップ　92

観光列車で南九州を縦断したい　94
- SL人吉　JR九州
- いさぶろう・しんぺい　JR九州
- はやとの風　JR九州
- 田園シンフォニー　くま川鉄道

阿蘇の大自然を満喫　104
- あそぼーい！　JR九州
- トロッコ列車 ゆうすげ号　南阿蘇鉄道

列車とフェリーで天草周遊　112
- A列車で行こう　JR九州
- 天草宝島ライン　船旅もあるよ！

美食と海景色を楽しむ旅　118
- おれんじ食堂　肥薩オレンジ鉄道
- 指宿のたまて箱　JR九州

海幸山幸に乗りに行こう　126
- 海幸山幸　JR九州

ガタゴト トロッコ列車　135
- 黒部峡谷トロッコ電車　黒部峡谷鉄道　136
- くしろ湿原ノロッコ号　JR北海道　142
- 富良野・美瑛ノロッコ号　JR北海道　148
- お座トロ展望列車　会津鉄道　152
- トロッコわたらせ渓谷号　わたらせ渓谷鐵道　156
- しまんトロッコ　JR四国　160

夢を乗せて走るSL　167

- **SL銀河** JR東日本 ……………… 168
- **SLかわね路号** 大井川鐵道 ……………… 174
- **SLやまぐち** JR西日本 ……………… 178
- **SLばんえつ物語** JR東日本 ……………… 182

まだまだあります! 注目のSL ……………… 186
- SLパレオエクスプレス 秩父鉄道
- SLもおか 真岡鐵道
- SLみなかみ JR東日本

車窓から海を眺めて　191

- **丹後あかまつ号／丹後あおまつ号　丹後くろまつ号** 京都丹後鉄道 ……………… 192
- **瀬戸内マリンビュー** JR西日本 ……………… 198
- **みすゞ潮彩** JR西日本 ……………… 202
- **リゾート21** 伊豆急行 ……………… 206

冬も元気に走ります　211

- **ストーブ列車** 津軽鉄道 ……………… 212
- **こたつ列車** 三陸鉄道 ……………… 216
- **流氷ノロッコ号** JR北海道 ……………… 220

TOPICS

北陸に誕生した観光列車に注目 ……………… 58
- のと里山里海号 のと鉄道　おいこっと JR東日本
- コンセプト列車 JR東日本　花嫁のれん JR西日本

寝台特急で西へ、東へ。 ……………… 130
- カシオペア JR東日本　サインライズ出雲・瀬戸 JR西日本

線路は僕たちの永遠の宝物 ……………… 164
- スーパーカート 高千穂あまてらす鉄道
- ガッタンゴー NPO法人神岡・町づくりネットワーク

アテンダントがお手伝いします。 ……………… 188
- 由利高原鉄道 鳥海山ろく線　津軽鉄道 津軽鉄道線
- えちぜん鉄道 勝山永平寺線／三国芦原線
- 一畑電車 大社線／北松江線
- 沿線かたりべ列車 天浜線（天竜浜名湖鉄道）

クルーズトレイン ……………… 210

子供と乗りたい話題の列車 ……………… 224
- 旭山動物園号 函館本線（JR北海道）
- アンパンマン列車 予讃線・土讃線ほか（JR四国）
- ポケモンウィズユートレイン 大船渡線（JR東日本）
- 鬼太郎列車 境線（JR西日本）
- きかんしゃトーマス号 大井川本線（大井川鐵道）
- つどい 志摩線（近畿日本鉄道）
- USJラッピング 桜島線（JR西日本）
- おれんじ鉄道×くまモン 肥薩オレンジ鉄道線（肥薩オレンジ鉄道）
- きょうりゅう電車 勝山永平寺線（えちぜん鉄道）
- マンガッタンライナー 石巻線（JR東日本）
- 忍者ハットリくん列車 城端線・氷見線（JR西日本）
- 忍者列車 伊賀線（伊賀鉄道）

全国の鉄道ミュージアムへ ……………… 232
- 鉄道博物館［埼玉県大宮市］　リニア・鉄道館［愛知県名古屋市］
- 小樽市総合博物館［北海道小樽市］
- 九州鉄道記念館［福岡県北九州市］
- 京都鉄道博物館［京都府京都市］

にっぽん 観光列車MAP ……………… 10
観光列車 乗車ガイド ……………… 234
INDEX ……………… 236
本書のデータ欄の見方 ……………… 238

本書をお使いになる前に

本書に掲載されている情報は2015年2〜4月に調査・確認したものです。出版後に列車の運行状況、掲載施設などの開業（営業）時間、各種料金や交通情報、地図情報などが変更になる場合もあります。お出かけの前には、最新の情報をご確認ください。掲載内容には万全を期しておりますが、本書の掲載情報による損失、および個人的トラブルに関しては、弊社では一切の責任を負いかねますので、あらかじめご了承ください。

※本書掲載の情報欄の読み方は、238ページ「本書のデータ欄の見方」をご参照ください。

どの列車に乗りに行こうか？
にっぽん 観光列車MAP
～東日本編～

北海道

1. くしろ湿原 ノロッコ号 →P.142
2. 富良野・美瑛 ノロッコ号 →P.148
3. 流氷ノロッコ号 →P.220
4. 旭山動物園号 →P.224

関東・甲信越

5. ろくもん →P.18
6. レストラン・キハ →P.36
7. 越乃Shu*Kura →P.42
8. 懐石列車 →P.52
9. ビール列車 →P.53
10. おいこっと →P.60
11. 富士登山電車 →P.68
12. 展望車両634型 スカイツリートレイン →P.74
13. トロッコわたらせ渓谷号 →P.156
14. SLパレオエクスプレス →P.186
15. SLもおか →P.187
16. SLみなかみ →P.188

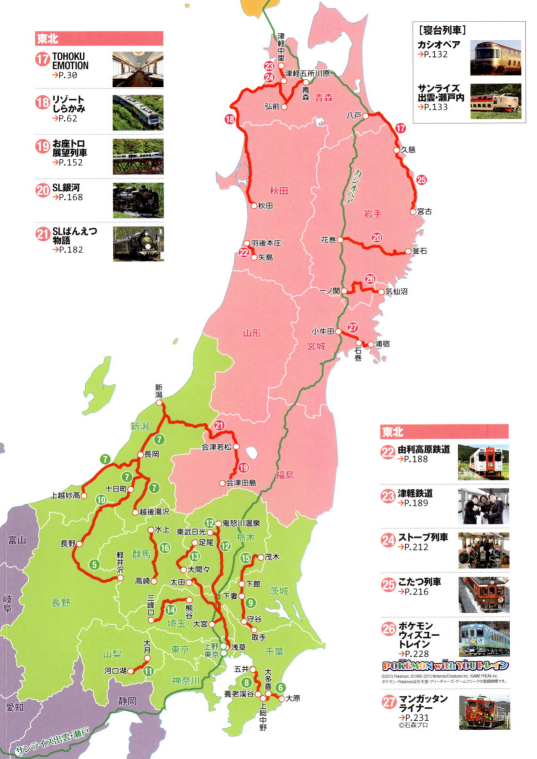

どの列車に乗りに行こうか？
にっぽん観光列車MAP
～西日本編～

九州
- 28 SL人吉 →P.94
- 29 いさぶろう・しんぺい →P.94
- 30 はやとの風 →P.94
- 31 田園シンフォニー →P.94
- 32 あそぼーい！ →P.104
- 33 トロッコ列車ゆうすげ号 →P.104
- 34 A列車で行こう →P.112
- 35 おれんじ食堂 →P.118
- 36 指宿のたまて箱 →P.118
- 37 海幸山幸 →P.126
- 38 おれんじ鉄道×くまモン →P.230

中国・四国
- 39 伊予灘ものがたり →P.48
- 40 奥出雲おろち号 →P.84
- 41 しまんトロッコ →P.160
- 42 SLやまぐち →P.178
- 43 一畑電車 →P.190
- 44 瀬戸内マリンビュー →P.198
- 45 みすゞ潮彩 →P.202
- 46 鬼太郎列車 →P.228 ©水木プロ
- 47 アンパンマン列車 →P.226

[鉄道アクティビティ]
- スーパーカート →P.164
- ガッタンゴー →P.165

※列車の路線については、日によって異なる場合があります

スペシャルインタビュー

室井滋さん、観光列車の魅力を教えてください!!

故郷・富山の大峡谷を走るトロッコ電車のナレーションや、日本のローカル鉄道を巡る番組で旅人を務める女優の室井滋さんに、列車の旅の魅力を伺いました。

乗ること自体が旅の楽しみ 夢とロマンをかきたてる場所

—— 列車の旅が似合う女優さんというと、室井滋さんを思い浮かべる人が多いようです。テレビの旅番組などで、日本のローカル鉄道を巡る旅人や案内人役をなさっていて、各地のいろいろな観光列車に乗られていますね。

もとからの鉄道ファンではなかったのですが、なぜか列車の旅に縁があって、テレビ番組の仕事などで全国各地の列車に乗っています。とくに東北の路線はほとんど行っていて、震災後よく通っていた三陸鉄道が全線開通したときには、本当に感動しました。車窓からの景色がきれいですし、こたつ列車などもあって楽しいです。久慈駅の"うに弁当"も最高のおいしさですね。

雑誌の対談で、JR九州などの車両デザインを手がけている水戸岡鋭治さん（➡P.93）と知り合ったのも、列車の旅の楽しさをあらためて感じるきっかけだったと思います。木材をふんだんに使った観光列車などは本当に居心地がよくて、移動の手段というより、夢とロマンをかきたてる場所ですね。

ゆっくり走るから 見つけられることがある

—— これから乗りたい観光列車や印象に残っている列車はありますか？また、列車の旅のどんなところに魅力を感じますか。

ななつ星in九州（➡P.210）にも乗ってみたいけど、もっとローカルな路線にもひかれます。浦島太郎ばりの演出が楽しい指宿のたまて箱（➡P.118）、猫のたま駅長がいる和歌山電鐵の貴志川線などは、ぜひ乗車してみたいです。

印象に残る観光列車のひとつは、温泉リゾート由布院へ向かう水戸岡さんデザインの特急ゆふいんの森号ですね。木の質感がやさしいクラシックな雰囲気の車両で、生のハーブティーを味わったり。居心地がいい空間でゆったりした時間や窓からの眺めに浸ることができる。スピードを求めるのではなく、列車でゆっくり走るからこそ見つけられる風景があって、旅の楽しみや醍醐味がもっと広がると思いますね。

子供の頃から慣れ親しんだ トロッコ電車でナレーション

—— 室井さんの故郷・富山には、大自然のなかを走る人気の観光列車、黒部峡谷鉄道（➡P.136）があります。そのトロッコ電車で、2009年から車内放送を担当されていますね。

車内放送のリニューアル時にお話をいただき、小学生の頃からよく乗っていた電車ということもあり、お受けしました。黒部の深い谷を走るトロッコ電車は、遠足に行ったり、温泉に行ったりなど、地元の人もよく利用していて、みんなに愛

室井滋さん
むろい・しげる

富山県出身。女優。早稲田大学在学中に映画デビュー。演技派女優として数々の映画賞を受賞。ナレーター、エッセイストとしても活躍。

されている。その魅力を伝えられるよう、私が近くの座席からご案内しているような、親しみやすさとワクワク感があるナレーションをめざしました。乗られた方に、『室井さんと一緒に乗っているみたいだった』と言っていただけて、うれしい気持ちでしたね。

黒部峡谷が織りなす大自然はどこも美しく、すべて見どころ

—— 黒部峡谷鉄道の楽しみ方、おすすめの場所などを教えてください。

　トロッコ電車で峡谷を上るにつれて、自然景観がどんどん変わるので、ここがおすすめというより、車窓の景色のすべてが見どころ。とくに好きだなと思うのは、ねずみ返しの岩壁、仏石などですね。鉄道沿線の自然も素晴らしいので、終点の欅平駅(けやきだいら)まで一気に行かずに、途中駅の黒薙(くろなぎ)や鐘釣(かねつり)で降りて散策するといいでしょう。黒薙温泉や名剣(けん)温泉などの温泉もあって、露天風呂と地元の料理でゆったりくつろげます。

オープン客車に揺られながら四季折々の自然を間近に

—— トロッコ電車の客車の魅力は？ 季節ごとの楽しみを教えてください。

　客車は3種類あって、普通客車はオープン型。大自然が目の前に迫る感じは、映画『インディ・ジョーンズ』の世界ですね。晴れの日はこの車両がおすすめ。窓付のリラックス客車と特別客車は、雨模様の日や疲れているときなどに良いでしょう。
　黒部の自然は季節ごとに表情を変えます。立山連峰の雪解け水が富山湾に流れる春は、自然が一斉に目覚めるウキウキ感があって新緑が目にまぶしい。夏は涼しく、風がひんやり気持ちいい。動物もよく見かけられ、サル、タヌキ、カモシカ、野鳥などの愛らしい姿にも触れられます。秋の紅葉の彩りと華やかさは地元の人も絶賛するほど。初冬の美しさも私は好きで、深い谷に幻想的な霧(もや)や滝が現れて、水墨画の世界に入り込むような風情です。

宇奈月駅近く、紅色の新山彦橋を渡るトロッコ電車

海と山の恵みに満ちる
富山で心と体を癒す旅を

―― トロッコ電車などの観光列車に加え、富山には味わいのある市電やローカル鉄道が走っています。また、自然に恵まれた富山は食べ物もおいしく、旅の楽しみが多いですね。

富山市内には何種類もの路面電車が走っていて、昔懐かしいチンチン電車、水戸岡さんデザインのレトロ電車、ヨーロッパの車両を導入したライトレールなど、いろいろな電車を市内巡りの足として楽しめます。富山駅と宇奈月温泉駅・立山駅を結ぶ富山地方鉄道も、風情がある路線ですね。高校のときの私の通学の足で、四季折々の景色の移り変わりや暮らしの様子が車窓に次々と現れて、海も見えるし、立山連峰も見える。旅情をそそる無人駅などもあって、すごくいいです。

富山は列車のほかにも楽しみが多く、自然の恵みが豊か。空気と水が素晴らしく良くて、食べ物がおいしい。人も穏やかで、富山県人はみな富山が大好きですね。故郷での仕事もいろいろあるので、私は月2回くらいのペースで帰っていますが、そのたびに富山の食材をダンボールいっぱい買って東京の自宅に送っています。昆布じめ、ニギス、魚のすりみ、氷見牛、昔ながらのお餅やお団子、素朴な中華そば、お米、呉羽梨など、富山の食べ物はすごくおいしい。

都会で忙しく働いている知人を富山に案内すると、「ここで暮らしてみたいなぁ」と言う人が多いですね。心も体もホッとできる土地柄なのだと思います。

富山は海の幸山の幸が豊富で、食の楽しみもいろいろ。昆布じめ(左)、呉羽梨(左下)、ニギス(右下)

ガタンゴトンと列車に揺られ
自分だけの旅の時間を紡ぐ

―― 最後に、観光列車の魅力、列車に乗っての旅の楽しみ方について伺えますか。

トロッコ電車など深い山に分け入る観光列車は、山登りの感覚を手軽に味わえるのが魅力かなと思います。自分の足ではたどり着けない場所に列車で行けて、車窓の絶景も楽しめる。駅の周辺を散策すると、素敵な温泉や食事処を見つけられたりする。川のせせらぎや鳥の鳴き声など、山の音にも浸れる。一度、冬毛に覆われたカモシカが突然現れて、その迫力に驚いたこともありました。日常生活では味わえない、こういう体験は観光列車ならではでしょう。

列車の旅というと、シベリア鉄道も思い出します。10年以上前にテレビ番組の仕事で4日ほど乗ったのですが、哀愁が漂う音楽が車内に流れていて、シベリアの大地を眺めながら、長い旅が続く。そのときの景色、風や匂いを今も覚えています。ああいう時間の流れ方が旅なんだろうな、と。

スピード化もありがたいけど、観光列車の面白さはゆっくり時間をかけて、のんびり行くことでしょうね。ガタンゴトンという音と一緒に、急がずにいろいろなものに出会うのがすごく楽しい。そういう時の流れのなかで、旅人一人ひとりが心に深く残る宝物を見つけられるのだと思います。

昭和40年の車両を改装した富山の市電、レトロ電車

―― 室井滋さん、ありがとうございました。

おいしい鉄道旅

沿線の食材にこだわった料理の数々。レストラン列車が注目を集めている。
スイーツ、日本酒、フルコースまでメニューはどれも個性的。
美しい景色が見えるテーブル席で、旅を優雅に過ごしたい。

ろくもん しなの鉄道 …18
明知鉄道食堂車 明知鉄道 …24
TOHOKU EMOTION JR東日本 …30
レストラン・キハ いすみ鉄道 …36
越乃Shu*Kura JR東日本 …42
伊予灘ものがたり JR四国 …48

懐石列車 小湊鐵道 …52
薬草列車 樽見鉄道 …53
ビール列車 関東鉄道 …53

真田幸村の里を走る豪華信州グルメ列車

しなの鉄道
ろくもん

長野駅〜軽井沢駅（長野県）

おいしい鉄道旅

ろくもん

雄大な浅間山をバックに走る渋い濃赤色の食堂列車。信州の自然を堪能できる

3号車は2人用の個室タイプの席が並ぶ

食事付プランは予約ですぐ満席に。人気のろくもん2号(和食)や浅間山側の席はできるだけ早く予約を。食事なしのプランは一部の沿線駅や旅行代理店などで販売。

左 木のぬくもりあふれる車内。1号車はカラマツ、2号車は杉、3号車は檜をおもに使用
右 2号車は景色を満喫できるように座席が配置されている

Rokumon

戦国ロマンを感じ、信州の本格グルメを楽しむ

　長野県北部を走るしなの鉄道が、2014(平成26)年7月に運行を始めたレストラン列車。「ろくもん」とは、沿線の街・上田市ゆかりの戦国武将・真田氏の家紋「六文銭」が名の由来。印象的なボディの濃赤色は、真田幸村が自軍の武具を赤で統一した「赤備え」からヒントを得たもの。高級感のあるシックな車両をデザインしたのは、「ななつ星in九州」も手がけた水戸岡鋭治氏だ。車内には、県産の木材がふんだんに使用され、ソファや和風個室など、3両編成の車両ごとに内装や座席タイプを変えている。

　食事付プランは、軽井沢発のろくもん1号(洋食)と長野発2号(和食)で楽しめ、軽井沢発3号は全席乗車のみ。料理は和洋とも、信州の名店が地元新鮮素材で振る舞う本格コース料理だ。浅間山や高原の広がる車窓風景、途中駅での心温まるおもてなしも楽しみにしたい。

RAILWAY INFORMATION

[運行日]土・日曜(4〜11月は金曜も運行)、祝日、春季、夏季を中心に年180日程度　[区間]長野駅〜軽井沢駅 ※食事付プランは全区間乗車のみ　[全長]74.4km　[所要]長野駅〜軽井沢駅約2時間30分　[本数]1.5往復(上り1本、下り2本)　[編成]3両
[料金]食事付プラン1万2800円、食事なしの乗車券指定席プランは長野駅〜軽井沢駅2640円(乗車券1640円＋指定席料金1000円)　[予約]食事付プランは乗車月の2カ月前の1日から主要駅の窓口または電話(予約センター☎0268-29-0069)、乗車券指定席プランは主要駅、JTB、近畿日本ツーリストの窓口で販売
[運行会社]しなの鉄道　www.shinanorailway.co.jp

真田陣羽織を着て記念撮影したり、温泉で淹れたお茶を味わったり。日ごとに違う停車駅でのおもてなしや、そこでしか買えないおみやげもありますので、お楽しみに！
(ろくもんアテンダントさん)

▶長野駅へ…東京駅から長野新幹線で約1時間30分

※実際の運行情報とは異なる場合がありますので、ご乗車の際は事前にご確認ください。

列車案内
RAILWAY VEHICLES

ろくもん1号「洋食のコース」

洋食では、新鮮な高原野菜や季節の果物を使ったオードブルやメイン、デザートを楽しめる

おいしい鉄道旅　ろくもん

まるで高級日本旅館のよう　洗練された内装と華やかな料理

1号車は食事なしプラン専用のテーブル席。2号車は2人掛けソファやカウンター席、3号車は和風の個室風ボックス席。料理の洋食は2つの人気レストラン、軽井沢の「こどう」と東御市の「アリトエ・ド・フロマージュ」、和食は小布施の名店「鈴花」が提供。ともに旬の素材を用いた料理が味わえる。

ろくもん2号「和食のコース」

「茶の湯の心」を表現した、目にも美しいきめ細やかな和食の数々。食後には抹茶や和菓子が振る舞われる

個室

個室は和の趣たっぷり。仕切りの障子は、「ななつ星in九州」と同じ格子職人が手がけた

2号車・ソファ席

2号車のソファ席は景色が見やすいように窓向きに配置している。浅間山向きと千曲川向きの席がある

鉄道みやげ
車内売店のほか、停車駅では限定販売のおみやげもある

六文銭まんぢう
地元・笹鈴製菓が作る温泉饅頭の「六文銭まんぢう」はみやげにぴったり。戸倉駅の停車時間に購入できる

木のプール

食事なしで利用する1号車には、木のプールのあるキッズ・スペースを用意

カウンター席

2号車カウンター席は一人旅から大人数まで対応。テーブル上の突起物は揺れたときにつかまるためのもの

ろくもん
沿線のみどころ

リゾートの軽井沢、真田幸村ゆかりの上田や小諸、善光寺のお膝元・長野など、信州の歴史と自然文化を満喫できる観光地が点在。1日乗り放題の切符を活用しよう。

1泊2日のモデルプラン

1日目
- 13:34 午前中に善光寺を参拝したら、ろくもん2号で長野駅を出発。
- 15:48 車中で景色と懐石料理を楽しみ、軽井沢駅に到着。バスで白糸の滝へ。軽井沢に1泊する。

2日目
- 9:00 レンタサイクルを借り、木立に教会のたたずむ旧軽銀座界隈を散策。
- 11:30 しなの鉄道で軽井沢駅を出発し、小諸へ。
- 11:54 小諸駅に到着。昼食後、駅近くの小諸城趾懐古園を見学。
- 14:23 小諸駅を出発し、真田氏ゆかりの街・上田へ。
- 14:43 上田駅着。上田城跡や柳町の古い街並を散策。
- 17:00 上田駅を出発。新幹線で帰路に着く。

おまけ 上田駅から上田電鉄別所線に乗って別所温泉へ行き、温泉宿でもう1泊するのも魅力的だ。

TOWN INFO 長野（ながの）
善光寺のお膝元
善光寺の門前町として栄えた県庁所在地。善光寺近く、八幡屋礒五郎の七味は名物みやげ。そばと神社で有名な戸隠は、市中心部からバスで約1時間。

駅情報 戸倉駅
ろくもん1・2号が10分弱停車する
戸倉上山田温泉の温泉水で淹れたお茶とコーヒーのサービスをホームで受けられる。六文銭まんちゅうの販売も

駅情報 上田駅
約12分間停車
赤備えの上田甲冑隊がお出迎え。また、ろくもん1・2号停車時間中に、六文銭の陣羽織を着て写真撮影ができる

数え年で7年に一度前立本尊を御開帳
善光寺（ぜんこうじ）
長野駅から 長野市営バスで15分

およそ1400年の歴史を持つ無宗派の寺院。秘仏の本尊は日本最古の仏様。本堂前に賑やかな仲見世が続く。
☎026-234-3591
🏠長野県長野市長野元善町491-イ
写真提供：善光寺

しなの鉄道本社の職員が建物の外に出て手を振ってくれる

千曲川の風景が見え隠れする

旧街道の古い街並を整備
柳町（やなぎまち）
上田駅から 徒歩15分

旧北国街道沿いに長屋が軒を連ねる古い街並。造り酒屋や老舗そば屋、天然酵母パンの有名店などが並んでいる。
🏠長野県上田市中央4

上田のシンボルで観光拠点
上田城跡公園（うえだじょうせきこうえん）
上田駅から 上田市街地循環バスで4分

真田幸村の父・昌幸が戦国時代に築城。現在は公園として整備され、櫓門の内部を見学できる。桜や紅葉の季節は色鮮やか。
☎0268-23-5134（上田市都市建設部公園緑地課）
🏠長野県上田市二の丸6263

時代劇のような街並が続く
海野宿（うんのじゅく）
田中駅から 徒歩20分

東御市の北国街道沿いにある旧宿場町。白壁に格子の連なる家並が続き、宿場時代の情緒を色濃く感じられる。
☎0268-62-1111（東御市商工観光課）
🏠長野県東御市本海野

軽井沢観光の中心スポット
旧軽銀座
きゅうかるぎんざ

軽井沢駅から ▶ 草津交通バスで5分

買物客で賑わう軽井沢のメインストリート。手作りのソーセージやジャムなどの特産品、カフェなどが並ぶ。

住 長野県北佐久郡軽井沢町旧軽井沢

避暑地・軽井沢の発祥地
ショー記念礼拝堂
ショーきねんれいはいどう

軽井沢駅から ▶ 草津交通バスで4分＋徒歩10分

カナダ人宣教師A.C.ショーが創設した軽井沢最古の教会。軽井沢で第1号となる別荘も復元されている。

☎0267-42-4740
住 長野県北佐久郡軽井沢町軽井沢57-1

緑に映えるすがすがしい滝
白糸の滝
しらいとのたき

軽井沢駅から ▶ 草津交通バスで25分

地下水が落差3m、幅70mにわたって白糸のように幾条にも流れ落ちる滝。清らかな美しさに心が洗われる。

☎0267-42-5538（軽井沢観光会館）
住 長野県北佐久郡軽井沢町長倉

TOWN INFO 上田
うえだ
幸村ゆかりの歴史街
真田幸村が築いた旧城下町。上田城や江戸期の面影を残す柳町通りなどを巡り、歴史散策を楽しめる。

TOWN INFO 小諸佐久
こもろさく
宿場町を訪ねる
小諸は戦国時代の城下町で、島崎藤村ゆかりの街。佐久とともに、北国街道の宿場町の風情も残る。

TOWN INFO 軽井沢
かるいざわ
国内有数のリゾート
爽やかな自然やアウトレット、旧軽銀座でのショッピング、おしゃれなカフェやレストランと魅力がいっぱい。

駅情報 小諸駅
2号は約17分間停車
ろくもん2号では駅隣の停車場ガーデンをご案内

駅情報 軽井沢駅
新幹線に連絡
駅員さんらがお見送り

おいしい鉄道旅　ろくもん

上田駅から乗り継いで行こう

別所温泉
べっしょおんせん

➡ 上田駅から上田電鉄で30分

情緒ある街で湯巡りを堪能
信州最古の湯として知られ、4つの外湯が楽しめる。一帯は北向観音や安楽寺などの古刹が点在し、信州の鎌倉と呼ばれている。

☎0268-38-3510（別所温泉観光協会）　住 長野県上田市別所温泉

小諸の歴史と文化に触れる
小諸城址懐古園
こもろじょうしかいこえん

小諸駅から ▶ 徒歩3分

小諸城跡を整備した歴史公園。約400年前の大手門や石垣が残り、島崎藤村らゆかりの文豪たちの記念館が点在。

☎0267-22-0296
住 長野県小諸市丁311

お泊まり情報　軽井沢には高原リゾートらしいホテルが、また戸倉上山田温泉や別所温泉など、沿線には宿泊施設が豊富に揃う。

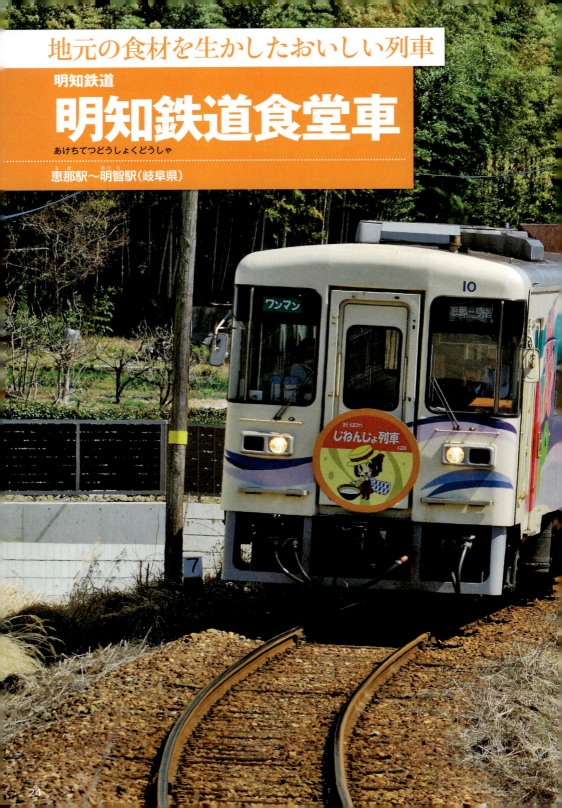

明知鉄道食堂車

地元の食材を生かしたおいしい列車

明知鉄道
あけちてつどうしょくどうしゃ

恵那駅〜明智駅（岐阜県）

HERE
岐阜 恵那 長野
明智 山梨
愛知 静岡

おいしい鉄道旅

明知鉄道食堂車

デザインもさまざまな車両が連結した「じねんじょ列車」。素朴な沿線風景が旅情をかきたてる

ロングシートにテーブルを配置した手軽な雰囲気ながら、非日常性があって印象深い

Akechitetsudo Shokudosha

季節に応じたメニュー、四季折々の景色が楽しめるので、好きな時期に予約を入れるとよい。乗車時間が1時間弱とはいえ、一般車両のためトイレはないので、乗車前に済ませておこう。

左 ヘッドマークも列車ごと異なる。アテンダントや給仕係さんのおもてなしに感謝
右 普段は見られない車内の飾りにも注目してみたい

他の追随を許さないほど多彩なメニューを用意

　岐阜県の南東部、東濃(とうのう)の山里を走る明知鉄道がグルメ列車を運行させたのは1987(昭和62)年のこと。2011(平成23)年に急行列車「大正ロマン号」に食堂車を連結する形でリニューアルした。

　地元の食材をふんだんに取り入れたメニューは季節ごとに変更され、その数は10種類以上に及ぶという。なかでも、生産量日本一として知られる沿線の山岡(やまおか)地区の細寒天(ほそかんてん)を使った「寒天列車」や、松茸ご飯が食べ放題の「きのこ列車」、地元の自然薯が評判の「じねんじょ列車」が人気。地元の岩村醸造とコラボした「枡酒(ますざけ)列車」では、新酒が飲み放題に！

　列車は急勾配が続く恵那駅〜明智駅間25.1kmの区間を約55分かけて走り、日本一急勾配な場所に建つ飯沼(いいぬま)駅や、日本一の農村景観と称される田園風景など、見どころが目白押し。恵那峡(えなきょう)や日本大正村と併せ、乗車後は沿線観光が楽しみだ。

RAILWAY INFORMATION

[運行日] 火〜日曜が中心(不定期)
[区間] 恵那駅〜明智駅 ※途中下車不可 **[全長]** 25.1km
[所要] 恵那駅〜明智駅約55分 **[本数]** 1本(下りのみ)
[編成] 2〜3両(うち1両は一般客車) **[料金]** じねんじょ列車4000円、寒天列車5000円など(料理により変動、往復の運賃を含む) **[予約]** インターネット(7日前まで)または電話(3日前まで) 0573-54-4101)で受付
[運行会社] 明知鉄道 www.aketetsu.co.jp

農村景観日本一の富田地区や山岡駅前のかんてんかん、恵那や岩村などでは専門店の五平餅を食べながらの散策がおすすめ！新緑や紅葉など季節の車窓も楽しんでいってください。(明知鉄道 伊藤さん)

▶恵那駅へ…名古屋駅から中央線快速で約1時間
※実際の運行情報とは異なる場合がありますので、ご乗車の際は事前にご確認ください。

おいしい鉄道旅 — 明知鉄道食堂車

寒天列車
細寒天を使った料理を懐石風にいただく。健康的なメニューは女性からの支持も高い。寒天列車の運行は4〜9月頃

じねんじょ列車
滋養強壮や疲労回復に効果があるともいわれる冬の食材「じねんじょ」。とろろのおかわり自由がうれしい。おもに12〜3月に楽しめる

きのこ列車
大人気の「きのこ列車」はなんと松茸ごはんがおかわり自由！おもに9〜11月頃に運行

列車案内 RAILWAY VEHICLES

通常は普通列車として使われる車両に、長テーブルを持ち込み食堂車に早変わり。質素な車内だが、そこがまた楽しい。食堂車の場合、1両は30名定員。予約状況により3両連結になることもある。アテンダントの沿線案内もあるので、里山風景もしっかり楽しみたい。

何回乗車しても楽しめるほど旬のメニューを豊富に揃える

職員がロングテーブルを運び込み、普通列車を食堂車に模様替え

持って帰ろう 鉄道みやげ

恵那駅、岩村駅、明智駅では、明知鉄道ゆかりのグッズを販売している

おらが鉄道 極楽せんべい
ピーナッツ、パンプキンシード、ひまわりシナモン、ココナツといった4種類の味覚が楽しめる

「じねんじょ列車」ではすり鉢も登場し、とろろをすりおろしてくれる

Column
気動車体験運転も実施しています！
事前講習などを受講したあと、指導運転士のもと、明智駅の側線において本物の列車が運転できる人気イベント。中学生以上から参加できる。申し込み詳細は明知鉄道HPから。

> 明知鉄道食堂車

沿線のみどころ

日中は1時間に1本程度運行しているので、「食堂車」を満喫したあと、午後は気になる駅で下車して、散策を楽しむのがいい。沿線名物の五平餅もぜひ味わってみて！

1泊2日のモデルプラン

1日目	10:24	名古屋駅から中央線快速で恵那駅へ。
	12:40	普通列車よりもゆっくり走る急行列車、大正ロマン号に乗り込み、恵那駅を出発。53分間のグルメ旅を満喫する。
	13:33	明智駅で下車後、古い建造物が建ち並ぶ日本大正村を見学。
	16:24	明智駅から恵那駅へ普通列車で戻る。途中、花白温泉駅で下車し駅前の日帰り温泉で入浴を楽しむ。宿泊は恵那駅周辺。
2日目	10:00	恵那峡下り、中山道大井宿の散策など、恵那周辺の観光を楽しみ帰途へ。
おまけ		沿線随一の賑わいをみせる岩村城跡と城下町を散策するなど、2日目にもう一度明知鉄道を利用して、沿線を巡ってみるのも楽しい。

クルーズ船で絶景を楽しむ
恵那峡
えなきょう

恵那駅から　東鉄バスで15分

大正時代、難工事の末に完成したダム湖で、深緑色の水をたたえる。美しい緑や奇岩に包まれ、四季折々の植物が花を添える。遊覧船クルーズがおすすめ。

☎0573-25-4800（恵那峡遊覧船）
🏠岐阜県恵那市大井町

TOWN INFO 恵那 えな
恵那峡で知られる
岐阜県南東部に位置し、市の中心は中山道大井宿を含む恵那駅一帯。木曽川沿いの恵那峡はじめ、見どころが多い。

江戸から46番目の宿場
中山道大井宿
なかせんどうおおいじゅく

恵那駅から　徒歩すぐ

整備保存がなされ、現在でも枡形や本陣門、うだつ壁がある旧家が残る。中山道ひし屋資料館（有料）は内部の見学も可。

☎0573-25-4058（恵那市観光協会）
🏠岐阜県恵那市大井町

大正時代にタイムスリップ
日本大正村
にほんたいしょうむら

明智駅から　徒歩すぐ

街のいたるところに大正時代の面影を残す建造物を保存、再現。十六銀行などうだつ壁が今も実際に利用されている。

☎0573-54-3944
🏠岐阜県恵那市明智町

駅情報 明智駅
レトロでかわいい駅舎
木造の小さな駅。売店では明知鉄道グッズを販売。構内にはSLのC12形244号が展示されている

TOWN INFO 明智 あけち
明知鉄道の起点
大正時代には養蚕業で栄えたこともあり、往時をしのぶハイカラな建造物が今も残る。明知鉄道の本社があるのもここ。

恵那の自然と食を楽しむ
銀の森（ぎんのもり）

恵那駅から 東鉄バスで10分＋徒歩15分

恵那特産の栗を使った和菓子を販売する「みくりや」など、8つのショップ＆レストランが点在する。
- ☎0800-200-5095
- 🏠岐阜県恵那市大井町2711-2

「枡酒列車」で使われるお酒
女城主・岩村醸造（おんなじょうしゅ いわむらじょうぞう）

岩村駅から 徒歩10分

1787（天明7）年創業。原料米は地元産を中心に、水は敷地内の井戸水のみ（岐阜県名水50選）を使用している。
- ☎0573-43-2029
- 🏠岐阜県恵那市岩村町342

駅情報 飯沼駅
日本一急勾配にある駅
通常は駅が設置できない急勾配な場所に位置する。待合室の土台に注目！すべり止めの砂は、お守りとして販売している

駅情報 極楽駅
「極楽」行の切符!?
珍しい駅名として有名なのが極楽駅。記念って硬券切符を買って持ち帰る人も多い

駅情報 岩村駅
昔の信号機を保存
開業以来使用していた腕木式信号機が保存されている

駅情報 花白温泉駅
駅前には日帰り湯
200年近い歴史を持つ湯。駅前の温泉施設では入浴や軽食もできる

飯沼駅に次ぐ、急勾配に位置する

日本三大山城のひとつ
岩村城跡（いわむらじょうあと）

岩村駅から 徒歩1時間

明治時代に廃城されるまで約700年の歴史を誇る。717mの高所に位置し、霧に包まれやすいことから「霧ヶ城」とも呼ばれる。本丸付近の石垣は圧巻だ。
- ☎0573-43-3057（岩村歴史資料館）
- 🏠岐阜県恵那市岩村町

TOWN INFO 岩村（いわむら）
城と史跡の街
岩村城をひかえた三万石の城下町として栄え、中心部の街並は重要伝統的建造物群保存地区に選定されている。

おいしい鉄道旅 明知鉄道食堂車

お泊まり情報　恵那峡や恵那駅周辺にホテルや旅館が集まり便利。明智駅周辺にも旅館があるが数は少ない。

新しい東北に出会う、走る贅沢レストラン

JR東日本
TOHOKU EMOTION
とうほく エモーション

八戸駅(青森県)～久慈駅(岩手県)

おいしい鉄道旅

TOHOKU EMOTION

すべての席から車窓の景色が楽しめるオープンダイニング車両。高級感漂う内装が素敵

海岸線ぎりぎりを走る宿戸駅〜陸中八木駅の区間は、とくに絵になるスポット

予約はJR東日本の旅行カウンター「びゅう」やおもな旅行会社で申し込む。電話やインターネットからも予約可能。通常の切符のようにみどりの窓口では買えないので気をつけて。

左 車窓から見られる、ウミネコの繁殖地として有名な蕪島。鮮やかな緑と海の青との対比が美しい
右 岩手県洋野町流お出迎え「洋野エモーション」。復興支援への感謝も込めて

TOHOKU EMOTION

豪華レストラン列車で味わう東北グルメと三陸海景色

　美しい海景を眺めながら、東北の食材を使った料理が味わえる列車で、白いレンガ風のモダンな車体はレストランをイメージしたもの。八戸駅発の列車で供されるランチコースをプロデュースするのは、国内でも指折りのシェフばかり。何度でも楽しめるようにと、シェフは一年に2度交代する。器にはモダンにデザインされた曲げわっぱや会津桐を使用し、地元の食材と工芸品との調和を図る。

　久慈駅発の列車で楽しめるはデザートビュッフェ。座席に運ばれるアソートプレートを味わったあとは、2号車ライブキッチンスペースのカウンターに並ぶスイーツを好きなだけ。ビュースポットでは減速するため、三陸海岸の変化に富む景観も堪能できる。

　贅沢なランチコースにスイーツビュッフェ、三陸海岸の風景と、予約が取れないといわれるほどの人気ぶりも納得の、充実した内容だ。

RAILWAY INFORMATION

[運行日]土・日・月曜、祝日が中心
[区間]八戸駅〜久慈駅
※八戸駅発ランチコースは途中下車不可
[全長]64.9km
[所要]八戸駅〜久慈駅約1時間45分
[本数]1往復　[編成]3両
[料金]八戸駅発ランチコース7200円、子供6600円、久慈駅発スイーツコース4100円、子供3500円(申し込みは2名〜、1号車利用時は3000円別途)
[予約]びゅうトラベルサービス、旅行会社などで旅行商品として発売、予約開始日はHPで随時発表
[運行会社]JR東日本 www.jreast.co.jp

▶八戸駅へ…東京駅から東北新幹線で約2時間50分
※実際の運行情報とは異なる場合がありますので、ご乗車の際は事前にご確認ください。

列車案内
RAILWAY VEHICLES

　3両編成で、1号車はコンパートメント個室車両、2号車はライブキッチンスペース、3号車はオープンダイニング車両。各車両とも東北の伝統工芸をモチーフにした内装になっている。どの席にも広い窓が備えられ、食事と景色をゆったりと味わうことができる。

2号車ライブキッチンでは、調理の様子が見学でき、復路ではスイーツビュッフェが並べられる ※料理はイメージ

1号車コンパートメント車両の1室。定員は4名。壁のファブリックは、福島の刺子織をモチーフにしたもの

通常のレストラン列車とは一線を画す、本格的なコース料理が特徴。監修のシェフは年に2回、メニューは年に4回入れ替わる。アルコールを含むドリンクが飲み放題なのもうれしい。※料理はイメージ

最高峰の料理ともてなしで乗った人すべてに感動を！

おいしい鉄道旅 TOHOKU EMOTION

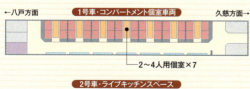

←八戸方面　1号車・コンパートメント個室車両　久慈方面→
2～4人用個室×7

2号車・ライブキッチンスペース
レセプションカウンター　オープンキッチン　ガラス張りのキッチン

3号車・オープンダイニング車両
4人掛けテーブル席×3　2人掛けテーブル席×4

Column
伝統工芸を生かした車内装飾

各車両の内装は、東北各地の伝統工芸をモチーフにしている。青森のこぎん刺し、岩手の南部鉄、福島の刺子織などだ。料理を飾る器などにも使用されており、いろいろな形で東北の魅力を伝えている。

TOHOKU EMOTION
沿線のみどころ

太平洋を望みながら、八戸駅から久慈駅までを走る八戸線。鮫駅を過ぎてから広がる、風光明媚な海の絶景を楽しもう。港町が連なる地域だけに、海鮮はハズレなし。

1泊2日のモデルプラン

1日目		
	11:05	TOHOKU EMOTIONで八戸駅を出発。
	12:52	久慈駅着。もぐらんぴあ・まちなか水族館、あまちゃんハウス、道の駅くじなど駅周辺を観光。
	14:20	TOHOKU EMOTION復路、久慈駅を出発。
	15:18	種差海岸駅で下車。種差海岸を散策してからバスで蕪島へ。観光したあとは普通列車で鮫駅から本八戸駅へ向かう。
	19:00	本八戸駅着。八戸屋台村みろく横丁で郷土料理をいただく。ホテルへ。
2日目		
	10:00	八食センターで市場見学とみやげ探し。ゆっくりまわったあとは昼食をとり、バスで八戸駅へ向かい帰路につく。
おまけ		久慈を観光してから八戸に戻ったり、三陸鉄道北リアス線で宮古駅へ向かったりするプランも！

感動 乗車体験!!
素敵に満ちあふれた空間で非日常を味わう「レストラン」

久慈駅発のスイーツコースに乗車しました。いたるところに東北の素材を使用していて、内装へのこだわりが強く感じられます。スイーツはもちろんおいしく、種類も豊富で大満足！オープンダイニング車両でも、しっかり仕切りがあるので、隣もほとんど気にならず、くつろげます。また、ハッとさせられたのが、BGMが聴こえてきたとき。何気ないことですが「そうか、ここはレストランなんだ」と感じた瞬間でした。（nagisaさん／2015年2月頃●ブログ「ClubAmeThyst」）

TOWN INFO 八戸 はちのへ
全国でも有数の港町
国内きっての水揚げを誇る漁港を持ち、海の幸を堪能できる。海岸の自然美も見どころ。活気に満ちた各地の朝市も人気。

駅情報 八戸駅
出発を盛り上げる演出
「Von Voyage」の旗とともに、スタッフがお見送り。車両の入口に敷かれたレッドカーペットは、一流ホテルのよう

八戸を味わい尽くす大市場
八食センター
はっしょくセンター

八戸駅から 八食100円バスで11分

新鮮魚介や珍味、名産、人気みやげなどがずらり。買った食材をその場で焼いて食べられる七厘村もおすすめ。
☎0178-28-9311
🏠青森県八戸市河原木神才22-2

観光客も気軽に楽しめる屋台村
八戸屋台村みろく横丁
はちのへやたいむらみろくよこちょう

本八戸駅から 徒歩10分

海の幸や郷土料理が満喫できる屋台が連なる。カウンター席だけの小さな店のアットホームな雰囲気が魅力。
☎0178-29-0815（みろく横丁事務局）
🏠青森県八戸市三日町

あまちゃんファン必見！
あまちゃんハウス

久慈駅から 徒歩2分

NHKの連続テレビ小説「あまちゃん」で実際に使われた小道具や衣装、ロケ風景の写真が展示されている。入館無料。
☎0194-66-9200（久慈市観光物産協会）
🏠岩手県久慈市中央3-28

久慈観光の情報発信地
道の駅くじ やませ土風館
みちのえきくじ やませどふうかん

久慈駅から 徒歩8分

観光交流センターと物産館を合わせた施設。久慈秋まつりで運行される山車や、郷土の魅力を紹介する資料も展示する。
☎0194-66-9200（久慈市観光物産協会）
🏠岩手県久慈市中町2-5-6

お泊まり情報 本八戸駅周辺にホテルが集まる。八戸駅からバスで1時間30分、奥入瀬周辺の美しい自然を満喫するホテルもおすすめ。

太平洋

車窓には海が広がり、蕪島や種差海岸などの景勝地が続く

ビュースポットでは速度を落として走行してくれるので、料理に夢中になってポイントを見逃した！ということはない

ウミネコが間近で観察できる
蕪島
かぶしま

| 鮫駅から | 徒歩15分 |

島全体が国の天然記念物として指定されているウミネコの繁殖地。島の上に蕪嶋神社があり、周辺の海を見晴らせる。
☎0178-46-4040（八戸市まちづくり文化スポーツ部観光課）
住青森県八戸市鮫町鮫56

三陸復興国立公園に指定
種差海岸
たねさしかいがん

| 種差海岸駅から | 徒歩3分 |

砂浜や岩礁が入り交じる、変化に富んだ海岸風景が見どころ。豊かな海浜植物や高山植物が観賞できる遊歩道もある。
☎0178-51-8500（種差海岸インフォメーションセンター）
住青森県八戸市鮫町棚久保

おいしい鉄道旅 TOHOKU EMOTION

駅情報 有家駅
太平洋を望む絶景駅
駅のホームから眺められる海の景色は感動的だ

洋野町の海が見える各ポイントで、地元の住民が列車に向かって、大漁旗や手を振り迎えてくれる

この付近ではとくに海岸線の近くを走る。車窓を流れる海の景色で爽快な気分に

日本唯一の地下水族館再建中
もぐらんぴあ・まちなか水族館
もぐらんぴあまちなかすいぞくかん

| 久慈駅から | 徒歩すぐ |

被災で全壊した地下水族館「もぐらんぴあ」の仮の施設。応援団長・さかなクンがみずから持ってきた水槽や魚を展示。
☎0194-53-9600
住岩手県久慈市中央2-9

北限の海女に会える
小袖海女センター
こそであまセンター

| 久慈駅から | 市民バスで30分 |

北限の海女の拠点で、素潜り漁の実演を見ることができる（7～9月の土・日曜、祝日）。
☎0194-54-2261
住岩手県久慈市宇部町24-110-2

TOWN INFO 久慈 くじ
恵まれた海山の自然
日本最北端の海で漁をする北限の海女で知られる。琥珀の産地としても有名。内陸側には大規模な白樺林が広がる平庭高原がある。まめぶ汁は久慈を代表する郷土料理。

駅情報 久慈駅
三陸らしいお出迎え
駅到着時には、大漁旗をめいっぱい振って歓迎してくれる

ムーミン谷でいただく房総の山海の幸
いすみ鉄道
レストラン・キハ
大多喜駅～上総中野駅～大原駅（千葉県）

おいしい鉄道旅 レストラン・キハ

キハとは暗号のようだが、気動車を示す「キ」、普通車の「ハ」という、車両の区分に由来する

イタリアンコース。ボックス席の片側をテーブルとして利用する

左 コースの締めはティラミスとジェラートの盛り合わせ
右 列車内では火が使えないが、車内でもおいしい料理が提供できるよう、調理の仕方を工夫している

通年運行しているので、いつでも楽しめるが、沿線の菜の花が開花する2〜3月頃がとくにおすすめだ。車内で出される料理は量が比較的多いので、前の晩は食べ過ぎないように注意。

Restaurant Ki-Ha

地元の食材を使った料理を豪勢に味わう

　かつては存続の危機に迫られたいすみ鉄道だが、かわいいムーミン列車の登場、公募社長や運転士募集などユニークな施策で注目を浴び、いまや房総半島のソウルトレインとして、日々走り続けている。

　なかでも注目を集めているのが週末に運行されているグルメ列車のレストラン・キハで、予約開始とともに定員に達してしまうほどの盛況ぶりだ。イタリアンコース（土曜運行）とお刺身コース（日曜運行）からなる伊勢海老特急の場合、いすみ鉄道本社のある大多喜駅を出発し、上総中野駅で折り返し、外房の大原駅へ向かう約1時間50分の間に、房総の海の幸を存分に使った料理が供される。スタッフのにこやかな応対も好評で、あまりのおいしさに外の景色を楽しむのを忘れるほどだとか。大原駅に到着後、土曜はスイーツ列車、日曜は和菓子列車が出発するので、再び乗車して大多喜に戻ることができる。

▶大多喜駅へ…東京駅から特急わかしおで大原駅まで約1時間15分、いすみ鉄道に乗り換え約30分、ほか
※実際の運行情報とは異なる場合がありますので、ご乗車の際は事前にご確認ください。

RAILWAY INFORMATION

[運行日]土・日曜、祝日が中心　[区間]大多喜駅〜上総中野駅（折り返し）〜大原駅　[全長]26.8km（上総中野駅〜大原駅）　[所要]大多喜駅〜大原駅約1時間50分　[本数]1本　[編成]2両（普通車1両と連結）　[料金]イタリアンコース1万3000円〜、お刺身コース2人1組2万4000円〜（いずれもネット予約時の料金）ほか　[予約]発売時期はHPにて随時発表、インターネットまたは電話（村山ツーリスト☎043-309-8700 ※専用ダイヤル）で受付
[運行会社]いすみ鉄道 www.isumirail.co.jp

深緑や季節の花々に加え、蛙の声が聞こえてくる水田など、日本の原風景の四季が眺められます。レストラン列車は3年目を迎え、新しいことにも挑戦していきますのでお楽しみに！（いすみ鉄道 田中さん）

列車案内
RAILWAY VEHICLES

レストラン・キハは通常、土曜が「伊勢海老特急・イタリアンコース」、日曜が「伊勢海老特急・お刺身列車コース」として運行されている。また、スイーツ・ワイン列車、和菓子列車や、4月には「たけのこ特急」としての運行もあり、旬の味覚を楽しませてくれる。

伊勢海老特急・お刺身列車コース

「九十九里ヴィラそとぼう」の渡辺料理長が腕をふるう。伊勢エビは刺身と鬼殻焼で1匹半入る。茶碗蒸しやタコ飯、デザートなども用意される

伊勢エビ、アワビはもちろん、房総の郷土料理「なめろう」まで、沿岸で獲れる海の幸を豪勢に盛り付け

伊勢海老特急の名に恥じない
豪快・贅沢な伊勢エビづくし

伊勢エビを贅沢に使った大原産伊勢海老と魚介のブロー・デット

伊勢海老特急・イタリアンコース

料理を手がけるのは、茂原市のイタリア料理店「ペッシェ アズーロ〜青い魚〜」のオーナーシェフ。写真は地魚とハマグリのスープ

── Column ──
ムーミン谷のムーミン列車

いすみ鉄道では普通列車として、黄色い車体にムーミン一家やスナフキンなどのキャラクターが描かれたかわいい列車が走っている。ヘッドマークや行き先表示板などにも注目してみて。

大原産アワビとイクラのトマトクリームパスタ

春野菜と魚介のマリネ。見た目も鮮やかな盛り付けが素敵

おいしい鉄道旅 レストラン・キハ

レストラン・キハ
沿線のみどころ

最大の見どころは、いすみ鉄道の本社があり、レストラン列車の出発駅もある城下町・大多喜だ。沿線はのどかな里山で、2月末頃は咲き誇る菜の花がみごろに。

1泊2日のモデルプラン

1日目	9:00	都内から特急わかしおで大原駅に向かい、いすみ鉄道に乗り換えて大多喜駅に到着。
	11:38	レストラン・キハに乗車し大多喜駅を出発。伊勢エビ料理などに舌つづみ。国吉駅での10分ほどの停車中に、ムーミンショップへ。
	13:24	大原駅に到着。折り返しスイーツ列車に乗り、大多喜まで戻る。ふたたび大多喜駅の散歩を楽しみ、大多喜泊。
2日目	9:00	小湊鐵道を利用し、養老渓谷へ。散策を楽しんだら、再び小湊鐵道に乗車し五井駅へ向かい、帰途につく。
おまけ		大多喜駅周辺に町営駐車場がある。列車本数が多くはないので、千葉を周遊するなら車利用も検討を。

鉄道ファン必見のミュージアム
房総中央鉄道館
ぼうそうちゅうおうてつどうかん

大多喜駅から 徒歩2分

個人所蔵の鉄道グッズ約1000点を展示。養老渓谷から都内までの景色を再現した約1kmのジオラマは圧巻。
☎0470-82-5521
🏠千葉県夷隅郡大多喜町久保102

TOWN INFO 大多喜 おおたき
城下町の情緒あふれる街
大多喜は房総の小江戸とも呼ばれる城下町で、史跡名所や老舗の酒蔵、和菓子店などが多い。

駅情報 大多喜駅
駅舎内に本社がある
いすみ鉄道唯一の有人駅で、本社もある。構内ではいすみ鉄道グッズの販売も

駅情報 小谷松駅
駅のトイレは…
2008(平成20)年のリニューアルの際、駅のトイレ外観がおみくじ形に変身した！

駅情報 上総中野駅
小湊鐵道に接続する
いすみ鉄道と小湊鐵道の接続駅。ログハウス風のかわいい無人駅だ

このあたりは、線路沿いを菜の花が埋め尽くす

知る人ぞ知る縁結びの神社
夷隅神社
いすみじんじゃ

大多喜駅から 徒歩10分

大多喜の総鎮守。牛頭(ごず)天王宮とも呼ばれ、素盞嗚命を祀る。721坪の敷地に権現造りの本殿がたたずむ。
☎0470-80-1146
🏠千葉県夷隅郡大多喜町新丁63-12

さまざまな種類の椿が彩る
椿公園
つばきこうえん

大原駅から　徒歩15分

2月下旬から3月下旬頃にかけて、およそ1000種類もの椿が次々と花開き、春の訪れを告げる。

☎ 0470-62-6110(いすみ市観光協会)
🏠 千葉県いすみ市深堀539

大多喜の歴史・文化を紹介
千葉県立中央博物館
大多喜城分館
ちばけんりつちゅうおうはくぶつかん　おおたきじょうぶんかん

大多喜駅から　徒歩15分

街の象徴ともいえる、大多喜城本丸跡に建てられた城郭様式の博物館。房総の城と城下町をテーマに貴重な資料を展示。

☎ 0470-82-3007
🏠 千葉県夷隅郡大多喜町大多喜481

TOWN INFO　大原
おおはら

外房の活気あふれる港町

伊勢エビの水揚げ高が全国トップレベルの大原漁港を控える港町。漁港では毎月第1・3日曜に朝市を開催。9月に開催される大原はだか祭りも有名だ。

駅情報　国吉駅
ムーミングッズを入手!

駅構内にムーミンのグッズを扱うVALLEYWINDS(ヴァレー・ウインズ)がある。いすみ鉄道とムーミンのコラボ商品が人気

おいしい鉄道旅　レストラン・キハ

養老渓谷
ようろうけいこく

➡ 小湊鐵道・養老渓谷駅からバスで5〜15分(散策路により異なる)
☎ 0470-80-1146(大多喜町観光協会)
🏠 千葉県夷隅郡大多喜町

紅葉の名所として有名

養老川沿いが散策路になっており、夏は新緑、晩秋は紅葉と、美しい景色を見せる。粟又の滝など、見応えがある滝も多い。

上総中野駅から乗り継いで行こう

1849(嘉永2)年築の旧家
渡辺家住宅
わたなべけじゅうたく

大多喜駅から　徒歩10分

大多喜藩御用達を務めた渡辺家の住宅。屋根を桟瓦葺きに変えた以外は、当時の姿をとどめている。国の重要文化財。

☎ 0470-80-1146
🏠 千葉県夷隅郡大多喜町久保126

お泊まり情報　大多喜、養老渓谷、大原などを中心に民宿や旅館が点在している。

41

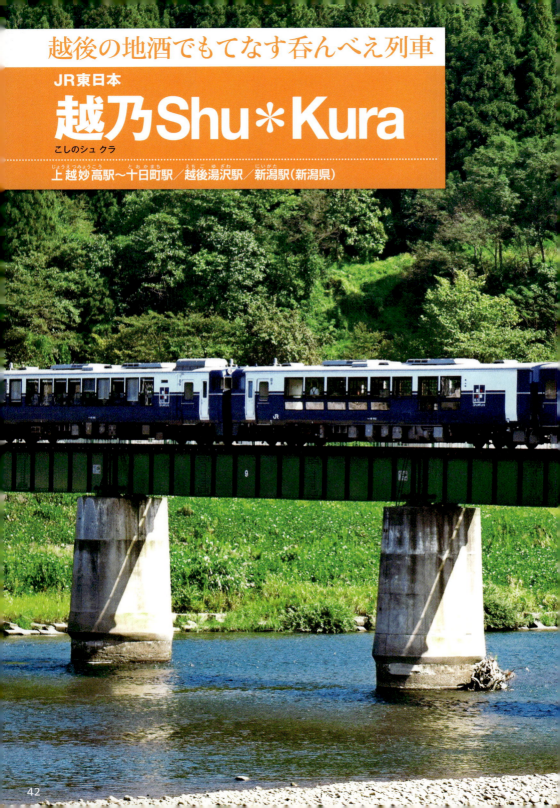

越後の地酒でもてなす呑んべえ列車

JR東日本
越乃Shu*Kura
こしのシュクラ

上越妙高駅〜十日町駅／越後湯沢駅／新潟駅（新潟県）

おいしい鉄道旅

越乃Shu*Kura

伝統色である青味がかった黒「藍下黒」と白を組み合わせた外装は新潟の風土をイメージしたもの

特典メニューのお酒と食事が付くのは「びゅう」で予約する1号車のみ。上越妙高駅からの運行は午前中なので、お酒は昼以降に飲みたいという人は午後運行の十日町駅から乗車しよう。

びゅう予約者にはお酒と食事がサービスされる。ソフトドリンクへの変更も可能

左 信越本線の青海川駅では、日本海が目の前に迫る
右 乗務員の温かなもてなしを受ける

Koshino Shu*Kura

酒どころ・新潟が誇る日本酒の魅力に酔いしれる列車旅

　米どころ・新潟のおいしい地酒を存分に味わえる観光列車として、2014(平成26)年5月に登場。車内では地酒が振る舞われ、利き酒スペースの設置、地元蔵元によるイベント開催など、約3時間の列車の旅は日本酒三昧。とくにJR「びゅう」による予約者には特典メニュー「水と大地の贈り物」が付き、日本酒2本と車内で使える利き酒クーポン、季節の地元食材を使った食事などが提供される。美しい日本海を車窓から眺めつつ心地よく酔うことができる。
　路線は3つあり、北陸新幹線が乗り入れる上越妙高駅から信越本線を通って長岡駅までは共通。長岡駅と十日町駅を結ぶのは越乃Shu*Kura、越後湯沢駅までをゆざわShu*Kura、新潟駅までを柳都Shu*Kuraと呼ぶ。日本海沿いを走る直江津駅〜柏崎駅間の眺めは情緒にあふれ、日本一海に近い駅、青海川駅がハイライトとなる。

▶上越妙高駅へ…東京駅から北陸新幹線で約2時間

RAILWAY INFORMATION

[運行日]3〜9月の金〜日曜、祝日が中心(10月以降は要問い合わせ)　[本数]1往復(3路線のうち1路線運行)　[編成]3両　[料金]1号車利用時は上越妙高駅〜新潟駅7200円など、3号車利用時は上越妙高駅〜新潟駅5070円(乗車券2510円+指定席券2560円)など
[予約]1カ月前の10時からみどりの窓口、おもな旅行会社などで販売(1号車はびゅう旅行商品専用座席)
[運行会社]JR東日本　www.jreast.co.jp

越乃Shu*Kura
[区間]上越妙高駅〜十日町駅　[全長]127.6km
[所要]上越妙高駅〜十日町駅約2時間40分〜3時間40分

ゆざわShu*Kura
[区間]上越妙高駅〜越後湯沢駅　[全長]154.8km
[所要]上越妙高駅〜越後湯沢駅約3時間10分〜3時間50分

柳都Shu*Kura
[区間]上越妙高駅〜新潟駅　[全長]146.7km
[所要]上越妙高駅〜新潟駅約3時間〜3時間30分ほか

フリースペース

3号車にある広々とした8人用ソファ席は誰でも自由に使える。その奥が3号車客席で、向かって右列が海の見える席だ

利き酒ゾーン

2号車の「蔵守〜Kuramori〜」では新潟の地酒を常時5種類用意。クーポン（5枚500円、びゅう旅行商品は3枚付）を購入して飲み比べてみよう

列車案内
RAILWAY VEHICLES

　1・3号車が客車で、1号車には特別な座席が用意されている。2号車はグッズ購入や利き酒ができるサービスカウンターがあるほか、イベントスペースとして利用。ジャズの生演奏や、地元蔵元による試飲会、日本酒カクテルのテイスティングなど多様なお酒イベントが開かれる。

すべてがお酒を楽しむために考え抜かれたリラックス空間

展望ペアシート

日本海の眺めを堪能するならこのシートがいちばん。絶景を目の前にお酒もすすみそう

らくらくボックスシート

3人以上のグループならテーブルを囲むこのタイプがおすすめ

くつろぎペアシート

パーティションで区切られているので隣席を気にせずくつろげる。日本海側を向いており、展望ペアシート越しに風景を楽しめる

イベントスペース

酒樽を模したスタンディングテーブル。お酒片手にイベントやジャズ演奏を堪能しよう

約20分のジャズ演奏が始発から終着までに3〜4回行なわれる。音楽を肴に優雅なお酒の時間を過ごせる

1号車

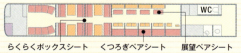
らくらくボックスシート　くつろぎペアシート　展望ペアシート

2号車

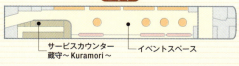
サービスカウンター 蔵守〜Kuramori〜　イベントスペース

3号車
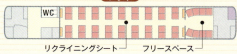
リクライニングシート　フリースペース

■1号車利用時に下車できる駅と料金

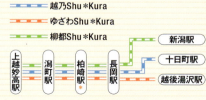

越乃Shu*Kura
ゆざわShu*Kura
柳都Shu*Kura

上越妙高駅　潟町駅　柏崎駅　長岡駅　新潟駅　十日町駅　越後湯沢駅

*柏崎駅から長岡駅までの乗車は不可

区間	長岡駅	十日町駅	越後湯沢・新潟駅
上越妙高駅	6600円	7000円	7200円
直江津駅	6400円	6800円	7000円
潟町駅	6200円	6800円	7000円
柏崎駅	−	6400円	6800円
長岡駅	−	6200円	6400円

おいしい鉄道旅　越乃Shu*Kura

越乃Shu*Kura
沿線のみどころ

乗車する路線によって楽しみ方が変わる。越後湯沢、十日町ならスキーや温泉が楽しめ、新潟なら街の賑わいを感じられる。長岡を起点にするのもおすすめ。

1泊2日のモデルプラン

1日目	9:37	越後湯沢駅に到着後、レンタカーを借りる。
	10:10	幕末の彫物師・石川雲蝶の彫刻と絵画を巡る。西福寺・開山堂から龍谷寺、穴地十二大明神へ。
	15:00	魚沼産コシヒカリのランチ後、越後湯沢温泉の宿へ。CoCoLo湯沢でおみやげショッピングしたり温泉でくつろぐ。
2日目	9:30	宿をチェックアウトして十日町駅へ。へぎそばを食べたり、レンタカーを借りて周辺観光。
	14:48	十日町駅から越乃Shu*Kuraに乗車！途中、青海川駅で20分ほど停車するので記念撮影できる。
	18:28	上越妙高駅着。北陸新幹線に乗って帰路につく。
おまけ		十日町駅から長野方面へ向かう飯山線の観光列車「おいこっと」が2015(平成27)年4月に運行開始(➡P.60)。

感動 乗車体験!!
始発駅から終点までの乗車がおすすめ

海沿いだけでなく、長岡駅から十日町駅間の山間部の車窓もおすすめですが、この列車のお楽しみはなんといっても、日本酒飲み比べとジャズ演奏。心地よい生演奏の音を聴きながら、ついついおかわり。ゆっくり楽しむなら全区間乗車で決まりです。(T.Y.さん／2014年5月頃乗車 ●ブログ「うまさぎっしり新潟ブログ」)

難攻不落の名城に思いを馳せる
春日山城跡
かすがやまじょうあと

直江津駅から 頸城バスで15分

戦国大名・上杉謙信公の居城として知られる。空堀や土塁など山城らしい遺構が見学でき、本丸跡からは街が一望できる。

☎025-545-9269(上越市文化行政課)
🏠新潟県上越市中屋敷

TOWN INFO 高田 たかだ
桜の頃に訪れたい街
上越市の中央に位置し、高田公園は日本三大夜桜で知られる。童話作家の小川未明の出身地で、高田図書館内に文学館がある。

春には桜が美しい城跡公園
高田公園
たかだこうえん

高田駅から 頸城バスで8分

徳川家康の六男・松平忠輝公が住んだ高田城の跡。春は約4000本といわれる桜が咲き乱れ、とくに夜桜に定評がある。

☎025-526-5111(上越市都市整備課)
🏠新潟県上越市本城町

新潟駅から乗り継いで行こう
佐渡島
さどがしま

➡新潟港からジェットフォイル(高速船)で約1時間5分

自然美あふれる離島へ
豊かな自然が生み出す景観のみならず、史跡、佐渡金山、能や狂言など見どころが多い。たらい舟体験やトキの飼育地としても知られる。

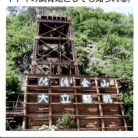

駅情報 上越妙高駅
北陸新幹線が開通
2015(平成27)年3月に開通した北陸新幹線に連絡する上越妙高駅。関東からのアクセスも便利に

TOWN INFO 新潟 → P.185
にいがた

TOWN INFO 長岡
ながおか

中越の中心となる都市

県第2の人口を持つ街。夏の長岡まつり花火大会の知名度は全国区レベルで多くの人が訪れる。街から離れた山間部は棚田も点在する農耕地帯で田舎暮らしを体験できる。

駅情報 青海川駅

日本一海に近い駅

駅のすぐ目の前が日本海。ホームでは地元の人による物販もあり、20分ほど停車する

新潟駅までは広々とした越後平野の田園風景が広がる

「鉄道のまち新津」らしいスポット
新津鉄道資料館
にいつてつどうしりょうかん

新津駅から 新津交通バスで5分

新幹線と蒸気機関車の車両が設置されているほか、数々の鉄道資料や映像があり、見応え十分の展示内容。

☎0250-24-5700
🏠新潟市秋葉区新津東町2-5-6

趣ある蔵の街を訪れる
醸造の町 摂田屋
じょうぞうのまち せったや

宮内駅から 徒歩10分

約500m四方の中に、醤油や味噌、酒など江戸時代から続く醸造の蔵元が集まり、歴史ある景観を随所に残す。

☎0258-35-3000（醸造の町摂田屋町おこしの会）
🏠新潟県長岡市摂田屋

おいしい鉄道旅 越乃Shu*Kura

TOWN INFO 十日町
とおかまち

農業盛んな豪雪地帯

美しい棚田やブナ林があり、冬には雪まつりが行なわれる。布海苔という海藻をつなぎに使う名物「へぎそば」はぜひ食べたい。

TOWN INFO 越後湯沢
えちごゆざわ

おいしい米と温泉巡り

関東からのアクセスも良く、スキー客に人気。魚沼が近くコシヒカリの産地として名高い。駅から1～2時間のところに温泉も点在している。

新潟のおみやげが揃う
CoCoLo湯沢・がんぎどおり
ココロゆざわ がんぎどおり

越後湯沢駅内

越後湯沢駅内にあり、県内の特産品やおみやげが揃うほか、地元の食材を使った食事処、日本酒風呂などがある。とくに「ぽんしゅ館」では、新潟県内の有名地酒が揃い、ワンコインで数種類の利き酒ができる「越乃室」も人気だ。

☎025-784-4499（トッキー越後湯沢支社）
🏠新潟県湯沢町湯沢2427-1

お泊まり情報
新潟・長岡市は都会なのでホテルには困らない。妙高、越後湯沢、十日町周辺は温泉宿に泊まるのがおすすめ。

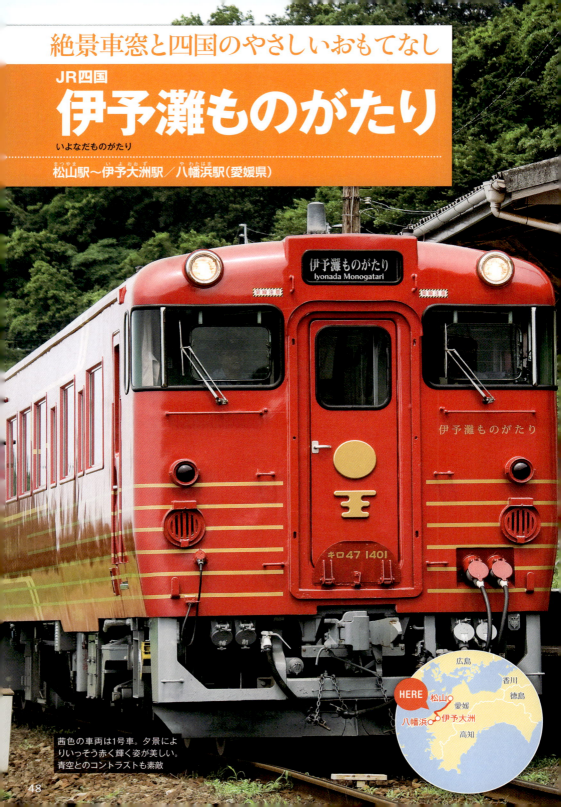

絶景車窓と四国のやさしいおもてなし

JR四国
伊予灘ものがたり
いよなだものがたり

松山駅〜伊予大洲駅／八幡浜駅（愛媛県）

茜色の車両は1号車。夕景によりいっそう赤く輝く姿が美しい。青空とのコントラストも素敵

高野川駅から伊予長浜駅にかけての区間は、伊予灘が一望できる

食事予約券は、乗車する列車の乗車券＋グリーン券の同時購入または提示が必要となり、乗車4日前までに予約が必要。座席はやはり海側を指定したい。

左 八幡浜駅を16時6分に出発する道後編では、季節と天候次第で、伊予灘の夕景が楽しめる。写真は下灘駅
右 ボディカラーのグラデーションが美しい

Iyonada Monogatari

おいしい鉄道旅 伊予灘ものがたり

JR四国初の本格的な観光列車は伊予灘沿いを走る

2014(平成26)年、伊予灘沿いに延びる予讃線(愛ある伊予灘線)を舞台に、新たな観光列車が登場し人気を集めている。松山駅を起点に1日4本運行する列車はそれぞれ大洲編、双海編、八幡浜編、道後編と名付けられ、提供する料理やサービスにも違いがある。時間帯やルートも一部異なるので車窓風景もさまざま、どれに乗車するか迷うところだ。

2両編成の専用車両は、1号車がサンセットを連想させる茜色、2号車は太陽や柑橘類の輝きを表す黄金色を基調としたカラー。車内は和モダンで統一しているが、仕様は車両ごとに異なっている。

洗練された車両にあって、女性アテンダントのもてなしはやさしく、アットホームな雰囲気。地元の食材を生かした料理に舌つづみを打ち、通過する五郎駅や絶景自慢の下灘駅で地元の人々の温かい歓迎を受ければ、また乗りたいと思うこと間違いなしだ。

RAILWAY INFORMATION

[運行日] 土・日曜、祝日
[本数] 松山駅〜伊予大洲駅1往復、松山駅〜八幡浜駅1往復
[編成] 2両
[予約] 1カ月前の10時からみどりの窓口、おもな旅行会社など、または電話(JR四国 旅の予約センター 087-825-1662)で販売(食事券の予約申し込みは10日前まで)
[運行会社] JR四国 www.jr-shikoku.co.jp

大洲編／双海編
[区間] 松山駅〜伊予大洲駅 [全長] 48.8km
[所要] 約2時間〜2時間20分 [料金] 大洲編4430円／双海編6430円(乗車券950円＋グリーン車料金980円＋大洲編食事代2500円／双海編食事代4500円)

八幡浜編／道後編
[区間] 松山駅〜八幡浜駅 [全長] 68.4km
[所要] 約2時間〜2時間20分 [料金] 八幡浜編6760円／道後編5260円(乗車券1280円＋グリーン車料金980円＋八幡浜編食事代4500円／道後編食事代3000円)

▶松山駅へ…岡山駅から特急しおかぜで約2時間40分
※実際の運行情報とは異なる場合がありますので、ご乗車の際は事前にご確認ください。

列車案内
RAILWAY VEHICLES

料理part

八幡浜編の料理は松山市のフランス料理店「レストラン門田」が提供する「フランス料理松花堂弁当」。瀬戸内産の魚介や地元の食材を存分に使った贅沢な味わいだ

車内は高級旅館のような落ち着いたデザイン。1号車「茜の章」、2号車「黄金の章」ともに、ボックス席と海側を向いた席を中心にしている。洗面所には、砥部焼の洗面鉢を配したり、俳句ポストがあったりと、愛媛の魅力が詰まっている。

2号車にあるカウンター

1号車「茜の章」のボックス席。海側が畳の上に座席を配置した4人用、山側は2人用

2号車「黄金の章」。海側が愛媛産の檜を使ったカウンター風座席、山側は一段高い位置に2人用ボックス席

伊予灘ものがたり
沿線のみどころ

沿線には松山&道後温泉、大洲、内子といった四国を代表する観光地が集まる。八幡浜駅で折り返し、帰路で再び「伊予灘ものがたり」に乗車してみるのもおすすめ。

1泊2日のモデルプラン

1日目	9:00	松山城や道後温泉本館など松山市内観光を楽しみ、松山駅へ移動。
	13:28	松山駅から伊予灘ものがたり(八幡浜編)に乗車。海沿いや肱川沿いの眺望、そして車内での食事を楽しみ、八幡浜駅には15時52分頃到着。
	16:34	特急宇和海20号で内子駅に向かう。約20分で到着。内子泊。
2日目	9:00	内子の街並散策ののち、大洲へ移動。特急宇和海で伊予大洲駅まで約10分。大洲城、おおず赤煉瓦館などを見学。
	16:31	伊予大洲駅から伊予灘ものがたり(道後編)に乗車。宇和海の夕景を楽しみ松山駅へ戻る。
おまけ		八幡浜駅から宇和島駅を経由し、予土線で高知へ行くこともできるが、列車本数が少ないので注意。

地元の名産品が一堂に会する
八幡浜みなっと
やわたはまみなっと

八幡浜駅から 車で5分

魚介や野菜、柑橘類など、地元の特産品を扱う物販コーナーのほか、飲食コーナーもある。

☎0894-21-3710(みなと交流館)
🏠愛媛県八幡浜市沖新田1581-23

天守から松山市内を一望する
松山城
まつやまじょう

松山駅から ▶ 路面電車で10分

加藤嘉明が築城を開始した城で、現存12天守のうちのひとつ。天守と3つの櫓を渡櫓でつないだ連立式天守を構える。

☎089-921-4873（松山城総合事務所）
🏠愛媛県松山市丸之内1

木造3階建ての公共浴場
道後温泉本館
どうごおんせんほんかん

松山駅から ▶ 路面電車で25分

地元の人に愛されている道後温泉のシンボル。浴場は2種類あり、4種類の入浴コースがある。営業は朝6時から。

☎089-921-5141
🏠愛媛県松山市道後湯之町5-6

TOWN INFO 松山 まつやま
四国きっての観光地

『坂の上の雲』『ぼっちゃん』で知られる文学の都。作家ゆかりの記念館のほか、松山城や道後温泉など見どころがいっぱい。

松山市内の観光は伊予鉄道路面電車が便利。「坊っちゃん列車」も運行中

駅情報 下灘駅
伊予灘を見渡す
ホームからの眺望が素晴らしい。青春18きっぷのポスターにもたびたび登場した

特急列車は山側ルートを走る

駅情報 内子駅
昔は内子線の終着
駅前にはかつて内子線で活躍したSLが静態展示されている

窓から見る肱川沿いの景色も美しい

車窓から大洲城を望む

伊予大洲駅から乗り継いで行こう

内子町
うちこちょう

➡伊予大洲駅から内子線で17分

伝統文化が香る街

江戸から明治時代にかけて、木蝋産業で栄えた街。内子駅から歩いて20分の街並には往時のたたずまいが残され、歴史を垣間見られる資料館もある。

内子町ビジターセンターA・runze
☎0893-44-3790
🏠愛媛県喜多郡内子町2020

TOWN INFO 八幡浜 やわたはま
四国の西の玄関口

八幡浜港を抱える海上交通の拠点。商業都市として栄えるいっぽう、風光明媚な自然景観にも恵まれている。

TOWN INFO 大洲 おおず
大洲藩の城下町

肱川沿いに大洲城を構え、その周辺には臥龍山荘など、古い建造物が多く残る。肱川の鵜飼いは夏の風物詩だ。

おしゃれな赤レンガの建物
おおず赤煉瓦館
おおずあかれんがかん

大洲駅から ▶ 宇和島バスで5分

1901（明治34）年に大洲商業銀行として建てられた、イギリス積み赤レンガの建造物。屋根の瓦にも注目。

☎0893-24-1281
🏠愛媛県大洲市大洲60

お泊まり情報 松山市内、道後温泉には大型ホテルが多く便利。内子、大洲は旅館や民宿が中心だ。

おいしい鉄道旅　伊予灘ものがたり

もっと乗りたい！
注目のグルメ列車

美しい風景を行くレトロな列車で、本格懐石を食べる

小湊鐵道（こみなと）
懐石列車（かいせきれっしゃ）
五井駅〜養老渓谷駅（千葉県）
（ごい）　（ようろうけいこく）

大正時代から運行を続ける小湊鐵道は、いまだ電化されておらず単線。キハ200形の気動車が走る。車窓には山々を背景にした田園風景が広がり、春には桜や菜の花、秋には紅葉が美しい。懐石列車は五井駅から出発。車内の長椅子前にテーブルがしつらえられ、季節感あふれる懐石料理が供される。東京から約1時間と近距離にもかかわらず、自然豊かな景色を走るレトロな車両で質の高い本格和食を味わうのは、気軽ながら贅沢な気分。紅葉シーズンはとくに人気が高い。

定員の40名に達すると予約は締め切り。空席があれば1週間前まで受け付けている。30〜35名のグループなら貸切も可。花見や紅葉の季節は早めの予約が望ましい（上）　桜のシーズンにはライトアップされた夜桜懐石列車も好評を博す（中）　前菜、お造り、焼き物、煮物、揚げ物と旬の料理が味わえる。料理のクオリティが高いのも人気の理由（下）

RAILWAY INFORMATION
- 【運行日】不定期（7〜8月は運休）
- 【全長】34.9km
- 【所要】五井駅〜養老渓谷駅約1時間10分
- 【本数】1本
- 【編成】2両（食事車両は1両）
- 【料金】4000円（往復運賃＋懐石代）※自由席車両もあり
- 【予約】1週間前まで、電話で受付（鉄道部運輸課 0436-21-6771）
- 【運行会社】小湊鐵道
- www.kominato.co.jp

※実際の運行情報とは異なる場合がありますので、ご乗車の際は事前にご確認ください。

列車の旅で体のメンテナンス。心身ともに癒される

樽見鉄道
薬草列車
やくそうれっしゃ
大垣駅〜樽見駅(岐阜県)

8月を除き初夏から秋にかけて運行されるイベント列車で、若草の萌え出る山々や、可憐なコスモスが風に揺らめく秋の野原が美しい。特徴は、なんといっても食事の内容。地元で採れるよもぎやアシタバ、ドクダミなど、体に良い旬の薬草がふんだんに使われている。メニューは季節とともに変化するが、煮物やご飯、天ぷらなど調理方法もバラエティに富んでいると好評だ。添乗員によるガイドも景色や観光についてのみならず、薬草について詳しく語られる。

薬草列車には、うすずみ温泉の入場券もセットされている(上)
健康食と温泉で健康効果は倍増(下)

RAILWAY INFORMATION
[運行日]5〜11月(8月を除く)の木・金曜が中心 [全長]34.5km [所要]大垣駅〜樽見駅約1時間(途中下車不可)
[本数]1本 [編成]2両(食事車両は1両)
[料金]5000円(大垣駅〜樽見駅の1日フリー切符付) [予約]10日前まで、電話で受付
(運輸部企画営業課) ☎0581-34-8039)
[運行会社]樽見鉄道 🌐 tarumi-railway.com

おいしい鉄道旅 注目グルメ列車

呑み鉄さん必見! 普通列車がビール飲み放題の列車に変身

関東鉄道
ビール列車
ビールれっしゃ
守谷駅〜下館駅/取手駅〜下妻駅(茨城県)

沿線にキリン、アサヒと大手ビールメーカーの工場が建つ関東鉄道常総線らしいイベント列車。生ビールと酎ハイが飲み放題、ビールによく合うおかずが詰まった弁当付、おつまみなどの持ち込みも可というプランで、雰囲気は走るビアホール。開催されるたびに車内は大いに盛り上がる。運行日時によっては追加料金なしでビール工場が見学できることがあり、こちらも大人気。ソフトドリンクも用意されているのでアルコールが苦手な人や子供も参加できる。

RAILWAY INFORMATION
[運行日]月1〜2回(季節により変動)の土・日曜、祝日 [全長]守谷駅〜下館駅41.5km、取手駅〜下妻駅36.1km [所要]守谷駅〜下館駅往復約3時間/取手駅〜下妻駅往復約3時間 [本数]1本 [編成]2〜3両
[料金]4000円(常総線1日フリー切符付、お弁当、生ビール飲み放題付)
[予約]電話または有人駅窓口で受付
(鉄道部ビール列車係) ☎029-822-3718)
[運行会社]関東鉄道
🌐 www.kantetsu.co.jp

車内にトイレはないが、途中駅で停車時間があるので安心だ(上)
通勤にも使う普通電車の車両でお酒を飲むのは不思議な気分(下)

にっぽん全国 うまい駅弁図鑑

鉄道旅行の楽しみのひとつは、ご当地のうまい駅弁を食べること！地元の名産をふんだんに盛り込み、全国にその名を轟かす名物駅弁を一挙紹介！

1923(大正12)年から続くロングセラー

石狩鮭めし
1030円
駅：札幌駅
販売元：札幌駅立売商会

昆布飯と鮭のほぐし身、イクラの醤油漬けが絶妙なハーモニー。箸が止まらぬおいしさと評判だ。おかずの鮭かまぼこと鮭昆布巻も美味。

北の海の美味が詰まった豪華ちらし寿司

海鮮えぞ賞味
1000円
駅：札幌駅
販売元：札幌駅立売商会

札幌駅人気駅弁ベスト3のひとつ。カニ、ウニ、イクラ、ホタテ、サーモンが贅沢にちりばめられ、蝦夷の海の幸が堪能できる。

バターと磯の香りが食欲を刺激する

活ホタテ・ホッキ バター焼き弁当
980円
駅：札幌駅
販売元：札幌駅立売商会

むきたてのジャンボ活ホタテと肉厚のホッキをバターで香ばしく焼き上げた。ご飯も副菜のコーンも山ふき煮も、素材はすべて北海道産。

見た目も美しくボリュームも満点

蝦夷わっぱミックス
1000円
駅：旭川駅
販売元：旭川駅立売

酢飯の上にウニ、ズワイガニ、イクラ、ホタテ、錦糸卵、菜の花などが彩り鮮やかに敷きつめられて、ビジュアル的にも◎。食感も楽しい。

素朴でノスタルジック、元祖いかめし

元祖森名物 いかめし
650円
駅：森駅
販売元：阿部商店

1941(昭和16年)から販売、昔と変わらぬ懐かしい味わいが楽しめる森駅の名物駅弁。全国的に知られ、百貨店などの駅弁大会でもよく見かける。

五能線沿線の名物を詰め込んだお弁当

白神浪漫
880円
駅：秋田駅
販売元：関根屋

舞茸のだしで炊いた旨みたっぷりのご飯の上には、ハタハタの唐揚げやホタテ天、シジミの佃煮、とんぶりといったご当地名物がずらり。

比内地鶏100%で勝負するローカル駅弁

こだわり鶏めし
1000円
駅：秋田駅
販売元：関根屋

秋田が誇る比内地鶏尽くしのお弁当。比内地鶏のガラスープで炊いたご飯に、比内地鶏の照り焼きやつくね、ゴマそぼろなどが味わえる。

郷土の香り豊かな比内地鶏のそぼろ弁当

比内地鶏いいとこどり弁当
1000円
駅：秋田駅
販売元：関根屋

ふっくらもちもちのあきたこまちに、醤油と味噌で煮込んだ比内地鶏のそぼろとしぐれ煮を敷きつめた。貴重なササミのフライも味わえる。

濃いめの味付けがクセになるおいしさ

特製・牛めし
950円
駅：秋田駅
販売元：関根屋

秘伝のスープでじっくり煮込んだ国産牛肉が自慢。あきたこまちの白飯が どんどんすむおいしさだ。味のしみた糸蒟蒻煮やたたき牛蒡も名脇役。

前沢牛のおいしさがダイレクトに伝わる

前沢牛ローストビーフ肉巻にぎり寿司
1350円

駅：一ノ関駅
販売元：斎藤松月堂

肉がとろけるようにやわらかで、酢飯との相性も抜群。思わず赤ワインが欲しくなる。添付のタレをつけなくとも肉の旨みだけで箸がすすむ。

高級店のちらしを思わせる通も納得の味

えび千両ちらし
1300円

駅：新潟駅・東京駅・上野駅・大宮駅
販売元：新発田三新軒

だしのきいた手焼き玉子の下には、こはだ、うなぎの蒲焼き、塩イカの一夜干し、蒸しエビという4種の具。駅弁の枠を超えた完成度の高さ。

山里の美味がふんだんな肉食系釜めし

越後林道かまめし
1050円

駅：越後湯沢駅
販売元：川岳軒

ふっくら炊き込みご飯の上には、ジューシーなつなんポークをはじめ地場産の具材がぎっしり。ひもを引くと温かくなる過熱式容器を採用。

10種以上の具材が並ぶ高崎のご当地名物

だるま弁当
1000円

駅：高崎駅
販売元：高崎弁当

高崎名物のダルマをかたどったプラスチック容器でおなじみ。ていねいに仕事がなされた山の幸がたっぷりのって、最後まで飽きさせない。

伊勢エビ専門の宿が手がける珠玉の駅弁

伊勢えび弁当
1600円

駅：大原駅
販売元：いすみ鉄道

伊勢エビの鬼殻焼き、サザエのツボ焼きなど、房総の海の幸が盛りだくさん。販売は土・日曜、祝日のみで予約が必要。2個以上から受け付ける。

食べても食べてもウニがいっぱいの幸せ

平泉 うにごはん
1200円

駅：一ノ関駅
販売元：斎藤松月堂

フタを開けると磯の香りが鼻腔をくすぐる。ウニを食べているという満足感をたっぷり得られる弁当だ。イクラ、錦糸卵などが添えられている。

50余年愛される新潟を代表する名駅弁

鮭の焼漬弁当
1050円

駅：新潟駅・新津駅・東京駅など
販売元：三新軒

焼いた鮭を秘伝のタレに漬け込んだ新潟の伝統食、鮭の焼漬や卵焼き、コロッケなどが入った幕の内弁当。濃厚な味で、白飯がどんどんすすむ。

売り切れ必至。朝のみ販売の超レア駅弁

上州の朝がゆ
450円

駅：高崎駅
販売元：高崎弁当

毎朝7～9時に限定発売される、トロトロの白粥の駅弁。栗とエビがトッピングされ、別容器に入っている塩と練り梅などで自分好みの味に。

ほっとする醤油風味の素朴な味わい

秩父釜めし
840円

駅：西武秩父駅
販売元：まるなか

だしの味がしっかりしみた地元産のこんにゃくやゴボウ、山菜などがしみじみおいしい。駅弁の少ない埼玉県にあって長年愛されているヒット商品。

脂ののった金目鯛が口の中でとろける

金目鯛の塩焼き弁当
1030円

駅：伊豆急下田駅
販売元：伊豆急物産

焼き海苔が敷きつめられたご飯の上に、存在感のある金目鯛の切り身がどんとのっている。上品な脂ののり具合で、焼き加減も絶妙。

おいしい鉄道旅 うまい駅弁図鑑

にっぽん全国 うまい駅弁図鑑

懐かしき昭和の時代にタイムスリップ

大井川ふるさと弁当
1100円
駅：新金谷駅
販売元：大鉄商事部

菜飯むすびやヤマメの甘露煮、野菜のうま煮、里芋田楽などが入ったヘルシー駅弁。大鐵オリジナル缶茶とSL絵はがきが付いているのもうれしい。

色とりどり海の幸を、富山名物押し寿司に

海鮮美食
1100円
駅：富山駅、新高岡駅、金沢駅
販売元：ますのすし本舗 源

100年以上続く名物駅弁「ますのすし」で有名な老舗が作る7種の押し寿司。マス、ブリ、カニなど、たくさんの海の幸を味わえる贅沢な一品。

加賀藩の宴席料理を現代風にアレンジ

利家御膳
1050円
駅：金沢駅
販売元：大友楼

容器は駕籠をイメージした豪華な2段重ね。下段にはご飯と和菓子、上段には郷土料理の治部煮や蓮根はさみ揚げ、昆布巻などが入っている。

箱から飛び出しそうな穴子が2本も！

夫婦あなごめし
1150円
駅：広島駅
販売元：広島駅弁当

仲の良い夫婦のように並んで盛り付けられた大きな穴子。秘伝のタレで煮つめた穴子はふっくらやわらかで、醤油飯との相性も申し分なし。

1953年から親しまれている大人気駅弁

元祖珍辨たこめし
980円
駅：三原駅
販売元：浜吉

瀬戸内の漁師料理であるタコ飯に錦糸卵を散らし、おかずにはタコのうま煮を盛り付けた。ほのかに甘いうま煮があとをひくおいしさだ。

駅弁でもやはり最後はお茶漬けスタイルで

抹茶ひつまぶし 日本一弁当
1340円
駅：名古屋駅
販売元：名古屋だるま

三河一色産のうなぎを使った名古屋名物のひつまぶし弁当。最初はそのまま、次は薬味をのせて、最後はセットの抹茶の粉をかけてお茶漬け気分。

発売から40年以上のベストセラー

お贄寿し
650円
駅：金沢駅
販売元：大友楼

お贄寿しとは、古くから祭礼時にごちそうとして作られてきた押し寿司のこと。紅鮭と鯛を使った紅白寿司風で、見た目どおりの上品な味わい。

塩味のみで鯛の旨みをストレートに味わう

小鯛雀寿し
1050円
駅：和歌山駅
販売元：水了軒

酢で〆た小鯛を使ったにぎり寿司。塩加減が絶妙で、醤油なしでいただく。身の締まった鯛は弾力があり、噛むほどに味わい深い。

さすがは広島。カキ尽くしのロングセラー

しゃもじかきめし
1200円
駅：広島駅
販売元：広島駅弁当

プリプリのカキ飯に、ジューシーなカキフライ、さらに上質な和の味覚、カキ身のゆず味噌和えが入っている。販売は11〜3月の冬季限定。

※原材料事情により、内容が変更になる場合があります。

甘めのすきやきに、つゆだくご飯で食欲全開

松茸すきやき弁当
1100円
駅：三原駅
販売元：浜吉

松茸をすきやきに入れて食べる広島ならではの駅弁。国産牛のすきやき肉とトロトロの玉ネギとの相性も良く、味のしみたご飯がすすむ。

イカのおいしさ再発見。初体験の味わいも

上等いか三昧辨當
1200円
駅：博多駅
販売元：萬坊

呼子町名物のイカシュウマイをはじめ、一夜干しやイカのウインナー、イカ飯など、おかず17品中14品がイカ入り。ひと手間、ひと工夫に脱帽だ。

2つの九州名物に豪華おかずがプラス

長崎街道 焼麦弁当
930円
駅：博多駅・鳥栖駅・新鳥栖駅
販売元：中央軒

九州を代表するふたつの味、かしわめしと焼麦(シュウマイ)に加え、焼魚や煮物などがぎっしり詰まった定番人気の駅弁。ボリュームも満点。

コストパフォーマンスが高いと評判

焼麦弁当
740円
駅：鳥栖駅・新鳥栖駅・久留米駅
販売元：中央軒

豚肉の旨みがしっかり感じられる焼麦(シュウマイ)と甘辛で香ばしいかしわめしという九州名物2つがセットになったお値打ちな駅弁。

肉のような食感のシイタケが主役

元祖椎茸めし
760円
駅：宮崎駅
販売元：宮崎駅弁当

半世紀以上、注ぎ足して作っている煮汁で炊いたシイタケが絶品。鶏ガラスープで炊いたご飯との相性も良く、鶏そぼろと錦糸卵が彩りを添える。

安心安全な銘柄鶏を使ったチキン南蛮弁当

日向鶏弁当
760円
駅：宮崎駅
販売元：宮崎駅弁当

一般のブロイラー鶏肉と比べ脂肪は約50%、コレステロールは85%というヘルシーな日向鶏を使用。肉はやわらかくてジューシー。

青竹を模した容器に入った鮎の姿寿司

鮎すし
1100円
駅：人吉駅
販売元：人吉駅弁やまぐち

地元球磨川で獲れた鮮な鮎の持ち味を生かしたシンプル駅弁。昆布だしで炊いたすし飯の上に酢〆の鮎、そしてわさびが味をひき立てる。

栗型の容器にほっこり甘い栗がゴロゴロ

栗めし
1100円
駅：人吉駅
販売元：人吉駅弁やまぐち

半世紀近く愛されるロングセラーの駅弁。炊き込みご飯の上にみじん切りのかんぴょうを振って、人吉特産の大粒栗がぎっしり。

ジューシーな黒豚のおいしさを堪能する

極 黒豚めし
1080円
駅：鹿児島中央駅
販売元：松栄軒

鹿児島黒豚ブランド「黒豚さつま」を、鹿児島醤油と赤麦みその特製たれで焼き上げる。肉に旨みがあり、噛むほどに味わい深さが感じられる。

鮮度の高い鰹を使った絶品の照り焼き

鰹一本釣り弁当
875円
駅：鹿児島中央駅
販売元：株式会社ぶるぺん

鰹だしで炊いた鰹そぼろ入りの炊き込みご飯と特製ダレで焼き上げた枕崎ぶえん鰹の照り焼きが抜群においしい。一本釣りの鰹が味わえる。

こだわり満載の駅弁を食べるために乗る

ゆふいんの森
1030円
駅：車内販売
販売元：中央軒

特急ゆふいんの森号の車内販売用に開発された駅弁。一から手作りしたという小さなおかずがいろいろ入って、目にも楽しい、上品な味わい。

おいしい鉄道旅　うまい駅弁図鑑

TOPICS
北陸新幹線の開通で、ますます面白くなる地域
北陸に誕生した観光列車に注目

関東圏からのアクセスがぐんと至便になり、注目が高まる風光明媚な北陸エリア。
周辺では土地柄を生かした個性的な観光列車が登場し、今後も続々と運行を予定している。

北陸新幹線開通により旅のバリエーションが広がります

　東京と長野をつなぐ長野新幹線が金沢まで延伸し、2015(平成27)年3月14日から北陸新幹線として新たなスタートを切った。これまで約3時間50分かかった東京〜金沢間は、最速で2時間28分と1時間20分も短縮。関東方面と北陸、信越地方が日帰りのできる身近な距離になった。兼六園や城下町風情で人気の金沢をはじめ、日本海の幸が豊富な富山と新潟県糸魚川、高原や里山の自然に恵まれた飯山など、沿線は北陸や信越の地方色豊かな見どころに恵まれている。北陸新幹線の開通により、周辺の観光スポットへのアクセスも便利になった。
　名湯・和倉温泉や日本海風景が楽しめる能登半島へは、金沢駅から直通の特急「能登かがり火」や観光列車が新たに登場した。合掌造り集落の白川郷と五箇山の2つの世界遺産へは、新高岡駅からバスがつないでいる。

　山岳観光で有名な立山黒部アルペンルートは富山駅で、宇奈月温泉へは黒部宇奈月温泉駅で乗り換えると便利だ。佐渡へは、直江津港を結ぶ高速船が新たに就航し、上越妙高駅から約2時間で行ける。
　長野県北部にも新たに新幹線駅の飯山駅が開業。斑尾高原や野沢温泉など北信濃のスキー&高原リゾートの拠点となる。富山の寒ブリや石川の能登カキといった、日本海の旬の魚介や地酒も楽しみだ。北陸新幹線に接続する地方鉄道では、海や山の自慢の車窓風景を眺めながら、伝統の文化や食に触れられる、個性的な観光列車が次々に生まれている。観光に組み込んで、北信越のローカルな魅力をゆったり満喫しよう。

TOPICS 北陸に誕生した観光列車に注目

外装は能登の海をイメージした日本海ブルー（濃紺）に大地や実りを想像させるえんじのアンダーライン。内装は里山を思い描くオレンジとブルーの里海カラーを基調とした2車両

美しい海の車窓が楽しめる海向き展望シートも設置（左）　内装には、木工の組子と輪島塗を合わせたパーティションや能登ヒバのテーブルなど、能登の天然素材や伝統工芸を取り入れている（右）

のと鉄道
のと里山里海号
のとさとやまさとうみごう
七尾駅〜穴水駅（石川県）

能登の里山里海が織りなす風景と旬の味 ぬくもりと懐かしさを感じさせる観光列車

北陸新幹線開通直後の2015（平成27）年4月29日に登場したのと鉄道の観光列車で、能登半島七尾湾沿いの日本海風景が魅力。普通列車が40分で走る七尾駅〜穴水駅間を70分かけてゆっくりと進み、車内アナウンスによる沿線ガイド、ビュースポットでの徐行・停車など、能登の自然に浸れるサービスを行なう。1日5本の運行のうち3本は能登の旬が味わえる飲食付プランで、能登の和洋菓子が付いたスイーツプランを2本、3種類の地酒が味わえるほろ酔いプラン1本（土曜のみ）を用意。北陸屈指の名湯をひかえた和倉温泉駅からの乗降も可能だ。水曜を除く平日には、普通列車にのと里山里海号の1両を増結した列車も運行している。

RAILWAY INFORMATION

[運行日]土・日曜、祝日と夏休み期間のゆったりコース（上下5本）、平日（水曜、夏休み期間除く）のカジュアルコース（上下6本）　[区間]七尾駅〜穴水駅
[全長]33.1km　[所要]七尾駅〜穴水駅約1時間10分
[料金]ゆったりコース：乗車券1500円（全席指定）、スイーツプランは3000円、ほろ酔いプランは3500円、カジュアルコース：運賃＋乗車整理券300円（予約不要）
[予約]1カ月前の10時から5日前まで、インターネット、電話、穴水駅窓口で販売（里山里海号予約センター☎0768-52-2300）
[運行会社]のと鉄道 www.nototetsu.co.jp

JR東日本
おいこっと
長野駅（長野県）〜十日町駅（新潟県）

古民家風の、心がほっとする列車が日本の原風景を走り抜ける

唱歌「故郷」ゆかりの地や千曲川沿いを走るローカル観光列車。水田や菜の花畑、里山が広がる車窓の素朴な田園風景は、まさに日本人のこころのふる里。「おいこっと」とは、東京の真逆にあるという意味でTOKYOの英語表記を反対にし、ひらがなで読んだもの。既存のディーゼル車を改造した車両は、おばあちゃんの家のような懐かしさを感じさせる古民家風で、障子柄のロールカーテンを用いている。もんぺ姿のアテンダントが乗務し、野沢菜漬のふるまいや地元の人々によるイベントなど、心温まるおもてなしも盛りだくさん（中止の場合あり）。一部の日を除き十日町駅発の地酒列車「越乃Shu＊Kura」（→P.42）に接続する。

車内放送は「まんが日本昔話」の声でおなじみの常田富士男さんが担当。停車駅での素朴なもてなしも楽しみ

RAILWAY INFORMATION
[運行日]土・日曜、祝日が中心
[区間]長野駅〜十日町駅　[全長]86.1km
[所要]長野駅〜十日町駅 約2時間30分　[本数]1往復
[編成]2両（1両での運転日もあり）　[料金]長野駅〜十日町 2260円（通常期、指定席料金込）　[予約]1カ月前の10時からみどりの窓口、旅行会社などで販売
[運行会社]JR東日本　www.jreast.co.jp

JR西日本
コンセプト列車
城端駅〜氷見駅（富山県）

海と山、北陸の多様な自然をギャラリーのように楽しむ

海と山に囲まれた富山の自然風景を満喫できる観光列車が、2015（平成27）年10月までに運行を開始する予定だ。飛騨山地をひかえた砺波平野を走る城端線と、日本海沿岸を通る氷見線を結び、北陸の山と海の風光明媚な眺めを一度に楽しめる列車だ。「走るギャラリー」をコンセプトに、大きな窓に額縁風の窓枠を設け、風景が一幅の絵に見える仕掛けを施す。地元住民と連携したおもてなしも検討中だ。

JR西日本
花嫁のれん
金沢駅〜和倉温泉駅（石川県）

加賀と能登の伝統の美で和と美の優雅なおもてなし

金沢駅と和倉温泉駅を結び、能登半島南部を縦断する観光列車で、2015（平成27）年10月に運行開始の予定。花嫁のれんとは、婚礼の際に娘に持たせる色鮮やかなのれんで、北陸地方に伝わる風習。輪島塗や加賀友禅をイメージした外観、金沢金箔や輪島塗をあしらった車内ともども和の伝統が光る絢爛豪華さ。2両のうち1両は和風個室車両。利き酒セットや和菓子など北陸の味を車内販売する予定。

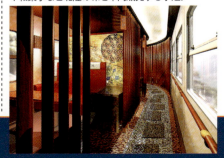

聖地の周辺を列車で旅する

遠い昔から人々をひきつけてやまない霊峰や社寺。
それは日本人の心のふるさととも呼ぶべき神聖な場所。
そんな"聖地"巡礼の旅を、さらに特別なものにしてくれる
観光列車に乗りに、出かけよう！

リゾートしらかみ JR東日本 … 62

富士登山電車 富士急行 … 68

展望車両634型 スカイツリートレイン 東武鉄道 … 74

天空 南海電鉄 … 80

奥出雲おろち号 JR西日本 … 84

展望列車「きらら」 叡山電車 … 88

嵯峨野トロッコ列車 嵯峨野観光鉄道 … 89

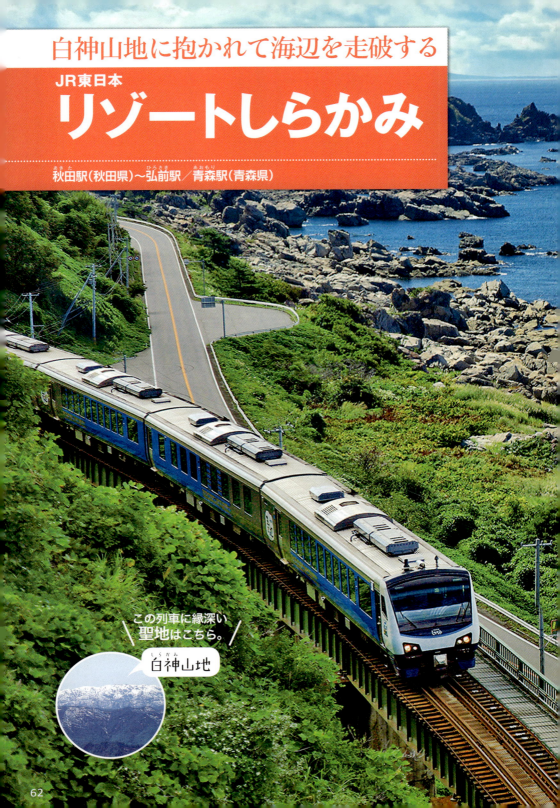

白神山地に抱かれて海辺を走破する

JR東日本
リゾートしらかみ

秋田駅(秋田県)～弘前駅／青森駅(青森県)

この列車に縁深い聖地はこちら。
白神山地

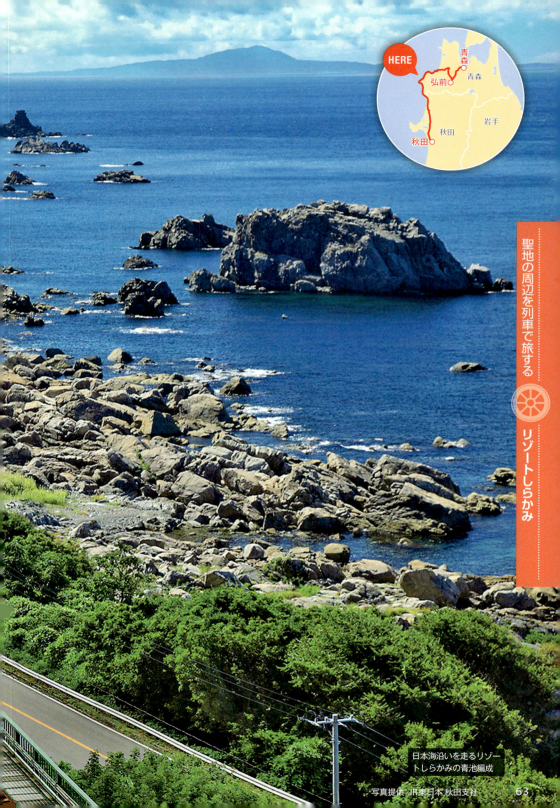

聖地の周辺を列車で旅する リゾートしらかみ

日本海沿いを走るリゾートしらかみの青池編成

写真提供:JR東日本 秋田支社

能代駅から鰺ケ沢駅までの約100kmの区間は変化に富んだ日本海の海岸線沿いを走る

快速列車の扱いだが、自由席はなく全席指定のため指定席券の購入が必要。普通車指定席のA席が景色の良い海側。また、ボックス席は海側のみでA席・D席が窓側。人気が高いので予約は早めに。

左 紅葉で赤の錦をまとった山を背景に走るリゾートしらかみ
右 日本海に沈みゆく夕日を観賞するには最適なボックス席

Resort Shirakami

四季折々の神秘的な情景が堪能できる絶景列車

絶景路線として名高く全国にファンも多いという、川部駅と東能代駅をつなぐ五能線。この路線の全区間を含む、秋田駅から青森駅までを快速列車として運行しているのがリゾートしらかみだ。青森県南西部から秋田県北西部にかけて広がる白神山地の麓、日本海沿岸では大きな岩場や断崖絶壁といった荒々しい景色が、そして、五所川原駅から弘前駅にかけては雄大な岩木山の景色が広がる。そうした絶景車窓の合間には、車内で津軽三味線や語り部のパフォーマンスがあり、乗客を飽きさせることがない。

春、雪解けとともに木々が一斉に芽吹き、花が咲く。初夏には木々の緑がまぶしく、海が輝き、秋の赤く燃えるような紅葉も素晴らしい。雪景色の山々や冬の日本海もまた違った風趣で、四季ごと変化に富んだ表情で迎えてくれる。季節を変えては、また乗りたくなる、そんな列車だ。

RAILWAY INFORMATION

[運行日] 毎日（冬季は金・土・日曜、祝日が中心）
[区間] 秋田駅～弘前駅／青森駅　[全長] 247.6km
[所要] 秋田駅～青森駅約5時間／秋田駅～弘前駅約4時間
[本数] 3往復（季節により異なる）　[編成] 4両
[料金] 秋田駅～青森駅4950円（乗車券4430円＋指定席料金520円）　[予約] 1カ月前の10時からみどりの窓口、おもな旅行会社などで販売
[運行会社] JR東日本　www.jreast.co.jp

雄大な日本海を満喫できるように、一部の区間では速度を落として運転するよ！沿線グルメ、とくに十二湖駅～深浦駅周辺で食べられる「深浦マグロステーキ丼」がすごくおいしいよ！ぜひ食べてみてね！

リゾートしらかみ3兄弟

▶秋田駅へ…東京駅から秋田新幹線で約3時間50分、ほか
※実際の運行情報とは異なる場合がありますので、ご乗車の際は事前にご確認ください。

列車案内
RAILWAY VEHICLES

リゾートしらかみは「青池」「くまげら」「橅(ぶな)」の3列車が運行。いずれも4両編成。4両のうち「青池」「くまげら」は1両、「橅」は2両がボックス席、そのほかが普通車指定席となっている。ボックス席は隣のシートと隔たれているためプライベート感にあふれ、仲間や家族での利用に最適。

激しく響く津軽三味線の音や語り部の津軽弁が心地よい

3・4号では土・日曜、祝日に陸奥鶴田駅～川部駅の間で、津軽の語り部による昔話の語りが実演がされる。津軽弁が耳にやさしく響く

聖地の周辺を列車で旅する **リゾートしらかみ**

青池編成

2010年12月から導入された新型車両、HB-E300系。十二湖の青をイメージ

橅編成

白神山地が世界自然遺産に登録された大きな要因でもあるブナの木の深い緑がテーマカラー

くまげら編成

白神山地に生息するクマゲラの色と日本海に沈む夕日の色をイメージ。客室も同色で統一

ボックス席

リゾートしらかみの特徴ともいえるボックス席。向かい合う座席の背もたれとシートをずらすとお座敷のようにフラットになり、よりリラックスできる

先頭にある展望室。運転席とはガラスで仕切られているので運転席越しに景色が見える。自由に利用可

イベントスペース

津軽三味線の演奏や、津軽弁の語り部の実演はイベントスペースや展望室で行なう

1・2・3号では鰺ケ沢駅と五所川原駅の間で演奏者2名による津軽三味線のライブが毎回行なわれる

写真提供：JR東日本 秋田支社

リゾートしらかみ
沿線のみどころ

沿線には白神山地、十二湖、岩木山など、トレッキングスポットのほか、各地には温泉も。五所川原駅から津軽鉄道に乗り継ぎ、太宰治ゆかりの地を訪ねるのもいい。

1泊2日のモデルプラン

1日目		
	10:48	秋田駅からリゾートしらかみ3号に乗車。車内で昼食。
	13:03	十二湖駅着。駅前から出ている奥十二湖行のバスに乗車、終点まで乗車。
	13:30	青池など周辺の湖沼や日本キャニオンなどを巡るトレッキング。
	16:25	奥十二湖バス停から不老ふ死温泉前弘南バスに乗車。黄金崎不老ふ死温泉へは45分ほど。こちらに宿泊。

2日目		
	10:40	ウェスパ椿山駅からリゾートしらかみ1号に再び乗車。
	12:52	弘前駅着。昼食後、弘前公園や弘前城を観光しつつ、古い洋館などが残る、市内を散策。
	16:20	普通列車に乗り、弘前駅を出発。新青森駅経由新幹線、青森空港経由航空機などで帰路へ。

おまけ	2日間有効のフリーパスを購入し、自由に乗り降りしながら、五能線を普通列車で旅するのもいい

感動 乗車体験!!
居心地抜群の車内から日本海の絶景を堪能

早めに予約をして海側のボックス席を確保！当日は座席をフラットにして、くつろぎながら東北の日本酒と日本海の大パノラマを楽しむ、という贅沢な時間を過ごしました。一時停車する千畳敷駅では海岸を散策したり、鰺ヶ沢駅からは津軽三味線を間近で聴いたりと、最後まで大満足の列車旅でした。●M.I.さん

海を望む黄金色の露天風呂
黄金崎不老ふ死温泉
こがねざきふろうふしおんせん

ウェスパ椿山駅から 無料送迎バスで5分

日本海に面した岩場にある露天風呂で有名な温泉。一軒宿で立ち寄り湯の利用も可能。夕日の眺めも美しい。

☎ 0173-74-3500
🏠 青森県西津軽郡深浦町舮作下清滝15

駅情報 千畳敷駅
2・3号は15分間停車
千畳敷海岸を散歩できるよう停車時間が長め

JR東日本でいちばん短いトンネル、仙北岩トンネルがある。その長さ、じつに9.5m

駅情報 あきた白神駅
要予約の絶品駅弁
リゾートしらかみの乗客だけが買える駅弁「あわびめし」を販売。2日前までに予約が必要

日本海と白神山地の眺めが同時に楽しめる

駅情報 能代駅
「バスケの街」の駅
バスケが盛んな街だけあってホームにはゴールリングが

季節の息吹が感じられる
千秋公園
せんしゅうこうえん

秋田駅から 徒歩10分

秋田藩佐竹氏の久保田城が置かれていた場所。名前には秋田が千年も長く続くようにとの祈りが込められている。

☎ 018-866-2154
（秋田市建設部公園課）
🏠 秋田県秋田市千秋公園

TOWN INFO 秋田
秋田市民市場は必見
以前から栄える西口に近い秋田市民市場は新鮮な魚や野菜のほかおみやげに最適な品々も揃う

駅情報 木造駅
ユニークな駅舎
駅舎の正面に、驚くほど巨大な土偶の姿が！一度見たら忘れられない

鰺ケ沢駅～五所川原駅の間には、車内のイベントスペースで津軽三味線の演奏が行なわれる

3号、4号では、陸奥鶴田駅～川部駅間で語り部による津軽弁の昔話が聴ける

TOWN INFO 青森
新幹線は新青森駅
新幹線が停車する新青森駅と奥羽本線の終着駅青森駅とはかなり離れている。かつては青函連絡船が発着していた港周辺が面白い。

両側にリンゴ畑、遠くには壮大な岩木山が望める

TOWN INFO 弘前
400年を生きた城
弘前城で知られる青森県西部の街。城がある弘前公園では桜が連休頃に満開になる。特産品のリンゴをぜひ味わって。

弘前駅から乗り継いで行こう

岩木山神社（いわきやまじんじゃ）
→弘前駅から弘南バスで40分

参道は岩木山の登山道
岩木山の南麓にあり創建は780年という説もある。現存の建物は江戸初期から元禄に建てられたもので、本殿、楼門などは重要文化財。
☎0172-83-2135
🏠青森県弘前市百沢寺沢27

桜や紅葉、雪灯籠で彩られる
弘前公園（ひろさきこうえん）
弘前駅から→弘南バスで15分＋徒歩4分
1611(慶長16)年に建てられた、弘前城内に造られた公園。城には国の重要文化財も多数。四季の植栽や雪景色が美しい。
☎0172-33-8739(弘前市公園緑地課)
🏠青森県弘前市白銀町1

33の湖沼のなかでも際立つ池
青池（あおいけ）
十二湖から→弘南バスで15分＋徒歩10分
白神山地の北西部、十二湖のなかのひとつ。実際には33あり奥部にある青池は太陽の当たり方で青色が変化し美しい。
☎0173-77-2138(十二湖ビジターセンター)
🏠青森県西津軽郡深浦町松神山

ねぶたや青森市の文化を伝承
ねぶたの家 ワ・ラッセ（ねぶたのいえワラッセ）
青森駅から→徒歩すぐ
ねぶたの伝承や保存に加え、市の文化観光交流も目的とした施設。祭りに出陣した大型ねぶたを展示している。
☎017-752-1311
🏠青森県青森市安方1-1-1

聖地の周辺を列車で旅する リゾートしらかみ

聖地へ
白神山地（しらかみさんち）
手つかずのブナ天然林が残る
青森県南西部から秋田県北西部にかけて連なる山地で、1993(平成5)年、国内で初めて世界自然遺産に登録された。全体面積13万haのうち、およそ13％にあたる区域が登録され、その多くをブナの原生林が占める。
白神山地ビジターセンター
☎0172-85-2810
🏠青森県中津軽郡西目屋村田代神田61-1

お泊まり情報　秋田、青森、弘前は各種宿が豊富だが、黄金崎不老ふ死温泉やウェスパ椿山など、東北の日本海を堪能できる宿もいい。

日本一の山を前に見据えて走る観光列車

富士急行
富士登山電車
ふじとざんでんしゃ

大月駅～河口湖駅(山梨県)

この列車に縁深い
聖地はこちら。

富士山

聖地の周辺を列車で旅する

富士登山電車

外観は開業当時のさび朱色で歴史と伝統を感じさせる。内装は懐かしさと新しさを調和させたレトロモダン

三つ峠駅と寿駅間にあるがんじゃ踏切付近は富士山をバックに撮影できるスポット

青富士にあるベビーサークルや赤富士にある富士見窓など、子供にも富士山の姿が見られるような工夫や、おもちゃ絵本、制服貸し出しなど、子供向けの配慮が行き届いている。

左 列車のデザインで有名な水戸岡鋭治氏が東日本で初めて手がけた
右 遊び心にあふれ、のびのびとしたデザインが施されている青富士の車両

Fujitozandensha

富士山の最も近くを走る観光列車で旅気分も高揚

　富士山に一番近い鉄道と銘打つように、全長距離26.6kmの間に標高差約500mという急勾配の道を登っていく富士急行線。この路線でフジサン特急、トーマスランド号に続き、観光列車として2009(平成21)年から運行開始したのが富士登山電車だ。

　車両のデザインを手がけたのは、JR九州をはじめ、数多くの観光列車のデザインをしている水戸岡鋭治氏。2両編成の列車は車両がそれぞれ異なるデザインで、河口湖寄りの1号車は濃茶色の木と赤い色調が落ち着いた雰囲気の赤富士、2号車は青富士といって青と白木の組み合わせが、すがすがしい印象の車両だ。2両とも、まるで自宅リビングごと移動しているかのようなくつろぎの空間が広がる。

　富士山がだんだんと近づいてくる景色は、誰もが興奮するだろう。約1時間の乗車が惜しまれるような、もっと乗っていたいような気分にさせる。

▶大月駅へ…新宿駅から中央本線特急で1時間10分、ほか
※実際の運行情報とは異なる場合がありますので、ご乗車の際は事前にご確認ください。

RAILWAY INFORMATION

[運行日]木曜を除く毎日(変動あり)
[区間]大月駅〜河口湖駅
[全長]26.6km　[所要]大月駅〜河口湖駅約1時間
[本数]2往復　[編成]2両　[料金]大月駅〜河口湖駅1340円(乗車券1140円+着席料200円)
[予約]2週間前からインターネットまたは電話で受付
☎0555-73-8181
[運行会社]富士急行　www.fujikyu-railway.jp

大月駅を出てトンネルを抜けると見える最初の富士山、裾野まで見える雄大な富士山など、いろいろな富士山の眺めが楽しめます。私たちにも気軽に話しかけてくださいね。
(富士登山電車 アテンダント)

列車案内
RAILWAY VEHICLES

内装には木材や布地を使用し、温かみのある印象。ソファやベンチに加え、ライブラリーなどのコーナーも設け、車両全体に富士山を楽しめる仕掛けがありつつ、落ち着ける雰囲気をつくっている。座席ひとつをとっても、さまざまな柄のシートが使われ、細部にいたるまで心配りが感じられる。

赤富士・車内

赤富士の中央部付近にはベンチが設置されている。河口湖方面に向かい右側にはソファベンチの間に書棚が置かれライブラリーコーナーになっている

青富士・車内

赤富士に対して、曲線を使ったデザインが特徴的な2号車・青富士。どちらの車両からも、デザイナーの遊び心が感じられる

サービスカウンターのショーケースには酒や水など、地域の名産品などを展示

富士見窓は子供が富士山を見るために作られたステップ付

河口湖寄りの1号車は赤富士。暖色系の布地を用いている

わが家のリビングでくつろぐ
そんな落ち着いた気分で旅を！

聖地の周辺を列車で旅する

富士登山電車

Column
フジサンキャラだらけのフジサン特急！

富士急行線には「フジサン特急」という列車が毎日運行中！ 従来から走る2000系にひき続き、2014（平成26）年に導入された新型フジサン特急8000系には58山ものフジサンキャラが描かれる。トーマスとなかまたちが描かれた「トーマスランド号」もある。

キッズ用の運転体験席もある

1号車は展望車両。運転席はガラス張り。1号車前方の座席はソファ式など、さまざま

新型フジサン特急8000系の車体を埋め尽くすフジサンキャラクター。緑のエコフジは、選挙でいちばんになったフジサンキャラ

富士登山電車

沿線のみどころ

終点の河口湖駅は、富士山、富士五湖をはじめ周辺の観光ポイントへの山梨県側の拠点となる。途中駅では、気軽にハイキングや登山などが楽しめるスポットも多い。

1泊2日のモデルプラン

1日目	11:18	大月駅発の富士登山電車1号で河口湖駅へ。12:15着。到着したら昼の腹ごしらえ。
	13:30	関東の富士見百景のひとつ、河口湖周辺の長崎公園や大石公園、時間があれば本栖湖からなど、富士山比べもいい。薄暮のうちに河口湖温泉郷へ。夕焼けに染まる富士を見ながらの湯浴みは最高。
2日目	9:00	宿を出発したら、お弁当を購入しておく。河口湖駅から三つ峠登山口までバスで約25分。
	10:15	登山開始。山頂まで約2時間の行程。山頂に到着したら昼食タイム。
	13:00	山頂出発。帰路は約2時間30分かけて下山し、カチカチ山ロープウェイで河口湖畔へ。
おまけ		脚力が不安な人や子連れのときは、三つ峠ではなく、富士急ハイランドやリニア見学センターもいい。

日帰りで登山気分を満喫
三つ峠
みつとうげ

河口湖駅から ▶ 登山口まで富士急山梨バスで25分

河口湖の北東にそびえる。名称は峠だが3つの山の総称。頂上や途中のビューポイントからの富士山が素晴らしい。
🏠 山梨県南都留郡富士河口湖町

標高1075mからの絶景を
天上山公園
カチカチ山ロープウェイ
てんじょうやまこうえん カチカチヤマロープウェイ

河口湖駅から ▶ 徒歩15分

河口湖の東岸の南端に近い天上山に架かる。歩いて10分ほどの山頂から望む富士山が美しく、変わって展望台からは360度パノラマの絶景が広がる。
📞 0555-72-0363 🏠 山梨県南都留郡富士河口湖町浅川1163-1

TOWN INFO 河口湖 かわぐちこ
温泉が平成に誕生
富士五湖のひとつ。東西に長く東側にアミューズメントスポットが集まるが、なかでも富士河口湖温泉は1994(平成6)年に発掘された。

この体験が面白い！
運が良ければ逆さ富士も
河口湖遊覧船アンソレイユ号
かわぐちこゆうらんせんアンソレイユごう

▶河口湖東岸の南、船津浜の観光船乗場に発着船津浜から河口湖大橋をくぐり、西へ。鵜の島近くで折り返す。河口湖を約20分でほぼ一周。天候や時間帯の条件が揃えば逆さ富士が見られる可能性あり。30分おきに無休で運航。

📞 0555-72-0029 🏠 山梨県南都留郡富士河口湖町船津4034

富士山を眺め、温泉に浸かる
ふじやま温泉
ふじやまおんせん

河口湖駅から ▶ レトロバスで10分

全国でも珍しい泉質といわれる多種の成分が混ざった温泉に浸かり、風呂上がりには富士山を眺めながら憩える。
📞 0555-22-1126
🏠 山梨県富士吉田市新西原4-1524

山梨県
静岡県

0 3km

聖地の周辺を列車で旅する 富士登山電車

時速500kmの世界を体感！
リニア見学センター
大月駅から 富士急山梨バスで15分

山梨リニア実験線での走行試験とともに開館した県立施設。本物の車両の展示を見て、リニアの仕組み、歴史などが学べる。走行試験も見学でき、日程は毎週金曜夕方に翌週の予定をHPで発表する。
- ☎0554-45-8121
- 住 山梨県都留市小形町2381

TOWN INFO 大月（おおつき）
名物おつけだんご
名物おつけだんごは味噌汁の中にたっぷりの野菜と小麦粉を練った団子を入れたもの。B1グランプリにも参加している。

駅情報 下吉田駅
夜行列車と貨車を展示
駅に退役したブルートレインが展示されている。駅舎は水戸岡鋭治氏デザイン

26.6kmの間に標高差500mを上がっていく急勾配

富士山を背景に列車を撮影できるがんじゃ踏切付近

富士五湖帰りに立ち寄りたい
葭之池温泉（よしのいけおんせん）
葭池温泉前駅から 徒歩3分

1856(安政3)年に創業の日帰り温泉。登山、ハイキングなど、アウトドアアクティビティのあと、汗を流すのに最適。
- ☎0555-22-3362
- 住 山梨県富士吉田市下吉田6698

聖地へ
富士山（ふじさん）
信仰と芸術性、文化としての富士山

約1000年にわたり山岳信仰の対象であったことや、古くは『万葉集』などの歌集、近代では小説、浮世絵など広く民衆に親しまれていたことから、2013(平成25)年、世界文化遺産として登録された。

- 山梨県観光部観光資源課富士山山岳担当 ☎055-223-1521
- 静岡県文化・観光部 富士山世界遺産課 ☎054-221-3776

お泊まり情報 河口湖周辺に温泉旅館、ホテル、ペンション、コテージなど各種宿泊施設が豊富に揃う。

上部の視界が開ける展望窓がいい

東武鉄道
展望車両634型
スカイツリートレイン

てんぼうしゃりょう634がた スカイツリートレイン

浅草駅(東京都)〜太田駅(群馬県)／大宮駅(埼玉県)／東武日光駅／鬼怒川温泉駅(栃木県)

この列車に縁深い**聖地**はこちら。

日光

聖地の周辺を列車で旅する **スカイツリートレイン**

東武日光線の板荷駅と下小代駅の間を走る。関東平野ののどかな田園風景が楽しめるのもこの列車の醍醐味

東京スカイツリータウン®の高さ634mにちなんで名付けられた展望車両634型スカイツリートレイン

同一区間を往復するわけではなく、さまざまな路線を運行している。たとえば浅草駅～鬼怒川温泉駅間では上り、下りともあるが、東武日光駅や大宮駅からは浅草駅行の上りのみの運行となっている。

上 屋根から側面にかけての境目部分までが窓になっており、空や高層部の眺望が開ける。車窓は隅田川の景色
下 カウンターテーブルにはご神木の日光杉並木の杉が使われている

SKYTREE TRAIN

日光・鬼怒川と東京スカイツリータウン®を結ぶ観光列車

スカイツリートレインがほかの観光列車と大きく異なるのは、運行路線が単一ではないこと。東武鉄道の多彩な路線網を生かし、太田駅、大宮駅、東武日光駅からは浅草駅までの上り列車を、そして浅草駅と鬼怒川温泉駅間では往復列車を運行する。東武沿線からは東京スカイツリータウン、さらにそこから日光・鬼怒川温泉へと、関東を代表する2つの観光名所間のアクセスを実現している。そのほか、臨時運行される「スカイツリートレイン南会津号」では、鬼怒川温泉を越えて会津鉄道に乗り入れ、会津田島駅まで向かう。

スカイツリートレインに使用されている車両は、6050系電車を開放感たっぷりの窓を備えた展望車に大改造したもの。その大きな窓の外には、東京スカイツリーをはじめ、日光・鬼怒川など、変化に富んだ風景が広がる。

RAILWAY INFORMATION

[運行日]土・日曜、祝日　[区間]浅草駅～鬼怒川温泉駅、東武日光駅～浅草駅ほか　[全長]浅草駅～鬼怒川温泉駅140.8km　[所要]浅草駅～鬼怒川温泉駅約2時間20分、東武日光駅～浅草駅約2時間ほか　[本数]4～5本　[編成]4両　[料金]浅草駅～鬼怒川温泉駅2990円(乗車券1550円＋特急料金1440円)、子供1500円(乗車券780円＋特急料金720円)など　[予約]1カ月前から東武線各駅(無人駅・業務委託駅を含む一部の駅を除く)、旅行会社各社、インターネットで販売
[運行会社]東武鉄道 www.tobu.co.jp

なんといっても車内の開放感がたまりません！天窓のような展望窓から、ぜひ東京スカイツリーや日光杉並木など、沿線の風景を堪能してください。(東武鉄道 森田さん)

▶浅草駅へ…上野駅から東京メトロ銀座線で5分、ほか
※実際の運行情報とは異なる場合がありますので、ご乗車の際は事前にご確認ください。

列車案内
RAILWAY VEHICLES

　1・3号車の座席は、シングル＋ツインで3列の回転式リクライニングシート。2・4号車はシングル＋窓向きに配置されたペアシートとなっている。また、1・3号車には、マイクを使ってカラオケやレクリエーションなどが楽しめるイベントスペースがあり、団体専用列車として運行される際に活躍。

2・4号車座席

回転もできるシングル席と、大きな展望窓に向いて景色を最大限に楽しめるペアスイート席

前面展望スペース

乗務員席のすぐ後ろにある前面展望スペース。列車の進行方向の景色が楽しめる。席の後ろはスーツケースなど荷物を置くためのスペース

サービスカウンター

スカイツリートレイン2号と3号を除き、軽食や飲み物、記念グッズの販売などを行なうカウンター

大きな窓に展望カメラ
いろいろな角度から車窓を楽しむ

前面展望カメラ
走行中の列車前方に広がる風景を撮影するために、進行方向にカメラが設置されている

映像モニター
前面展望カメラで撮った映像を放映するモニター。各車両に2台ずつあり、前面展望スペース以外の座席でも前面の様子が見られる

記念写真用ボード
乗車した日付が入った記念撮影用のロゴ入りボード。乗車記念のスタンプはサービスカウンターで貸し出してくれる

車内販売
東京スカイツリーをモチーフにしたかわいいお弁当を！

東京スカイツリー弁当
東京スカイツリーをかたどった器にオムライスとジャンボ海老フライが入っている

聖地の周辺を列車で旅する　スカイツリートレイン

スカイツリートレイン
沿線のみどころ

世界遺産日光や関東有数の温泉街、鬼怒川温泉の観光をするのにぴったりな列車。浅草駅から東武日光駅へ向かう際は下今市駅で乗り換えが必要だが、接続はいい。

1泊2日のモデルプラン

1日目	10:30	東京スカイツリー®へ。東京ソラマチ®やすみだ水族館を見学。東京ソラマチで昼食。
	14:13	とうきょうスカイツリー駅からスカイツリートレイン1号に乗車。
	16:32	鬼怒川温泉駅に到着。鬼怒川温泉泊。
2日目	9:20	宿を出発して、下今市駅経由で東武日光駅へ。
	10:00	東武日光駅に到着。駅前バス停から中禅寺湖方面行のバスに乗車。中禅寺湖、華厳ノ滝などを散策後にランチ。
	14:00	バスで西参道または神橋へ。世界遺産に登録された日光の寺社を見学。
	17:36	東武日光駅発のスカイツリートレイン8号に乗車。浅草駅到着は19:35。
おまけ		東武日光駅からは奥日光方面や霧降高原方面のバスも発着しているので、目的に合わせて利用したい。

感動 乗車体験!!
まるで屋外にいるような広々とした大きな車窓

運転開始時から気になっていて栃木エリアからの帰り道、タイミングが合ったので乗車しました。とくに良かったのは太平山、利根川鉄橋付近での夕方の眺め。上部まで繋がる窓は遮るものがなく、きれいに夕日を眺められました。
（さかきんぐさん／2014年6月頃乗車●ブログ「♪さかきんぐのちょいと1言♪」）

流れ落ちる滝の勢いに圧倒
■華厳ノ滝
けごんのたき

日光駅から ▶ 東武バス40分＋徒歩5分

中禅寺湖から流れ落ちる滝で、落差が97mある。滝壺近くの観瀑台までエレベーターで下りることができ迫力満点。

☎0288-55-0030（華厳滝エレベーター）
🏠栃木県日光市中宮祠

一日中楽しめる世界一のタワー
■東京スカイツリー®
とうきょうスカイツリー

とうきょうスカイツリー駅から ▶ 徒歩すぐ

新時代の電波塔として2012(平成24)年に開業。高さは634m、天望台が350mの展望デッキと450mの天望回廊がある。

☎0570-55-0634（東京スカイツリーコールセンター）
🏠東京都墨田区押上1-1-2

| 駅情報 | 東武日光駅 |

日本一の超豪華駅弁

日光鱒寿司本舗が販売する、超豪華「德川埋蔵金弁当」。そのお値段は目玉が飛び出るほど高い

渓谷美を誇る関東有数の温泉街
鬼怒川温泉
きぬがわおんせん

| 鬼怒川温泉駅から | 徒歩3分 |

江戸時代に発見された滝温泉が始まり。当時は日光に詣でる大名や僧侶だけが利用できたが、明治になり一般に開放。

📞 0288-76-4111（日光市役所藤原総合支所観光課）
🏠 栃木県日光市鬼怒川温泉大原

鬼怒川渓谷に架かる吊橋
鬼怒楯岩大吊橋
きぬたていわおおつりばし

| 鬼怒川温泉駅から | 車で3分 |

鬼怒川温泉南部と対岸にある楯岩を結ぶ、長さ140m、高さ40mの吊橋。歩行者専用で橋からの渓谷美が見事。

📞 0288-77-2052（日光市観光協会）
🏠 栃木県日光市鬼怒川温泉大原1436

この体験が面白い！
船から名所を巡るコース
中禅寺湖遊覧船
ちゅうぜんじこゆうらんせん

▶船の駅中禅寺から発着

4月中旬から11月の毎日、菖蒲ヶ浜、立木観音に発着しながら中禅寺湖を周遊する。ほかに季節運航の千手ヶ浜コースもある。

東武興業 中禅寺湖機船営業所
📞 0288-55-0360
🏠 栃木県日光市中宮祠2478

聖地へ

日光東照宮、輪王寺らの二社一寺など、103棟の建物群は、1999年に世界遺産に登録された。

日光東照宮
にっこうとうしょうぐう

信仰、思想を表す装飾

世界遺産のなかでも中枢をなす。徳川家康自身の遺命どおりに祀る。社殿のほとんどは1636（寛永13）年に3代将軍家光により行なわれた寛永の大造替の際に、現在に残る豪華絢爛な建造物に改築された。

📞 0288-54-0560
🏠 栃木県日光市山内2301

日光山輪王寺
にっこうさんりんのうじ

三本尊を安置する三仏堂

766（天平神護2）年に勝道上人が開山。日光山にある全寺院を統合し輪王寺と呼ぶ。三仏堂は日光山で最大規模の木造建築。

📞 0288-54-0531
🏠 栃木県日光市山内2300

日光山輪王寺大猷院
にっこうさんりんのうじたいゆういん

徳川家光を祀る廟所

徳川3代将軍家光が眠る。祖父家康を尊敬した家光は死後も家康に仕えること、東照宮より華美にならないことを遺言した。

📞 0288-53-1567
🏠 栃木県日光市山内2300

二荒山神社
ふたらさんじんじゃ

日光の山岳信仰の中枢

本社、中宮祠、奥宮の3宮からなり、境内は日光三山や華厳ノ滝、いろは坂まで含むほどの広さ。入口には神橋が架かる。

📞 0288-54-0535
🏠 栃木県日光市山内2307

聖地の周辺を列車で旅する スカイツリートレイン

| 駅情報 | とうきょうスカイツリー駅 |

東京ソラマチ®を遊ぼう！
300店舗以上のおしゃれなショップやレストランが入る、駅直結の商業施設

TOWN INFO 浅草 あさくさ
東京の下町観光を楽しむ
下町風情にあふれた、東京を代表する観光スポット。浅草寺・仲見世通りを堪能したら、人力車を使って街を観光してみるのも楽しい。

🏠 **お泊まり情報** 日光エリアは温泉地。鬼怒川温泉だけでなく、日光湯元温泉、中禅寺温泉など、温泉宿も多い。

森を抜けて聖地へと走る山岳鉄道

南海電鉄
天空
てんくう

橋本駅～極楽橋駅（和歌山県）

この列車に縁深い**聖地**はこちら。

高野山

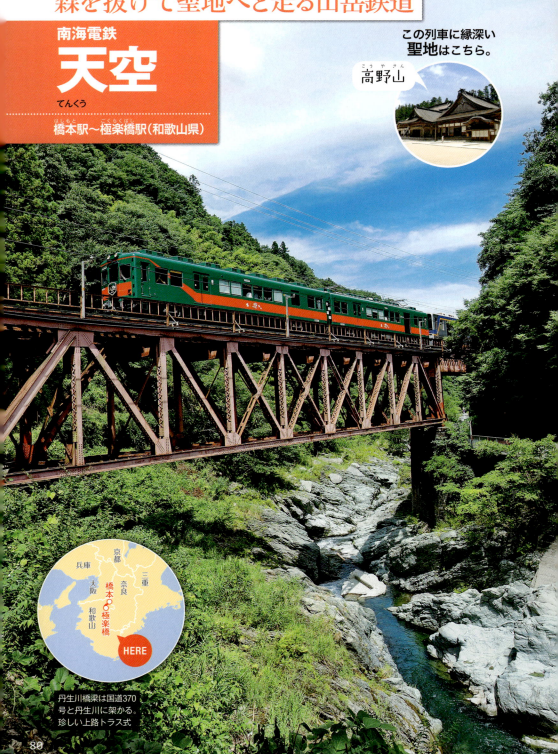

丹生川橋梁は国道370号と丹生川に架かる。珍しい上路トラス式

春には学文路駅〜九度山駅の沿線を桜並木が彩り、花が目前に迫る

予約した座席指定券は乗車当日、橋本駅ホームか高野山駅の窓口で、列車あるいはケーブルカーの発車10〜40分前に受け取る。学文路駅、九度山駅から乗車の場合は、乗車時に車内係員に申し出る。

左 慈尊院や真田庵など、途中下車をして沿線の観光をするのも楽しい路線
中 濃い木々を縫うように走る天空。急カーブを描く笠木橋梁を渡る
右 橋本駅を過ぎると徐々に標高が高くなる。同時に急カーブも多くなり、わくわくする

Tenkū

聖地の周辺を列車で旅する　天空

力強く登る列車に揺られ、嶺々の深い森に憩う

　1930(昭和5)年に全線開通した南海高野線は、そのほとんどの目的が聖地、高野山を詣でるための交通手段だった。高野山への最後の19.8km、橋本駅〜極楽橋駅間の山岳区間を走る観光列車が天空だ。

　天空が登場したのは2009(平成21)年のこと。深い緑の山あいを分け入るように急坂や急カーブ、トンネル内を走る列車を単なるアクセス手段として終わらせずに、神々しい大自然を身近に感じながら、心安らいで過ごせるようにと考案された。そのため、ほとんどの座席が景観の良い西側を向いており、窓も見晴らしを配慮し、西側が広くとられている。内装は木材を多用し、憩いの場にふさわしい。

　極楽橋駅から高野山駅へはわずか800mだが、高低差328mもある急勾配のため、極楽橋駅でケーブルカーに乗り換える。高野山駅から山内へは南海りんかんバスが運行している。

RAILWAY INFORMATION

[運行日] 3〜11月の水・木曜を除く毎日、12〜2月の土・日曜、祝日、12月30日〜1月3日　**[区間]** 橋本駅〜極楽橋駅
[全長] 19.8km　**[所要]** 橋本駅〜極楽橋駅約45分
[本数] 2本(3〜11月の土・日曜、祝日は3本)
[編成] 4両　**[料金]** 橋本駅〜極楽橋駅1340円(乗車券830円＋座席指定券510円) ※自由席車両あり
[予約] 10日前の9時から前日の17時まで、天空予約センター(☎0120-151519)で電話のみ受付
[運行会社] 南海電鉄　URL www.nankaikoya.jp

吹き抜けの展望デッキでは、車輪とレールの擦れる音が迫力満点、山岳鉄道らしさを感じてください。車内では時間限定で天空グッズの販売もあるので、お見逃しなく！(南海電鉄 寺田さん)

▶橋本駅へ…新大阪駅から大阪市営地下鉄御堂筋線でなんば駅へ約15分、南海電鉄高野線の急行に乗り換え約50分、ほか
※実際の運行情報とは異なる場合がありますので、ご乗車の際は事前にご確認ください。

列車案内
RAILWAY VEHICLES

4人掛けコンパートメント座席。窓を大きくとり、着席したまま下方が見えるようになっている

天空車両の2200系は、高野線の山岳区間を走るために1969(昭和44)年から運行を開始した22000系を改造して誕生。一時、支線などを運行していたが、本来の機能を生かし、かつ沿線風景も楽しめる観光列車をめざし、天空として再デビュー。車体は森林のグリーンに根本大塔をイメージした朱赤のラインが走るデザイン。

フリースペース
展望デッキ

フリースペースで気分転換も。車内アナウンスでは風景や文化についての解説がある

オープンな展望デッキは、谷を渡る風や鳥のさえずりなどが直接感じられる

ワンビュー座席

高野山に向かって右側は景色が良く、広い3枚続きの窓から景色が堪能できるよう座席が並ぶ。標高が高くなるにつれ、紀伊山地の深い森が迫る

鉄道みやげ
持って帰りたい

ペンケース、チョロQ、ストラップ、タオルなど、車体やヘッドマークがデザインされているグッズ

SOUVENIRS

天空クリップマーカー
ゴルフのクリップマーカー。車体はクリップ、マーカー(4色から選択)はヘッドマークのデザイン

天空
沿線のみどころ

高野山の麓にあたる九度山町周辺には空海や真田家にゆかりの寺社がある。かつては高野山詣での参道だった道もここから延びており、世界遺産にも登録されている。

1泊2日のモデルプラン

1日目
- 13:22 橋本駅発、天空3号乗車。極楽橋駅でケーブルカーに乗り換え。所要5分。
- 14:09 高野山駅に到着。山内を巡る南海りんかんバスで女人堂や徳川家霊台を見学。千手院橋近くの宿坊に泊まると観光に便利。

2日目
- 9:00 奥之院、御廟、金剛峯寺、大門、根本大塔などを見学。昼食後南海りんかんバスで高野山駅へ。
- 13:32 高野山駅発ケーブルカーで極楽橋駅へ。
- 13:42 極楽橋駅発の各停に乗車。九度山駅で降りて、真田庵、慈尊院などを見学する。
- 16:27 九度山駅を出発。橋本駅乗り換え帰路につく。

おまけ
橋本駅で和歌山線に乗り換え、和歌山方面、吉野、奈良方面の周遊も可能。

感動
乗車体験!!
山の緑とマイナスイオン
山岳鉄道らしさを感じる

高野下駅〜極楽橋駅では、急勾配が続くので「登ってる」のがよくわかります。途中、標高の高いところでは山の緑と一緒にマイナスイオンが感じられて、それにも感動。いちばんの目玉は、2号車後部の展望デッキです。吹き抜けになっていて、まるで外に出て乗っているような感じで、周囲の緑、電車の音やレールのきしむ音など、普段は体験できないことばかりでした。(松本 幸宏さん/2010年7月乗車●ブログ「ゆっきぃの旅路」)

空海の母が篤く信仰した本尊
慈尊院
じそんいん

九度山駅から 徒歩25分

816(弘仁7)年に弘法大師(空海)が高野山の表玄関となる寺として創建。本尊は弥勒菩薩。木造の坐像は国宝。本堂は重文。

☎0736-54-2214
住 和歌山県伊都郡九度山慈尊院832

5月に開催する真田まつりで有名
真田庵
さなだあん

九度山駅から 徒歩10分

流罪となって真田昌幸、信繁親子が蟄居した屋敷があった場所。その後、地蔵菩薩を祀る寺を建立、善名称院という。

☎0736-54-2218
住 和歌山県伊都郡九度山町九度山1413

高野山森林鉄道の跡が遊歩道に
竜王渓
りゅうおうけい

九度山駅から 徒歩10分

紀の川支流の丹生川流域の渓谷。南海高野線の九度山駅から高野下までの間、鉄道の対岸に遊歩道が整備されている。

☎0736-54-2019(九度山町産業振興課)
住 和歌山県伊都郡九度山町

春には菜の花が沿線に咲く

丹生川を渡る全長72.52mの橋が架かる

駅情報 高野下駅
カラフル花屏風
色とりどりに飾られた花屏風がホームでお出迎え

駅情報 紀伊神谷駅
急勾配トンネル
駅から見られる大迫トンネルは山岳鉄道ならではの風景

高さが22m、急カーブの笠木橋梁を通過する

秘境駅のような雰囲気。駅名の由来となった極楽橋がある

学問の路に通じる天満宮
学文路天満宮
かむろてんまんぐう

学文路駅から 徒歩25分

菅原道真を祀る天満宮。本殿横の牛の置物の頭をさすると受験に、体は病気平癒にご利益があるという。受験シーズンには学文路駅で合格祈願の入場券が発売される。

☎0736-32-5582
住 和歌山県橋本市学文路821

聖地の周辺を列車で旅する 天空

聖地へ
高野山
こうやさん

紀伊の山奥に日本の聖地を巡る

2004(平成16)年に「紀伊山地の霊場と参詣道」のひとつとして、金剛峯寺をはじめ高野山への玄関口となる慈尊院の弥勒堂や丹生郡比売神社などが世界遺産に登録された。参詣道としては、慈尊院から続く高野山町石道が登録された。

住 和歌山県伊都郡高野町高野山

お泊まり情報 聖地・高野山では精進料理や庭園などが楽しめる宿坊に泊まってみたい。全部で50カ所以上の個性的な宿坊寺院がある。

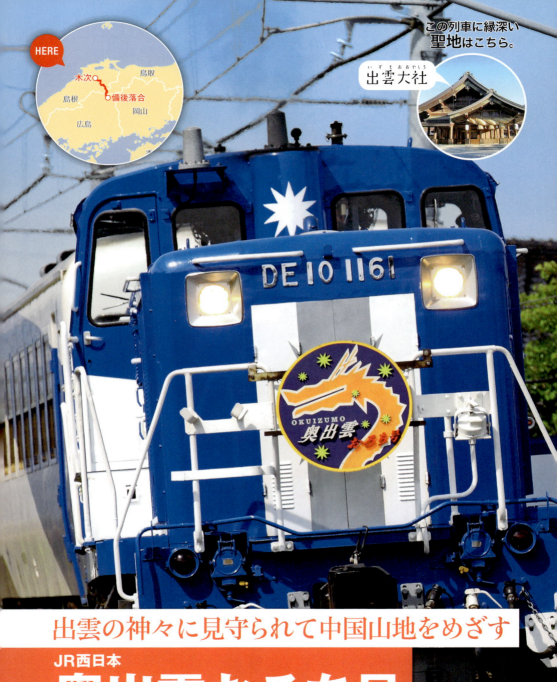

この列車に縁深い聖地はこちら。

出雲大社（いずもおおやしろ）

出雲の神々に見守られて中国山地をめざす

JR西日本
奥出雲おろち号
おくいずもおろちごう

木次駅（島根県）〜備後落合駅（広島県）

おろち伝説が色濃く残る奥出雲を木次線を利用して、木次駅から芸備線の備後落合駅まで、疾走する

2013(平成25)年には奥出雲おろち号の運行15周年を迎えた

左 出雲坂根駅の三段式スイッチバックを過ぎると三井野大橋(右端)とおろちループが見える
右 三井野原駅付近はこの路線のなかでも眺望がいい

Okuizumo Orochi

聖地の周辺を列車で旅する

奥出雲おろち号

おもに日曜、祝日の往路は出雲市駅からの出発となる。遠方からの旅行者など、ほとんどが出雲大社の見学も同時に行なうので出雲市駅から乗り換えなしで乗車できるのは便利だ。

オロチ伝説の夢を乗せて山深い奥出雲を進んでいく

　神話のふるさと、出雲。なかでも奥出雲にはヤマタノオロチの伝説が残る。奥出雲地方を走る木次線を利用したトロッコ列車が奥出雲おろち号だ。
　ディーゼル機関車を先頭に、普通客車、窓のない半オープンのトロッコ車両と続く3両編成。2両目の普通客車は雨や風の日、寒いときにトロッコ指定席とおなじ番号の座席に座れるように連結されたもの。家族連れや年配者にもうれしい配慮だ。
　駅ごとに販売されるグルメも魅力のひとつ。食事やおやつを楽しみながら、木次駅を出て1時間余が過ぎた頃、列車は中国山地へと差しかかる。出雲坂根駅と三井野原駅の間がこの列車のハイライト。最も勾配が急なため、三段式スイッチバックを使う。越えた先には、木々のなかに映える真っ赤な三井野大橋と、オロチがとぐろを巻いたようにらせん状に大きな円を描く奥出雲おろちループの光景が広がる。

RAILWAY INFORMATION

[運行日] 4〜11月の金・土・日曜、祝日、夏休み、紅葉期間の平日が中心　[区間] 木次駅〜備後落合駅 ※日曜祝日を中心に往路で出雲市駅発の延長運行　[全長] 木次駅〜備後落合駅60.8km　[所要] 木次駅〜備後落合駅約2時間20分　[本数] 1往復　[編成] 2両(客車、うちトロッコは1両)　[料金] 木次駅〜備後落合駅1660円(乗車券1140円＋座席指定券520円)　[予約] 1カ月前の10時からみどりの窓口、おもな旅行会社などで販売
[運行会社] JR西日本　www.westjr.co.jp

とにかく絶景ポイントが多く、とくに紅葉シーズンはどの景色も見逃せません！車内販売のお弁当や停車駅での販売など、沿線グルメも充実、お腹をすかせて乗車してください！
(JR西日本 米子支社)

▶木次駅へ…岡山駅から特急やくもで宍道駅へ約2時間、木次線に乗り換え約35分
※実際の運行情報とは異なる場合がありますので、ご乗車の際は事前にご確認ください。

奥出雲おろちループ・三井野大橋

赤い橋は深さ100mの谷に架かる三井野大橋。隣には奥出雲おろちループと呼ばれるループ線が美しい弧を見せる

列車案内
RAILWAY VEHICLES

奥出雲おろち号は3両編成で、1両目はディーゼル機関車が牽引。最後尾は窓がないトロッコ列車になっていて景色や風、香りなど、奥出雲の自然が直接体感できる。トンネル走行中は天井に描かれた、オロチのイルミネーションが暗闇に浮かび上がる。

トロッコ車内

一部座席は外側に向かって設置。2両目の冷暖房完備の普通客車は、寒いときや雨風をしのぎたいときに、トロッコ車の指定席と同じ番号の座席に座れるようになっている

車内販売
停車駅で販売するユニークな駅弁やスイーツも旅の楽しみ！

木次駅の八岐大蛇弁当（要予約）や出雲三成駅の仁多牛べんとう、出雲八代駅のクリーム大福、出雲坂根駅の焼き鳥など、停車駅ごとに臨時売店で、沿線グルメが楽しめる。

トロッコ車内

車内の照明はランプ風。椅子や床は不燃化木材を使用している

奥出雲おろち号
沿線のみどころ

奥出雲地方はかつてはたたら製鉄が盛んだった地域。沿線にもそれに関連したスポット、斐伊川など、ヤマタノオロチ伝説に縁深いといわれるスポットが点在する。

1泊2日のモデルプラン

1日目	12:00	出雲市駅着。一畑電車に乗り換え、出雲大社へと向かう。
	16:00	湯の川温泉の宿にチェックイン。
2日目	10:07	木次駅発の奥出雲おろち号で出発。日曜なら出雲市駅発8:45となり、乗り換え不要。
	12:24	備後落合駅着。20分ほどの停車で折り返す。往復で利用する場合は、それぞれ乗車券と指定席券が必要となる。
	15:02	木次駅着。宍道駅まで戻ったら、山陰本線に乗り換え松江駅へ。
おまけ		出雲市を観光するなら湯の川温泉、宍道湖や松江市を観光するなら、玉造温泉を利用するのがおすすめ。

感動
乗車体験!!
スイッチバックとループ線
噂に違わぬ車窓の美しさ

路線の謳い文句どおり、三段式スイッチバックと三井野原大橋周辺のループ線の車窓の景色に感動しました。往路は進行方向に対して右側、復路は左側の座席をおさえるとスイッチバックと三井野原大橋がよく見えます。また、秋には紅葉が美しいので有名ですが、トロッコは窓ガラスがなく寒くなるので、防寒具なども忘れずに。雨を想定するとカッパがいいとも地元の人に聞きましたよ。（ナナオさん／2014年6月頃乗車 ●ブログ「ナナオの旅行記」）

TOWN INFO 出雲 (いずも)
出雲神話誕生の地
出雲市は島根県中央の街。県内でも最大規模の古墳の発見や数々の神話のふるさととして知られている。

日曜、祝日を中心に出雲市駅発の奥出雲おろち号もある

日本で唯一残るたたら操業の地
奥出雲たたらと刀剣館 (おくいずもたたらとうけんかん)
出雲横田駅から 徒歩20分
たたらとは日本伝統の製鉄法で純度の高い鋼が作られることから日本刀の原料になった。たたらの紹介と展示。
☎ 0854-52-2770
🏠 島根県仁多郡奥出雲町横田1380-1

自然がつくり上げた絶景奇観
鬼の舌震 (おにのしたぶるい)
出雲三成駅から 車で10分
国の名勝・天然記念物指定の峡谷。無数の巨岩、急流による浸食地形、絶壁が合わさった景観は、見る者を圧倒する。
☎ 0854-54-2260（奥出雲観光文化協会）
🏠 島根県仁多郡奥出雲町三成宇根

駅情報 亀嵩駅
映画『砂の器』の舞台
駅舎にそば屋があり、なんと駅長みずからそばを打つ

駅情報 出雲八代駅
かわいいお出迎え
地元の幼稚園児が歌を歌って列車をお出迎え（登園日のみ）

駅情報 出雲坂根駅
延命水湧く駅
三段式スイッチバックがある。JR西日本ではここだけ

「奥出雲おろちループ」という二重式ループ線と三井野大橋があり、絶好のビューポイント

400年続くたたら製鉄師の博物館
絲原記念館 (いとはらきねんかん)
出雲三成駅から 車で7分
代々、たたら製鉄を営んできた絲原家に伝わる工芸品や資料を展示。出雲流庭園としても有名な庭園も鑑賞したい。
☎ 0854-52-0151
🏠 島根県仁多郡奥出雲町大谷856-18

駅情報 三井野原駅
JR西日本一標高が高い
標高727mに位置する。駅の愛称は高天原

聖地の周辺を列車で旅する **奥出雲おろち号**

聖地へ
出雲大社 (いずもおおやしろ)
日本全国の神様が集う、神話の聖地
主祭神は大国主大神。60年に一度、本殿の大屋根の檜皮の葺き替えなど、末社にいたるまで大改修をともなう遷宮を行なう。とくに、2008（平成20）年から始まった8年間にも及ぶ遷宮は「平成の大遷宮」と呼ばれる。
☎ 0853-53-3100
🏠 島根県出雲市大社町杵築東195

お泊まり情報　『出雲国風土記』にも登場する古湯・玉造温泉が有名。玉造温泉駅へは、出雲市駅から山陰本線で30分。

眺望絶佳な列車に乗って、京都を巡ってみよう

古都・京都を楽しむ観光列車

天狗が住むといわれる鞍馬山に、渓谷美が堪能できる保津峡。
千年以上も昔から愛される風景で京風情を観光列車で満喫してみませんか？

新緑に紅葉に、目を奪われるもみじのトンネル

叡山電車
展望列車「きらら」
てんぼうれっしゃ きらら

出町柳駅～鞍馬駅（京都府）

**市街地から山道へと変化する車窓
季節の色を楽しみつつ霊山・鞍馬山へ**

京都の北にある山々の紅葉は格別で、そのひとつが貴船・鞍馬だ。街の中心から1時間もかからずに鮮やかな錦の世界に溺れることができる。貴船・鞍馬へは叡山電車の鞍馬線が走っている。普通電車のダイヤに混じって運行しているのが展望列車「きらら」。全席自由で特別な料金もかからないが、普通電車とは座席の配置や車窓の開口が異なり、より展望を楽しめるようになっている。出町柳駅を出発し、市原駅を過ぎたあたりからは、もうすっかり山の中、といった様相だ。

赤く染まったもみじのトンネルを行くきらら。シーズンには車両内の電気が消され紅葉がライトアップされる

きららは普通列車の扱いだが、車両中央部には外向きの席もある

RAILWAY INFORMATION

- **[運行日]** 毎日　**[区間]** 出町柳駅～鞍馬駅　**[全長]** 12.6km
- **[所要]** 出町柳駅～鞍馬駅約30分　**[本数]** 10本（日ごとにより異なる）　**[料金]** 乗車券420円　**[予約]** 不要
- **[運行会社]** 叡山電車　eizandensha.co.jp

嵯峨野観光鉄道
嵯峨野トロッコ列車
さがのトロッコれっしゃ

トロッコ嵯峨駅〜トロッコ亀岡駅（京都府）

四季の微笑みを乗せて走るトロッコ

聖地の周辺を列車で旅する　古都・京都を楽しむ観光列車

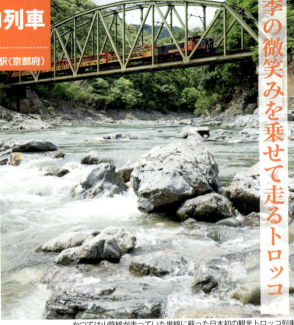
かつては山陰線が走っていた単線に蘇った日本初の観光トロッコ列車。保津川渓谷の断崖や渓谷に架かる橋を渡って走る

トロッコ亀岡駅からの復路は保津川下りで戻るのが定番コース

サクラのトンネルのなかを力強く走るディーゼル機関車サクラのトンネルのなかを力強く走るディーゼル機関車

平均時速は25km！ゆっくりと走るトロッコ列車で保津峡の美しさを堪能

　嵯峨野観光鉄道は京都西部、トロッコ嵯峨駅からトロッコ嵐山駅、トロッコ保津峡駅を経てトロッコ亀岡駅までの7.3kmを保津川に沿ってさかのぼる。先頭にはディーゼル機関車、続く5両の客車を引く。客車は木製の椅子が並ぶシンプルな構造で、5号車にはザ・リッチ号という窓のないオープン車両が連結される。もともと山陰線の一部で、線路ができたのは明治時代ということもあり、沿線にはレンガや石で造られた古めかしいトンネルなど、自然景観以外にも見どころたっぷり。

RAILWAY INFORMATION
【運行日】3月1日〜12月29日（水曜運休）　【区間】トロッコ嵯峨駅〜トロッコ亀岡駅　【全長】7.3km　【所要】トロッコ嵯峨駅〜トロッコ亀岡駅約25分　【本数】8往復（臨時列車がある場合もある）　【料金】指定席乗車券620円　【予約】JR西日本のおもな駅のみどりの窓口、おもな旅行会社で販売
【運行会社】嵯峨野観光鉄道　www.sagano-kanko.co.jp

個性豊かな列車が各地を駆け巡ります
観光列車王国・

観光列車を乗り継いで、九州を旅するプラン

PLAN ❶ 観光列車で南九州を縦断したい
PLAN ❷ 阿蘇の大自然を満喫
PLAN ❸ 列車とフェリーで天草周遊
PLAN ❹ 美食と海景色を楽しむ旅
　　　　＋海幸山幸に乗りに行こう！

西海岸を走る肥薩おれんじ鉄道のおれんじ食堂（➡P.118）では地物を食べながらスローライフな鉄道の旅が楽しめる

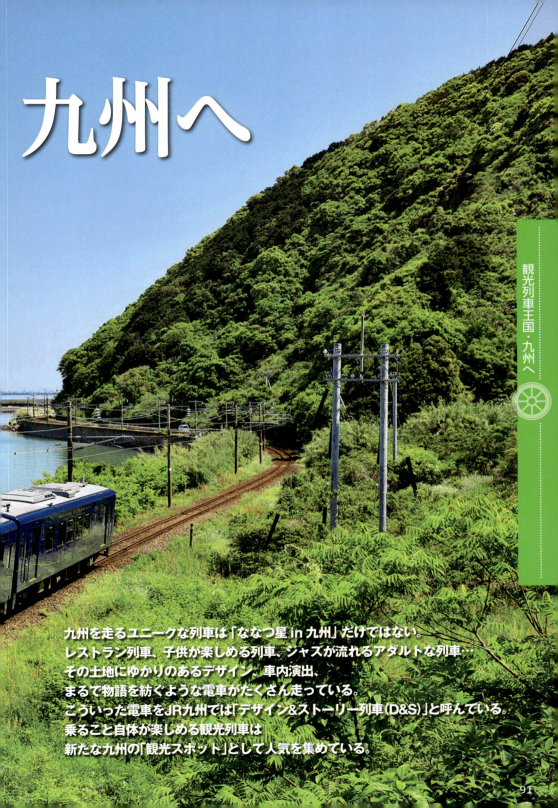

九州へ

観光列車王国・九州へ

九州を走るユニークな列車は「ななつ星 in 九州」だけではない。
レストラン列車、子供が楽しめる列車、ジャズが流れるアダルトな列車…
その土地にゆかりのあるデザイン、車内演出、
まるで物語を紡ぐような電車がたくさん走っている。
こういった電車をJR九州では「デザイン&ストーリー列車（D&S）」と呼んでいる。
乗ること自体が楽しめる観光列車は
新たな九州の「観光スポット」として人気を集めている。

ユニークな観光列車が勢揃い
九州プランニングマップ

九州を鉄道でまわってみたくなるような観光列車がたくさん走る。列車を乗り継いで旅ができるお得な切符も販売しているので、旅行計画の際にチェック。

レールごとに違った旅が待っている
地方の魅力が満載の九州観光列車

のんびり優雅に観光列車に揺られ、観光地を巡るのが、いまや定番の九州旅行の楽しみ方。観光列車と九州新幹線のアクセスの良さが、ブームに一役買っている。どの列車も郷土色豊かな個性派揃い。熊本県では「あそぼーい！」とトロッコ列車の「ゆうすげ号」が、阿蘇山の勇壮な風景を走る。有明海の沿岸では「A列車で行こう」が大人の旅を演出し、ロマンティックな海の眺望を楽しませてくれる。山間部では、「SL人吉」や「いさぶろう・しんぺい」が渓谷や山を力強く走り、鉄道ファンを魅了する。

熊本と鹿児島を結び、八代海と東シナ海沿岸を走る「おれんじ食堂」は、海の風景とともに新鮮な地元食材の料理が楽しめると評判。

鹿児島の桜島の雄姿を車窓に望む「はやとの風」、宮崎・日南海岸の南国風景を走る「海幸山幸」など、その土地ならではの風景を満喫できる。大分・由布院の一大温泉地へ向かうゆふいんの森は、その華麗な姿で今も不動の人気を誇る。2015(平成27)年8月には、日田〜大分間でスイーツを提供する豪華列車「或る列車」が登場。2015年秋以降には長崎でも運行の予定だ。

或る列車
大分駅〜日田駅、佐世保駅〜長崎駅の2区間

明治末期に計画で終わった幻の豪華列車が蘇る。有名シェフプロデュースによるスイーツも味わえる。2015年8月8日から大分で、秋以降に長崎で運行開始予定。

九州を楽しむならこの切符!!

「旅名人の九州満喫きっぷ（1万800円）」は、九州全鉄道の快速・普通列車の自由席1日乗り放題が3回分セットになった割引切符。3人での利用も可能だ。JRの観光列車を乗りつくしたい人には、「アラウンド九州きっぷ」がお得。JR九州の列車が3日間乗り放題で、普通車指定席6回分が付いて3万860円。65歳以上なら、同様の割引切符が1万5430円で買える「アクティブ65」を利用できる。夫婦どちらか1人が65歳以上であれば2人とも同切符を購入できる。各観光列車の路線では、観光に便利なフリー区間が付いた切符も販売。それぞれJR九州の駅みどりの窓口などで購入可能。

A列車で行こう P.112
熊本駅〜三角駅

おれんじ食堂 P.118
新八代駅〜川内駅

はやとの風 P.94
吉松駅〜鹿児島中央駅

指宿のたまて箱 P.118
鹿児島中央駅〜指宿駅

凡例: 私鉄路線 / 九州新幹線 / JR / JR本線

※路線は主要な区間のみを紹介しています。

旅人 ーたびとー
福岡（天神）駅～太宰府駅
太宰府観光に便利なラッピング列車。福岡（天神）発は朝1便のみで、残りは二日市発。予約・特別料金は不要。

ゆふいんの森
博多駅～別府駅
リゾート温泉郷・由布院を通る、JR九州の観光列車の草分け。床面の高いハイデッカー車は眺望抜群。車内はクラシカルな雰囲気。

あそぼーい！ P.104
熊本駅～宮地駅

トロッコ列車 ゆうすげ号 P.104
立野駅～高森駅

SL人吉 P.94
熊本駅～人吉駅

九州横断特急
別府駅～人吉駅
「あそぼーい！」「SL人吉」と同じルートも走る、九州中部観光列車のダイジェスト版。ほかの観光列車と組み合わせても便利。

田園シンフォニー P.94
人吉温泉駅～湯前駅

いさぶろう・しんぺい P.94
人吉駅～吉松駅

九州の観光列車を数多く手がける
ドーンデザイン研究所：水戸岡鋭治氏

　地元岡山の学校で工業デザインを学び、大阪やイタリアのデザイン事務所を経て、ドーンデザイン研究所を設立。JR九州の「アクア・エクスプレス」のデザインをきっかけに、鉄道車両のデザインに携わるようになる。JR九州の特急つばめやソニック、豪華寝台特急「ななつ星 in 九州」と、これまでにない斬新な車両が脚光を浴び、鉄道関連の国際賞のブルネル賞を4度も受賞した。リッチなゆとりと遊び心のあるデザインで、列車を単なる移動の乗り物から心地良い居住空間へと変身させた。天然素材や伝統の技、おもてなしの心で日本の魅力も引き出した。今回紹介する10本のJR列車とおれんじ食堂、田園シンフォニーが水戸岡氏のデザイン。

海幸山幸 P.126
宮崎駅～南郷駅

観光列車王国・九州へ　九州プランニングマップ

熊本から鹿児島まで、4列車制覇！
観光列車で南九州を縦断したい

SLが渓谷を縫い、スイッチバックで山を越え、ひなびた木造駅舎に迎えられる。
4本の観光列車に乗り継いで行く、鉄道の魅力あふれる九州縦断の旅。

SL人吉（JR九州）
熊本駅〜人吉駅（熊本県）

いさぶろう・しんぺい（JR九州）
人吉駅（熊本県）〜吉松駅（鹿児島県）

はやとの風（JR九州）
吉松駅〜鹿児島中央駅（鹿児島県）

田園シンフォニー（くま川鉄道）
人吉温泉駅〜湯前駅（熊本県）

川から山へ。肥薩線の長旅の始まりは、白煙を上げたくましく走るSL人吉から

3本の観光列車に揺られて日本三大車窓の絶景へ

川線と山線で異なる景色を楽しむ

　熊本県の八代駅と鹿児島県の隼人駅を結ぶ肥薩線は、変化に富む山河の自然と、多くの鉄道ファン必見スポットに恵まれた人気路線。観光列車に連続して乗り継げるのも魅力だ。熊本駅と人吉駅を結ぶのがSL人吉。日本で現役最古参のSL、8620形蒸気機関車が牽引し、日本三大急流のひとつ、球磨川沿いを進む。なかでも、鎌瀬駅〜渡駅間の渓谷風景が美しい。終点の人吉は、人吉城址や青井阿蘇神社など見どころが豊富だ。人吉温泉に泊まり、散策を楽しもう。
　翌日はいさぶろう・しんぺいに乗って、肥薩線で最もドラマチックな区間を走る。人吉から山へと入り、大畑ループで有名な大畑駅へ。日本で唯一、ループとスイッチバックが同時に楽しめる駅だ。列車は後退してまた前進し、弧を描きながら、急勾配を登る。次の矢岳駅を出てトンネルを抜けると、日本三大車窓のひとつ、矢岳越えの景色が広がる。霧島連山と盆地の大パノラマを車窓から楽しもう。

鉄道の歴史を物語る2つの木造駅舎

　13時21分発のいさぶろう3号を利用すれば、終点・吉松駅で特急はやとの風3号に乗り継げる。この先の沿線には、肥薩線最古の駅、大隅横川駅と嘉例川駅がある。嘉例川駅で予約販売する駅弁が大人気だ。桜島の浮かぶ錦江湾が見えてきたら、まもなく終点・鹿児島中央駅に到着する。人吉では、田園地帯を走る「田園シンフォニー」も運行している。時間があれば、のどかな風景を眺めに行きたい。

［SL人吉といさぶろう・しんぺい、はやとの風を乗り継ぐモデルプラン］

1日目

9:45	熊本駅をSL人吉が出発。ホームでは乗務員が記念撮影のお手伝い。	SL人吉
12:13	球磨川の風景を楽しみ、人吉駅に到着。くま川下りを体験。その後は人吉城址などへ行って城下町・人吉をのんびり散策し、人吉温泉に宿泊する。	

2日目

13:21	吉松駅からいさぶろう3号で出発。ホームで立ち売りの駅弁を購入。	いさぶろう
14:47	ループやスイッチバック、矢岳越えの絶景を満喫して吉松駅に到着。	
15:03	乗り継ぎして、はやとの風3号で出発。錦江湾と桜島を眺める。	はやとの風
16:32	鹿児島中央駅に到着。新幹線で移動。	
おまけ	時間に余裕があれば、田園シンフォニーで人吉盆地を旅しよう。	

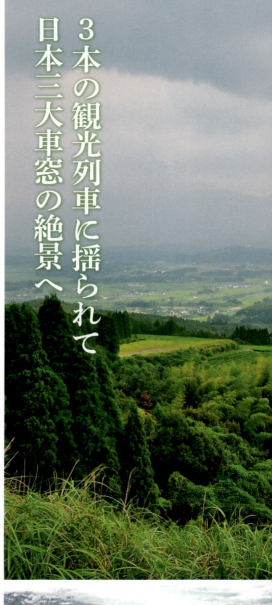

PLAN ❶
SL人吉
いさぶろう・しんぺい
はやとの風
田園シンフォニー

観光列車王国・九州へ
観光列車で南九州を縦断したい

1. いさぶろう・しんぺいの矢岳駅〜真幸駅に広がる、えびの盆地と霧島連山の壮大な風景。日本三大車窓のひとつに数えられる自慢の絶景だ
2. SL人吉が並走する球磨川は日本三大急流のひとつ。川でラフティングを楽しむ様子が車窓から見えることも。渡駅や人吉駅周辺で体験できる
3. 山に囲まれた人吉盆地の平野を走る田園シンフォニー。SL人吉やいさぶろう・しんぺいとはまた違う、のどかで素朴な列車の旅が楽しめる

沿線のみどころ

人吉エリアのくま川下りや城下町散策ははずせない。熊本城はじめ熊本駅周辺の観光やご当地グルメも楽しみたい。この区間は山あり川あり、車窓からの絶景が格別だ。

TOWN INFO 熊本 くまもと
熊本城を中心に発展した街
熊本藩54万石の城下町として栄え、今も九州で3番目の政令指定都市。九州新幹線も熊本駅に停車し、中心部を囲むJR3駅を市電が結ぶ。

TOWN INFO 人吉 ひとよし
人吉温泉とくま川下りが人気
人吉県最南端にある盆地の街。人吉藩の城下町として栄えたが、1862(文久2)年の大火により大半を焼失。温泉と球磨川の激流下りが人気。

阿蘇の伏流水がこんこんと湧く
水前寺成趣園
すいぜんじじょうじゅえん
熊本駅から 熊本市電A系統で15分+徒歩10分
1636(寛永13)年、藩主細川忠利が御茶屋を建てたのが始まり。その後、細川綱利の代に大規模な作庭がされ回遊式庭園となった。
☎096-383-0074
🏠熊本県熊本市中央区水前寺公園8-1

西南戦争にも落城を免れた城
熊本城
くまもとじょう
熊本駅から 熊本市電A系統で15分+徒歩10分
別名銀杏城。1607(慶長12)年、当時の藩主加藤清正が建設。日本三名城に数えられ、武者返しと呼ばれる急勾配の石垣も有名。
☎096-352-5900(熊本城総合事務所)
🏠熊本県熊本市中央区本丸1-1

大小9つの温泉の総称
霧島温泉郷
きりしまおんせんきょう
霧島神宮駅から いわさきバスで約30分
天孫降臨神話やそれにまつわる伝説が残る霧島山の麓にある温泉。9つの異なる温泉が湧き、泉質も異なる。
☎0995-78-2115(霧島市観光協会)
🏠鹿児島県霧島市牧園町高千穂

TOWN INFO 鹿児島 かごしま
究極の借景、名勝仙巌園
仙巌園は薩摩藩島津家の別荘。錦江湾越しに桜島を望む景観を借景として作られた庭園が見事。名物両棒餅も忘れずに。

鈴懸馬の初午祭が有名
鹿児島神宮
かごしまじんぐう
隼人駅から 徒歩10分
天津日高彦穂穂出見尊(山幸彦)と豊玉比売命を主祭神として祀る大隅一ノ宮。本殿は木造建築では九州でも屈指を誇る広さ。
☎0995-42-0020
🏠鹿児島県霧島市隼人町内2496-1

感動 乗車体験!!
大好きな列車の旅は1日で3列車、7時間で乗り継ぎました

熊本駅から「SL人吉」、「いさぶろう」、「はやとの風」と3つを乗り継いずっと山あいの風景を見続けたあと、突然視界に錦江湾と桜島が飛び込んできた瞬間、とても感動しました。球磨川に大畑ループ、矢岳越え…と、どの路線も見どころが多すぎて、楽しい時間はあっという間です。3列車とも木製のインテリアが心地よく、雄大な景色が楽しめる展望スペースがあります。停車時間が長い駅では、途中下車して数分ほど観光できました。(青山万里子さん／2013年10月乗車 ●ブログ「女は翻訳でよみがえる」)

PLAN ❶
SL人吉
いさぶろう・しんぺい
はやとの風
田園シンフォニー

観光列車王国・九州へ
観光列車で南九州を縦断したい

2008年、熊本県初の国宝となった
青井阿蘇神社
あおいあそじんじゃ

人吉駅から 徒歩5分

806(大同元)年に創建。阿蘇神社の御祭神のうち3神の分霊を祀る。本殿から楼門までの5つの建物は1613(慶長18)年に完成したもので国宝に指定されている。

☎0966-22-2274
住 熊本県人吉市上青井町118

この体験が面白い！
球磨川で激流下りを楽しむ
くま川下り
くまがわくだり

▶人吉発船場、人吉駅から徒歩20分

球磨川の中流域、人吉市を東から西へと横切り八代海に注ぐ。最上川、富士川とともに日本三大急流に数えられる球磨川は人吉を過ぎたあたりで激流になり、川下りに好適。乗船区間によりコースが分かれる。要予約。

くま川下り株式会社
☎0966-22-5555
住 熊本県人吉市下新町333-1

お泊まり情報　人吉は球磨川沿いに温泉宿が点在し、偉人も訪れた霧島温泉は多彩な温泉が楽しめる。シティホテルなら鹿児島や熊本駅周辺。

列車紹介

川線と山線。南九州の雄大な自然が織りなす、2通りの景勝が楽しめる人気ルート。

SL人吉
熊本駅〜人吉駅（熊本県）

高級感のある3号車の展望ラウンジ。長いソファや子供用など4種類の椅子を用意し、自由に利用できる。球磨川の渓谷美をパノラマで楽しめる

ハチロクの愛称で親しまれる8620形の人気は根強い。国内の現役では最も古く、九州では唯一の蒸気機関車だ

人吉駅では、SLが方向転換をする転車台や国内唯一の石造機関庫が見学できる

熊本名物を車内で手軽に

車内販売のおすすめはからしれんこん。スティックタイプのカップ入りで手軽に味わえる。車内販売限定のSLクッキーはおみやげに。弁当や地ビールも販売する。

日本で指折りの人気のハチロクが牽引
SLの長い歴史にマッチしたレトロ列車

　3両の客車を牽引する8620形蒸気機関車は、1922（大正11）年生まれの国内現役最古のSL。2005（平成17）年まで豊肥本線のSL「あそBOY」に利用され、肥薩線全線開通100周年を記念して2009（同21）年に復活した。客車の車内には、布地と本革のレトロなボックス席が並ぶ。両端車両に自由に使える豪華な展望ラウンジがあり、球磨川の渓谷風景が満喫できる。2号車の車内販売用ビュッフェでは、軽食や飲み物などを提供。客室乗務員が観光案内などのサービスを行ない、子供の記念撮影用に制服の貸し出しも行なっている。

乗車アドバイス

先頭はSLの動力部のため、展望ラウンジは最後尾車両のほうが見晴らしは良い。人吉行の場合は3号車側。球磨川は両側の車窓で楽しめるが、人吉行なら左の席のほうがより長く楽しめる。

RAILWAY INFORMATION

[運行日]土・日曜、祝日中心（12〜3月上旬を除く）
[区間]熊本駅〜人吉駅　[全長]87.5km　[所要]熊本駅〜人吉駅約2時間30分　[本数]1往復　[編成]3両（客車）
[料金]熊本駅〜人吉駅2640円（乗車券1820円＋座席指定券820円）　[予約]1カ月前の10時からJRの窓口、旅行会社などで販売（JR九州予約センター050-3786-3489）
[運行会社]JR九州　www.jrkyushu.co.jp

PLAN ①
SL人吉
いさぶろう・しんぺい
はやとの風
田園シンフォニー

普通車を改造したとは思えない古代漆色の威厳のある外観。肥薩線はオール単線の非電化路線。いさぶろう・しんぺいはディーゼル気動車だ

観光列車王国・九州へ

観光列車で南九州を縦断したい

いさぶろう・しんぺい
人吉駅（熊本県）～吉松駅（鹿児島県）

大畑駅の近くにある大畑ループを列車が走る。列車のすぐ下に見える線路がスイッチバックの引き上げ線。大畑駅は右手にある

座席は4人掛けのボックスシートが中心。手前が窓を大きくとった展望スペース。車両の種類と編成数は曜日などで変わる

肥薩線にまつわる偉人の名を列車名に
急勾配を上ってパノラマの絶景世界へ

　熊本県の人吉駅～鹿児島県の吉松駅間を走るディーゼル車。古代漆色のボディが山岳風景に映える。矢岳駅～真幸駅間の山奥にある矢岳第一トンネルは、1909年（明治42）に難工事の末に完成。工事の責任者だった逓信大臣・山縣伊三郎と鉄道院総裁・後藤新平の名を列車名にした。下りの吉松行が「いさぶろう」、上りが「しんぺい」。大畑ループや景勝ポイントでは、詳しい車内アナウンスが入る。車内は落ち着いた木製のインテリアで、車両中央に窓を大きくとった展望スペースを配置。2～3両編成。

乗車アドバイス

大畑駅には5分ほど停車する（いさぶろう1号を除く）。ホームから、スイッチバックやはるか頭上にあるループの線路を眺めてみよう。

RAILWAY INFORMATION

［運行日］毎日　［区間］人吉駅～吉松駅　［全長］35km
［所要］人吉駅～吉松駅約1時間20分　［本数］2往復
［編成］2両（日によって3両運転の日あり）
［料金］人吉駅～吉松駅1250円（乗車券740円＋座席指定券510円）　［予約］1カ月前の10時からJRの窓口、旅行会社などで販売（JR九州予約センター ☎050-3786-3489）
［運行会社］JR九州　URL www.jrkyushu.co.jp

列車紹介

山間から素朴な田園地帯へ。
ほっとひと息つけるのどかな
風景が待っている。

はやとの風
吉松駅〜鹿児島中央駅（鹿児島県）

のどかな山間部や農村を走り抜け、錦江湾沿いを颯爽と走る。途中駅にある築100年以上の木造駅舎が旅情を誘い、懐かしさに浸れる路線だ

展望スペースのカウンター席は誰でも自由に座れる。車窓に流れる風景を見ながらゆっくり過ごしたい

グループで旅する場合もカウンター席は便利。仲間とおしゃべりに花を咲かせるのもいい

さつまいもを使った車販品

発泡酒のさつまゴールド、さつまいもプリンなどを車内で販売。嘉例川駅の駅弁「百年の旅物語かれい川」は、金〜日曜の数量限定販売を狙うか、JR九州の駅みどりの窓口などで事前予約で買える。

黒い列車が薩摩の緑を走り抜ける
歴史ある駅の名物駅弁も楽しみ

　ディーゼル車を利用して2004（平成16）年に運行開始。吉松〜隼人間は肥薩線、隼人〜鹿児島中央間は日豊本線を走る。列車名は古代、南九州に暮らした隼人族に由来。漆黒のボディに金のエンブレムが重厚かつ懐かしさを漂わせる。木を多用した車内は、明るくモダンな雰囲気で、車両ごとに木材の種類が異なる。2人掛けの普通席が中心で、2両編成の各車両に、窓向きのカウンターと椅子を設けた展望スペースがある。嘉例川駅の人気駅弁は金〜日曜の数量限定販売以外は、駅弁引換券の駅での事前購入が必要だ。

乗車アドバイス

座席はA席が錦江湾と桜島を見るのに最適。車内販売では駅弁などで週末のみの限定品があるので、土・日曜の乗車がとくにおすすめだ。

RAILWAY INFORMATION

[運行日]毎日　[区間]吉松駅〜鹿児島中央駅
[全長]68.5km　[所要]吉松駅〜鹿児島中央駅約1時間30分　[本数]2往復　[編成]2両　[料金]吉松駅〜鹿児島中央駅2490円（乗車券1470円＋指定席特急券1020円）
[予約]1カ月前の10時からJRの窓口、旅行会社で販売(JR九州予約センター ☎050-3786-3489)
[運行会社]JR九州　URL www.jrkyushu.co.jp

PLAN ❶
SL人吉
いさぶろう・しんぺい
はやとの風
田園シンフォニー

田園シンフォニー
人吉温泉駅〜湯前駅(熊本県)

カラフルな車両には、おしゃれな音符マークがデザインされている。始発の人吉温泉駅や途中駅などで、地元の方々がおもてなしをしてくれる

観光列車王国・九州へ
観光列車で南九州を縦断したい

車両ごとに内装のデザインが違う。通勤や通学にも使っているとは思えない華やかな雰囲気。ボックス席は折り畳みテーブル付

1〜2カ所の停車駅でおもてなし隊が出迎え、特産品などを販売しており、試飲・試食ができる(運行日により異なる)

山に囲まれたのどかな平野部を
軽やかに駆け抜けるカラフル列車

　2014(平成26)年3月に田園シンフォニーが運行を開始。朝夕は通勤・通学列車として活躍し、1日片道1本のみを観光列車に利用している。観光列車の乗車はJR人吉駅近くの人吉温泉駅から出発。停車駅での途中下車は可能だが、再乗車はできない。車内販売や車内アナウンス、記念スタンプのほか、停車駅でのおもてなしも行なう。四季をイメージした色違いのカラフルな車両を連結して走る。内装には地元産の檜を使用。ボックス席やモダンなソファ席があり、運転席の横には子供専用席を設けている。

乗車アドバイス

1日で往復するなら指定席券と1日フリー乗車券がセットになったチケットがお得(1500円、要予約)。乗り降り自由で、復路の普通列車の乗車にも利用できるので便利だ。

RAILWAY INFORMATION

[運行日]毎日　[区間]人吉温泉駅〜湯前駅
[全長]24.8km　[所要]人吉温泉駅〜湯前駅約1時間
[本数]1本　[編成]3両
[料金]人吉温泉駅〜湯前駅990円(乗車券690円＋座席指定券300円)　[予約]1カ月前の10時から電話で受付(くま川鉄道本社 ☎0966-23-5011)
[運行会社]くま川鉄道 🌐 www.kumagawa-rail.com

PLAN ❷

愉快な列車がカルデラ台地を疾走!
阿蘇の大自然を満喫

九州の中央にそびえる熊本のシンボル・阿蘇山。遊び心満点の2本の列車に乗って、噴煙を上げる阿蘇五岳の姿に地球のダイナミズムを感じよう。

あそぼーい！(JR九州)
熊本駅〜宮地駅(熊本県)

トロッコ列車 ゆうすげ号(南阿蘇鉄道)
立野駅〜高森駅(熊本県)

PLAN ❷ 旅のルート

トロッコ列車 ゆうすげ号(南阿蘇鉄道):
長陽駅 → 加勢駅 → 阿蘇下田城ふれあい温泉駅 → 阿蘇白川水源駅 → 南阿蘇水の生まれる里白水高原駅 → 中松駅 → 阿蘇白川駅 → 南阿蘇白川水源駅 → 見晴台駅 → 高森駅

あそぼーい！(豊肥本線):
熊本駅 → 新水前寺駅 → 水前寺駅 → 肥後大津駅 → 立野駅 → 赤水駅 → 阿蘇駅 → 宮地駅

観光列車王国・九州へ

阿蘇の大自然を満喫

火の国・熊本を代表する雄大な自然のなかを駆け抜けるあそぼーい！

105

レジャー感満点の列車で阿蘇へ

「あそぼーい！」とトロッコ列車の「ゆうすげ号」は、阿蘇の外輪山と火山群に囲まれた、世界有数のカルデラ地帯を走る観光列車。JR九州の「あそぼーい！」は、子供に大人気のファミリー向け車両だ。キャラクター犬のくろちゃんが随所に描かれ、車内に楽しい仕掛けが満載。真っ白い親子席のくろちゃんシートはとくに好評だ。あそぼーい！101号は10時28分に熊本駅を出発。阿蘇の山並が近づく頃、スイッチバック駅の立野に到着する。次の赤水駅までの高低差190mを登りきるため、列車は後退、前進を繰り返す。赤水駅からいよいよ、北部のカルデラ台地を走る。終点の宮地駅まで、阿蘇五岳の勇壮な景色を満喫しよう。車内の子供らはプレイルームで遊びに夢中だ。下車後は、草千里ヶ浜や中岳火口のダイナミックな自然に触れたい。

翌日は、立野駅から南阿蘇鉄道のトロッコ列車「ゆうすげ号」で、カルデラの南ルートを旅する。立野駅を出発後すぐ最初の景勝スポット、白川渓谷に架かる鉄橋を最徐行で渡る。橋から谷底までの高さは65m。吹き抜けの窓から覗けばスリル満点だ。駅カフェのある長陽駅を過ぎ、阿蘇カルデラへ。心地よい風を受け、右に外輪山、左に阿蘇五岳の絶景を堪能。鉄道沿線は、湧き水の多い地域でもある。高森湧水トンネル公園や白川水源などの清らかな湧水池でのんびり過ごそう。

［あそぼーい！とゆうすげ号を乗り継いで旅行する1泊2日プラン］

1日目

- **10:28** 熊本駅から特急あそぼーい！101号で阿蘇へ向けて出発。
- **12:00** 宮地駅到着。昼食をとり、阿蘇神社を参拝後、阿蘇駅へ。バスで草千里ヶ浜、さらにロープウェイで中岳第一火口へ行き、阿蘇の大自然に浸る。阿蘇駅周辺の温泉宿に1泊。

（あそぼーい！）

2日目

- **10:28** 阿蘇駅を出発し、豊肥本線で立野駅へ向かう。
- **11:25** 立野駅からトロッコ列車 ゆうすげ号で出発。南阿蘇の眺望を楽しむ。
- **12:22** 高森駅到着。月廻り温泉館で根子岳の雄姿を楽しみ、南阿蘇白川水源駅から白川水源を散策。立野駅に戻り九州横断特急で熊本方面へ。

（ゆうすげ号）

おまけ 遊び足りないときには、2日目に阿蘇ファームランドやカドリー・ドミニオンへ行き、大自然のなかで思いきり遊ぼう！

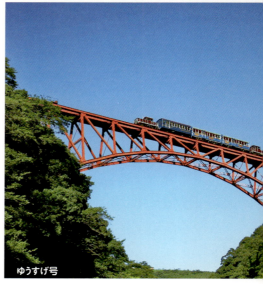

ゆうすげ号

壮大な山々と草原、渓谷。
ワイルドな阿蘇を眺望。

観光列車王国・九州へ

阿蘇の大自然を満喫

ゆうすげ号

あそぼーい!

	1	
2	3	4

1. 烏帽子岳直下の草千里ヶ浜。牧歌的な草原で乗馬も楽しめる
2. ゆうすげ号の景勝ポイントの白川渓谷。秋は紅葉に包まれる
3. 開放感満点のトロッコ列車。吹き抜ける風が心地よい
4. あそぼーい!の運転席は2階。先頭のパノラマシートが人気だ

沿線のみどころ

火山がつくり出したダイナミックな景観が広がる阿蘇は、自然を生かしたプレイスポットや大草原が広がり、見どころは尽きない。レンタカーを借りれば楽しみは倍増。

阿蘇観光のメインスポット
草千里ヶ浜
くさせんりがはま

阿蘇駅から 産交バスで35分

阿蘇五岳のひとつ烏帽子岳の北麓に広がる草原で馬や牛の放牧や火口の跡に雨が溜まってできた池が2つ見られる。
☎0967-32-1960（阿蘇インフォメーションセンター） 🏠熊本県阿蘇市草千里ヶ浜

TOWN INFO 阿蘇
あそ

外輪山は世界最大級
阿蘇五岳と呼ばれる山々を中心に外輪山や火口原も含めた広大な地域。さまざまな過ごし方ができる。

体と心をはぐくむレジャーランド
阿蘇ファームランド
あそファームランド

立野駅から 車で10分

阿蘇の大自然のもと、心も体も元気になれる健康レジャー施設。元気の森や温泉、レストランやショップなど、子供から大人まで楽しめる。
☎0967-67-2100
🏠熊本県阿蘇郡南阿蘇村河陽5579-3

N
0 3km

TOWN INFO 高森
たかもり

南阿蘇鉄道の終点、高森駅
南阿蘇の奥座敷といわれ、阿蘇五岳、外輪山の南側にある。自然の恵みをふんだんに受け、野に咲く四季折々の花が美しい。

感動
あそぼーい！乗車体験!!
子供も大人もみんなが笑顔になれる楽しい列車

木のボールプールにいるお姉さんは子供の名前を覚えてくれて楽しく遊んでくださいました。息子はプールを気に入りずっとそこから離れませんでした。いちばん興奮したのは終点の熊本駅に着く直前、SL人吉号と並走し、お互いの車窓からメッセージを送り合うイベントです。（あそぼーい！側は文字の書かれたうちわを持ちました）。子供に限らず大人もみんなわくわくしてました。（えつをさん／2014年7月乗車）

水玉の不思議な現象が評判に
高森湧水トンネル公園
たかもりゆうすいトンネルこうえん

高森駅から 徒歩10分

旧国鉄路線のトンネル工事の際に出た多量の湧水のため工事は中止となった。トンネルは公園となり一部が見学できる。
☎0967-62-3331
🏠熊本県阿蘇郡高森町高森1034-2

PLAN ❷ あそぼーい！ トロッコ列車 ゆうすげ号

徳富蘇峰が名付け親
大観峰
だいかんぼう

阿蘇駅から 産交バスで25分＋徒歩15分

阿蘇のビューポイントでも随一と称賛される。北の外輪山のなかでは一番高い936m。阿蘇五岳や九重連山が望める

☎0967-32-1960（阿蘇インフォメーションセンター） 🏠熊本県阿蘇市山田

駅情報 阿蘇駅
くろ駅長室がある
くろちゃんが阿蘇訪問を歓迎してくれる。パネルがあるので記念撮影に最適

火口の池の水は青緑色に輝く
中岳第一火口
なかだけだいいちかこう

阿蘇駅から 車で35分

阿蘇五岳のひとつ、今もなお火山活動を続ける中岳の火口は周囲600m、深さ130m。現在も24時間観測を続ける

☎0967-32-1960（阿蘇インフォメーションセンター） 🏠熊本県阿蘇市阿蘇山上

ここからカルデラ地帯の平野部を走る。右手に噴煙を上げる阿蘇五岳が見える

スイッチバックで外輪山を越える。次の赤水駅との高低差190mはビル60階分の高さ

立野駅出てすぐ、絶景スポットの第一白川橋梁。高さ62m。白川渓谷の緑が眼下に広がる

駅情報 南阿蘇水の生まれる里白水高原駅
日本一長い駅名
「日本一長い駅名」と書かれた案内板がホームにある。駅付近に水源が点在

駅情報 阿蘇下田城ふれあい温泉駅
駅舎に温泉併設
駅舎は城郭のような独創的な構え。駅構内に温泉施設がある

阿蘇駅から足を延ばして
高千穂峡
たかちほ

➡阿蘇駅から車で1時間30分、または高森中央からバスで1時間10分

素晴らしい峡谷の景観
宮崎県北部にある高千穂峡が有名。10万年近く前の阿蘇の噴火で出た火砕流が五ヶ瀬川に流れ込み、柱状節理や断崖絶壁、滝などをつくった。

観光列車王国・九州へ
阿蘇の大自然を満喫

この体験が面白い！
緑の草原を見下ろして滑空
パラグライダー体験
パラグライダーたいけん

▶阿蘇・内牧

なだらかな起伏に富んだ阿蘇の山並をパラグライダーで飛ぶ。初心者を対象にしたコースになっており、地上練習から単独飛行までていねいに指導してくれる。時間のない人は2人乗りコース（限定2名）もある。体重制限あり。
阿蘇ネイチャーランド
☎0967-32-4196
🏠熊本県阿蘇市内牧1092-1

南阿蘇最奥の一軒家温泉
月廻り温泉館
つきまわりおんせんかん

高森駅から 車で10分

アルカリ性単純泉の露天風呂からは根子岳を眼前に望む。宿泊も可能で離れの客室でくつろげる。地物の料理も好評だ。
☎0967-62-0141
🏠熊本県阿蘇郡高森町高森3045-1

毎分60tの水が湧き出る
白川水源
しらかわすいげん

南阿蘇白川水源駅から 徒歩8分

熊本から有明海へと流れる一級河川「白川」の水源で、南阿蘇村の白川吉見神社の境内に湧き出る。名水百選のひとつ。
☎0967-62-0318（白川水源公園管理組合）
🏠熊本県阿蘇郡南阿蘇村白川2040

お泊まり情報　豊富な源泉に恵まれたこの地域では温泉が楽しめる。内牧エリアに宿泊施設が多い。

列車紹介

子供心をくすぐる2本の列車。家族連れにはとくにおすすめだ。

あそぼーい！
熊本駅〜宮地駅（熊本県）

窓側がいつも小さな子供席になる3号車のくろちゃんシート（左） 遊び場には木のプールや絵本の図書室、畳部屋、ベビーサークルがあり、アテンダントが一緒に遊んでくれる（右上） オリジナル弁当やお菓子、マグカップや携帯ストラップなどの多彩なくろちゃんグッズを販売するくろカフェ（右下）

カウンターシートとソファを設けた4号車のラウンジは誰でも利用可能。阿蘇山側の眺めがのんびり満喫できる

両端の車両にあるゆったりサイズのパノラマシートは各9席。運転席が2階にあるので、前から横までのパノラマビューが楽しめる

アテンダントが遊んでくれる動く遊園地
パノラマシートで阿蘇をワイドに眺望

熊本方言で「遊ぼうよ！」と名付けられた列車には、キャラクターのくろちゃんのかわいいイラストが随所にちりばめられている。車両は改造が繰り替えされたキハ183形。車両の目玉はファミリー向けの3号車だ。親子席の真っ白なくろちゃんシートが並び、木のプールや絵本図書室のある遊び場にはスタッフが常駐。子供用カウンターを設けたくろカフェもある。両端車両の1・4号車には、2人掛けの普通席やボックスシートのほか、全面展望のパノラマシート、共有スペースのラウンジもあって大人も快適に過ごせる。

▌乗車アドバイス

宮地行は1号車が先頭車両で、右の座席が阿蘇山側になる。くろカフェで販売しているくろちゃんグッズは人気があるので、とくに繁忙期には乗車したら早めに購入しておこう。

RAILWAY INFORMATION

［運行日］土・日曜、祝日中心、長期休みは運行する場合もある　［区間］熊本駅〜宮地駅　［全長］148km　［所要］熊本駅〜宮地駅約1時間30分　［本数］2往復　［構成］4両　［料金］熊本駅〜宮地駅2440円（乗車券1110円＋指定席特急券1330円）、子供1210円（乗車券550円＋指定席特急券660円）　［予約］1カ月前の10時からJRの窓口、旅行会社などで販売（JR九州予約センター ☎050-3786-3489）　［運行会社］JR九州 www.jrkyushu.co.jp

PLAN ❷
あそぼーい！
トロッコ列車 ゆうすげ号

トロッコ列車 ゆうすげ号
立野駅〜高森駅（熊本県）

立野駅を出発し、狭くて暗い2本目のトンネルを抜けると渓谷の緑が広がる。鉄橋は全長166m、高さ65m。はるか下に白川の流れる谷底が見える

観光列車王国・九州へ

阿蘇の大自然を満喫

白川渓谷を渡り、南部カルデラ地帯の南郷谷を走る。右手には外輪山の連なりが広がる

向い合わせ4人掛けのベンチタイプの座席が並ぶ。小さな子供なら片側で3人掛けも可能だ

峡谷を抜けて南阿蘇のカルデラ地帯へ
おもちゃみたいなトロッコ列車が行く

　南阿蘇鉄道を走るトロッコ列車。貨車を改造した車両で、前後に小さなDB16形ディーゼル機関車を連結し、客車を引っ張り、押しながら進む。シート張りの天井と開閉可能なアクリル窓の素朴な外観。全席指定で、4人掛けのボックス席が並ぶ。4号と5号のみ、機関車の前に普通列車1両（トロッコ指定券不要）を連結。駅長がパティシエの長陽駅には駅カフェがあり、駅に温泉がある城郭風の阿蘇下田城ふれあい温泉駅、駅名の長さ日本一の南阿蘇水の生まれる里白水高原駅など、ユニークな駅が多い。車掌による詳しい解説も楽しい。

乗車アドバイス

高森駅行は右側が白川渓谷と外輪山が見やすく、左は阿蘇五岳側。ほかにも各所で車掌さんのさまざまなガイドが聞けるので、往復で両側を楽しむのもいい。乗車券は片道全区間のみ。

RAILWAY INFORMATION

[運行日]土・日曜、祝日、夏休みは平日も毎日運行　[区間]立野駅〜高森駅　[全長]17.7km　[所要]立野駅〜高森駅約50分　[本数]2往復　[構成]3両(客車)　[料金]立野駅〜高森駅1280円(運賃480円＋トロッコ専用料金800円)　[予約]1カ月前からJR九州の窓口(JR九州のチケットとセット)で販売、電話予約は10日前から余席がある場合のみ高森駅にて(高森駅☎0967-62-0058)　[運行会社]南阿蘇鉄道　www.mt-torokko.com

PLAN ❸

ほろ酔い気分でシックな大人の旅

列車とフェリーで天草周遊

外国のジャズ・バーみたいな列車に乗って、風光明媚な有明の海を望む。フェリーで有明海を渡り、南蛮文化の異国情緒漂う島、天草を訪ねる。

A列車で行こう (JR九州)
熊本駅〜三角駅（熊本県）

天草宝島ライン
三角港〜本渡港（熊本県）　船旅もあるよ！

カウンターバーの"A-TRAIN"。落ち着いた大人の列車旅を演出する非日常空間だ

観光列車王国・九州へ

列車とフェリーで天草周遊

PLAN ❸ 旅のルート

熊本駅 → 宇土駅 → 三角駅 →(徒歩3分)→ 三角港 ◇◇◇ 松島(前島港) ◇◇◇ 本渡港

← A列車で行こう →（鹿児島本線、三角線）　← 天草宝島ライン →

ドラマチックなバー列車に揺られて
有明の海と天草の異国感を味わう

1. 黒と木調に金のラインをあしらったシブい観光列車。40分ほどの旅ながら、紺碧の有明海の景色が堪能できる
2. 三角駅は、A列車で行こうの誕生に合わせて教会風にリニューアル。三角港の乗船場まで徒歩3分の距離
3. 干潮時、干潟に美しい砂紋ができる御輿来海岸は、この列車旅のハイライト。自然の造形美にしばしうっとり

海が満喫できる天草観光ルート

　熊本駅のホームに軽快なジャズのリズムが響くなか、シックな黒の列車がホームに姿を現す。ジャズの名曲の名を冠した「A列車で行こう」は、有明海に突き出た宇土半島を走る、大人のためのバー列車。車内に落ち着いた雰囲気のカウンターバーを設け、バーテンダー風の乗務員がサーバーでハイボールを入れてくれる。お酒片手にソファに座り、有明海のパノラマを眺める。干潟の砂紋が優美な御輿来海岸に目を奪われ、ほろ酔い気分になった頃、終点の三角駅に到着。駅近くの三角港には、定期船の天草宝島ラインが待機し、天草へとスムーズに運んでくれる。小さな島々や天草五橋、雲仙普賢岳を望む絶景の有明海を進み、約1時間で天草下島の本渡港へ。下島ではレンタカーでドライブし、大江天主堂やイルカウォッチング、名物のタコ料理などで、天草のキリシタン文化や海の魅力に触れたい。

A列車で行こう! とフェリーの天草宝島ラインを乗り継ぐ1泊2日プラン

1日目

- **10:36** A列車で行こう1号で熊本駅を出発。有明海を眺め、11時14分に三角駅到着。すぐ近くの三角港のフェリー乗場へ。天草宝島ラインのシークルーズ1号で出航し、有明海を渡って天草へ。
- **12:21** 松島を経由して本渡港に到着。海鮮料理の昼食を味わう。レンタカーを借り、下田の沿岸をドライブ。途中でイルカウォッチングを楽しみ、下田温泉で1泊。

2日目

- **9:00** 車で下田温泉を出発し、キリシタン文化を伝える大江天主教会を見学し、牛深海中公園の観光船で海中遊覧を楽しむ。
- **15:35** 天草空港から天草エアラインを利用して福岡へと旅立つ。

列車紹介

1車両の約半分を占めるバーカウンターを設置。しゃれた雰囲気を味わうだけでもいい。

PLAN ❸ A列車で行こう 天草宝島ライン

2号車にある4人掛けのボックス席(セミコンパートメント)。折り畳み可能な大きめのテーブルがあり、席でゆっくりお酒を味わうこともできる。シートには天草更紗の模様などをデザイン

軽快なジャズのBGMでしゃれた演出
南蛮文化の香る車内でバータイム

列車の名はジャズのスタンダードナンバーの曲名「Take the "A" Ttrain」で、Aには天草(AMAKUSA)と大人(ADULT)の意味を込めた。「16世紀に天草に伝わった南蛮文化」がテーマの車両は、教会風のステンドグラスや天使のデザイン、天草更紗の模様などをあしらった、シックでエキゾチックな雰囲気。バーカウンターでは、各種のお酒やつまみ、デザートなどを販売。天草特産のデコポンの果汁を使ったAハイボールが人気だ。普通席のほかに大きなテーブル付のセミコンパートメント、共有スペースのソファや窓向きの子供席も用意している。

乗車アドバイス

列車は右側D席が海側。天草宝島ラインを乗り継ぐ場合、JR券と船代がセットの「天草・熊本2枚きっぷ」がお得。往復でも片道2人分でも利用可。JR九州の駅などで販売。

RAILWAY INFORMATION

[運行日]土・日曜、祝日中心、長期休みは運行する場合もある　[区間]熊本駅〜三角駅　[全長]36km
[所要]熊本駅〜三角駅約40分　[本数]3往復または2往復
[構成]2両　[料金]熊本駅〜三角駅1870円(乗車券740円＋指定席特急券1130円)　[予約]1カ月前の10時からJRの窓口、旅行会社で発売(JR九州予約センター☎050-3786-3489)　[運行会社]JR九州　www.jrkyushu.co.jp

天草宝島ラインに乗って天草へ

三角港と上天草の松島(前島)港、下島の本渡港を結ぶ定期船。複数の大きさの違う船があり、デザインは数々の列車を手がける水戸岡鋭治氏。ラウンジ風の客室など、高級感のある船が航行している。「A列車で行こう」の運航日には、列車の到着に合わせて出航する。最終便で見る夕日はロマンティックだ。

[運行日]毎日(「A列車で行こう」と接続運行)
[区間]三角港〜松島(前島)港〜本渡港　[距離]36.75km
[所要]三角港〜本渡港57分　[本数]3往復
[料金]乗船券(三角港〜本渡港)2200円 ※往復割引あり
[運航会社]シークルーズ☎0969-56-2458
www.seacruise.jp

観光列車王国・九州へ　列車とフェリーで天草周遊

沿線のみどころ

「A列車で行こう」から望む御輿来海岸の景色を堪能したあとは、天草へ。南蛮文化が感じられる教会や通詞島沖に暮らす約200頭の野生イルカに会いに行ってみよう。

TOWN INFO 天草(あまくさ)
豊かな海の恵みを実感
北を有明海、東を八代海、南と西を東シナ海に面する島々からなる。下島が諸島の中心で、海で遊ぶもよし、グルメ三昧もいい。

千潮時に砂が描く模様が美しい
御輿来海岸(おこしきかいがん)

網田駅から　徒歩15分

宇土半島北部、網田駅近く。景行天皇があまりの美しさに御輿を駐められたのが名前の由来。有明海越しに沈む夕日も見事。
☎0964-22-1111(宇土市役所経済部商工観光課)　熊本県宇土市下網田町

宇土半島の先端から上島まで5つの島を結ぶ橋。ここを走る路線がパールライン

日本の夕陽百選に選ばれた天草西海岸の夕陽

感動
乗車体験!!
出発前に流れる"主題歌" 乗車前に高揚感が高まる

まず、熊本駅ホームで流れる「A列車で行こう」でテンションが上がります。熊本駅発で島原湾と雲仙を望むならC・D席がおすすめですが、自由に座れるベンチやソファもあるので、そこでハイボール片手に景色を眺めるのも一興です。(風祭哲哉さん／2013年12月乗車●ブログ「日本に、もっと恋する旅」)

イルカが空を飛ぶ。天草エアライン
一日のうち天草〜福岡間を3往復、熊本間を1往復、熊本〜大阪(伊丹)間を1往復する。しかもたった1機の小型機がフル稼働。機体の胴体には親イルカ、翼には子イルカが描かれている。観光客ばかりでなく、島民の足としても、大いに役立っている空路だ。
www.amx.co.jp

地図ラベル:
- 長崎半島
- 島原半島
- 富岡海中公園展望所
- 下島
- ドルフィンクルーズ
- 天草空港
- 本渡温泉
- 天草キリシタン館
- 本渡港
- 天草宝島ライン
- 天草西海岸サンセットライン
- 下田温泉
- 天草街道
- 大江天主教会
- 崎津教会
- 漁村にゴシック様式の教会が建つ
- 天草島原の乱にまつわる資料をはじめ、約200点の天草キリシタン史の資料を展示
- 本渡港から観光名所をめぐる「天草ぐるっと周遊バス」が運行している(事前予約制)
- 日本で初の海中公園
- うしぶか海中公園
- 長島

PLAN ❸
A列車で行こう 天草宝島ライン

観光列車王国・九州へ
列車とフェリーで天草周遊

駅情報 熊本駅
列車到着時に注目
列車の到着に合わせて「A列車で行こう」の音楽が流れる

右手に有明海が見え始める

海上に海苔の養殖風景が見える

一番の景勝スポットの御輿来海岸。満潮時には干潟の砂紋は見えない

御輿来海岸を過ぎると、じきに半島中央部の緑の中へ

半島を横断し、左手すぐ近くに戸馳島が見える

ここから鹿児島本線を離れて三角線へ

潮が引くと現れる海のなかの道
■長部田海床路
ながべたかいしょうろ

住吉駅から 徒歩20分

有明海は干満の差が激しく、宇土市の住吉海岸には干潮時にだけ現れる道がある。一般車両は通れないので海岸から眺める。
📞 0964-22-1111
（宇土市役所経済部商工観光課）
🏠 熊本県宇土市住吉町長部田

駅情報 三角駅
フェリーへ乗り換え
終着の三角駅からフェリー乗場へは徒歩3分の距離。近くに見えるピラミッド型の建物がフェリーターミナル

前島港からもイルカウォッチングのクルーズ船を催行

九州本土と天草諸島を結ぶ橋の総称。三角から大矢野島、永浦島、大池島、前島を通り天草上島まで結ばれている

九州新幹線の車両点検を間近で見学
■JR九州熊本総合車両所
ジェイアールきゅうしゅうくまもとそうごうしゃりょうしょ

富合駅から 徒歩約20分

福岡ドーム3個分という広大な敷地を誇る大工場。九州新幹線の総合車両基地でもある。見学者の年齢に合わせ3つのコースがある。
📞 096-357-7272（※要予約）
🏠 熊本県熊本市南区富合町田尻343

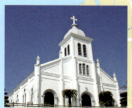

サンゴ礁が群生する海中を見学
■うしぶか海中公園
うしぶかかいちゅうこうえん

本渡港から 車で50分

天草諸島の下島の南端に位置する牛深の透明度の高い海中を半潜水型水中展望船で散策する。サンゴに群れる熱帯魚がきれいだ。
📞 0969-73-1173（ブルーマリンサービス）
🏠 熊本県天草市牛深町2286

昭和の天草布教のよりどころ
■大江天主教会
おおえてんしゅきょうかい

本渡港から 車で1時間

下島の南西に建つ白亜の教会。フランス人神父ルドビコF.ガルニエが1933（昭和8）年に建てたもので、生涯を天草布教に捧げた。
📞 0969-22-2243（天草宝島観光協会）
🏠 熊本県天草市天草町大江1782

この体験が面白い！
遭遇率の高いイルカウォッチング
イルカウォッチング

▶ 二江漁港手前（本渡港から車で30分）

天草、下島の北方、通詞島（つうじしま）の周辺では野生のイルカが生息しており、一年を通じて見ることができる。クルーズは会社により特徴があり、食事処とセットになったものや宿泊施設とセットのものなど多種。

ドルフィンクルーズ
📞 0969-33-0881
🏠 熊本県天草市五和町二江893-1
🌐 dolphincruise.jp

🏠 **お泊まり情報** 大矢野、本渡、下田温泉、牛深、松島周辺に宿が多い。名旅館「石山離宮 五足のくつ」は下田温泉エリアにある。

PLAN ❹

温暖な南の海を眺め、味わい尽くす
美食と海景色を楽しむ旅

島々の浮かぶ静かな不知火の内海、白波の寄せる雄大な東シナ海に錦江湾。表情豊かな海と食の幸に恵まれた南九州の魅力をスローに楽しもう。

おれんじ食堂（肥薩おれんじ鉄道）
新八代駅（熊本県）〜川内駅（鹿児島県）

指宿のたまて箱（JR九州）
鹿児島中央駅〜指宿駅（鹿児島県）

九州西海岸の真っ青な海のすぐ脇をレストラン列車のおれんじ食堂が走り抜ける

観光列車王国・九州へ 美食と海景色を楽しむ旅

PLAN ④ 旅のルート

新八代駅 — 八代駅 — 日奈久温泉駅 — 佐敷駅 — 津奈木駅 — 新水俣駅 — 水俣駅 — 出水駅 — 阿久根駅 — 薩摩高城駅 — 川内駅 — 鹿児島中央駅 — 喜入駅 — 指宿駅

おれんじ食堂（肥薩おれんじ鉄道）
九州新幹線
指宿のたまて箱（指宿枕崎線）

南九州の海景色に圧倒される列車旅

　南九州の西海岸を真っ青な列車で走り抜ける「おれんじ食堂」。変化に富む海を眺めながら、地元の旬満載のごちそうが楽しめると評判のレストラン列車だ。新八代駅を10時8分に発車する第2便は、フルコースでもてなすランチ・クルーズ。モダンなダイニング・カーに乗り込んで落ち着いた頃、列車は波打ち際を走りながら徐行を始める。八代海(不知火海)の穏やかな風景が車窓に迫ってくる。テーブルには、提携先のレストランから積み込まれた温かな料理の数々。2便のもうひとつの魅力が、停車駅でのおもてなしの充実ぶりだ。揚げたてのカレーパンや季節の特産品など、降りるたびに増えるおみやげに乗客たちは大喜び。車窓はやがて、東シナ海のダイナミックな風景に変わり、終点の川内駅に到着する。ここから九州新幹線と指宿枕崎線を乗り継いで指宿へ。温泉旅館に1泊して疲れを癒そう。

　翌日は、名物の砂むし温泉や景勝地の池田湖、縁結びの龍宮神社などでたっぷり観光を楽しんでから、15時7分発の観光特急「指宿のたまて箱」に乗り込む。沿岸をなぞるように走る列車の窓に、錦江湾と桜島の絶景が広がる。西海岸とはまた違う海の眺めに見惚れていると、あっという間に鹿児島中央駅へ到着する。

[おれんじ食堂と指宿のたまて箱を乗り継いで旅行する1泊2日プラン]

1日目

- **10:08** 新八代駅からおれんじ食堂で出発。ランチと東シナ海の絶景を楽しみながら4時間11分の旅を楽しむ。
- **14:19** 終点の川内駅に到着。九州新幹線で鹿児島中央駅へ向かう。指宿枕崎線の指宿のたまて箱はすでに終了しているので、快速などで指宿駅をめざす。
- **16:30** 指宿駅到着。指宿温泉に1泊する。指宿名物の砂むし温泉も楽しもう。

2日目

- **8:30** 指宿からバスで大うなぎの棲む池田湖、薩摩半島突端の長崎鼻を巡り、風光明媚な眺めを満喫。長崎鼻の近くにある龍宮神社に立ち寄り、西大山駅へ。
- **13:30** JR最南端の西大山駅で開聞岳の風景を堪能し、指宿枕崎線で指宿駅に戻る。
- **14:34** 指宿駅に到着。おみやげを手に入れたら、15:07発指宿のたまて箱に乗車。錦江湾や桜島の風景をたっぷりと眺めながら鹿児島方面へ向かう。
- **16:00** 鹿児島中央駅に到着。九州新幹線に乗って次の目的地へ向かう。

おれんじ食堂

PLAN ④
おれんじ食堂 指宿のたまて箱

刻々と表情を変える海と旬のごちそうに大満足

指宿のたまて箱

観光列車王国・九州へ

美食と海景色を楽しむ旅

おれんじ食堂

1. 海側が白、山側が黒の大胆なカラーが目をひく指宿のたまて箱
2. おれんじ食堂のクルージング・ディナーは美しい夕日も魅力
3. おれんじ食堂の車窓に広がる西海岸の眺望。島並が美しい
4. 薩摩半島の沿岸ぎりぎりを走る通称「いぶたま」で指宿温泉へ

沿線のみどころ

肥薩おれんじ鉄道は西海岸に広がる風向明媚な景色が、指宿枕崎線は錦江湾と桜島のダイナミックな眺めが特徴。途中下車ができない列車もあるので事前に確認を。

毎年1万羽以上のツルが越冬
出水ツル渡来地
いずみツルとらいち

▶出水駅から ▶車で20分

鹿児島県北部、北は八代海に面した出水平野の水田にツルが渡来する。時期は10月中旬から3月ごろ。
☎0996-85-5151（出水市ツル観察センター） 🏠鹿児島県出水市荘2478-4

感動 乗車体験!!
おれんじ食堂
八代海を眺めながら食事が楽しめる座席配置

日奈久温泉駅発車以降に、有明海の景色が見られ、天気が良ければきれいな海が見られます。列車も車窓からの景色を堪能できるよう徐行運転をしてくれるので、写真が撮りやすかったです。停車時間がある駅では、地元産の食品等を販売して乗客をもてなしてくれました。人気のレストラン列車なので、予約はお早めに。（「鉄道旅行者」さん／2013年12月乗車●ブログ「鉄道旅行者」のblog）

薩摩の小京都の異名を取る
知覧武家屋敷庭園群
ちらんぶけやしきていえんぐん

▶鹿児島中央駅から ▶鹿児島交通バスで1時間10分

鹿児島の南、知覧に残る。薩摩藩が取り入れた外城制度による半農半士の武家の屋敷跡で7つの庭園が国の名勝に指定。
☎0993-58-7878
🏠鹿児島県南九州市知覧町郡13731-1

指宿といえば砂むし風呂が有名
指宿温泉
いぶすきおんせん

▶指宿駅から ▶徒歩15分

周辺の温泉の総称が指宿温泉。砂むしは温まった砂に浴衣を着て埋もれる。血行を促し、老廃物を排出する作用がある。
☎0993-22-3252（指宿市観光協会）
🏠鹿児島県指宿市

浦島太郎が竜宮城へ旅立った岬
龍宮神社
りゅうぐうじんじゃ

▶西大山駅から ▶車で15分

薩摩半島の最南端、長崎鼻にある。浦島伝説が伝わり、境内には豊玉姫（乙姫様）を祀るため縁結びのご利益で知られる。
☎0993-22-3252（指宿市観光協会）
🏠鹿児島県指宿市山川岡児ケ水1581-34

なだらかな稜線が美しい薩摩富士
開聞岳
かいもんだけ

▶開聞駅から ▶徒歩20〜30分

薩摩半島の南端にそびえる火山。どこから見ても美しい円錐形の独立峰で、富士山に例えられる。標高は924m。
☎0993-22-3252（指宿市観光協会）
🏠鹿児島県指宿市開聞十町

2011年、996回の爆発的な噴火を記録
桜島
さくらじま

▶鹿児島港から ▶フェリーで15分

約2万6000年前の火山活動でできた周囲52kmの島で錦江湾に浮かぶ。1914（大正3）年の噴火で大隅半島と地続きになった。
☎099-298-5111（観光交流センター）
🏠鹿児島県桜島

列車紹介

南九州の西海岸と薩摩半島の美しい海景色が自慢のレストラン・カーと特急列車

おれんじ食堂
新八代駅(熊本県)〜川内駅(鹿児島県)

ゆったり空間の2号車「リビング・カー」。テーブル席やカーテンで半個室になる2人掛けソファがある

食事専用の1号車と2号車の両方に、子供用の展望席を設けている

地元提携レストランとコラボした季節の料理が好評。3便のディナーでは近海の魚介を満喫(上) 1便の朝食は水俣の新鮮野菜や水俣産紅茶のババロアなど(右上) 2便のランチは、メインに鹿児島の黒豚または「いずみどり」が隔月で登場(右下)

朝食、ランチ、ディナーから選べる
金曜夜には大人のためのBAR列車も

　肥薩おれんじ鉄道を走るレストラン列車。1日3〜4便で、1便は出水駅〜新八代駅間の朝食付、2便と3便は新八代駅〜川内駅間を往復し、往路がランチ付、復路はディナー付。地元食材を使った旬の山海の幸が供される。昼の2便は途中駅でのおもてなしが充実。夕方の3便はサンセットに合わせて夕食を提供し、プロミュージシャンによる生演奏もある。2両のうち1号車は飲食付プラン専用、2号車は食事付・食事なしの両方で利用が可能。金曜日のみ新八代駅〜出水駅間で、おつまみとワンドリンク付の「おれんじBAR」が走る。

乗車アドバイス

カップルには2号車の半個室のソファ席がおすすめ。3便では軽食とディナー、軽食のみ、ディナーのみの3通りから選べる。ほかにも選べるプランがあるので、公式HPなどで確認しよう。

RAILWAY INFORMATION

[運行日]金〜日曜、祝日(その他はチャーター便) [区間]新八代駅〜川内駅 [全長]119.7km [所要]新八代駅〜川内駅約4時間30分 [本数]3〜4本 [編成]2両 [料金]食事付パッケージプラン・朝食は9500円、ランチは2万1000円、サンセットディナーは1万8000円、乗車のみプラン4180円(乗車券2780円+座席指定料1400円) [予約]1カ月前から有人駅、JR九州の主要窓口、旅行会社などでも販売(おれんじ鉄道予約センター☎0996-63-6861)
[運行会社]肥薩おれんじ鉄道 www.hs-orange.com

PLAN ❹ おれんじ食堂 指宿のたまて箱

指宿のたまて箱
鹿児島中央駅〜指宿駅（鹿児島県）

2号車の海側の座席はカウンター席。反対側は本棚のあるソファと2列席。子供用のカウンター席とベビーベッドもある

1号車は客船やヨットに用いられるチーク材を使用。カウンター席や2列席、ボックス席、車いすスペースがあり、本棚の近くにはソファ席も用意されている

観光列車王国・九州へ 美食と海景色を楽しむ旅

人気の車内販売品もチェック！
車内販売で人気のいぶたまプリンは、クレームアメリと黒ゴマ味の2層で列車の白黒の外観をイメージ。指宿温泉サイダーや地ビール、オリジナルグッズも販売。

駅に到着すると、玉手箱の白い煙に見立てたミストがドアの上から噴き出す

錦江湾の沿岸風景を存分に楽しめる海向きの座席をたっぷりと配置

　薩摩半島に伝わる浦島太郎の竜宮伝説をテーマにした略称「いぶたま」。砂むし温泉で有名な指宿と九州新幹線停車駅の鹿児島中央を結び、毎日3往復が運行している。白と黒に塗り分けられた外観が印象的だ。2〜3両編成の車両は、木製のおしゃれな床やテーブルで装飾。桜島の浮かぶ錦江湾の絶景が眺めやすいよう、海側の座席に外向きのカウンター席を配置し、本棚のあるソファシートやキッズチェアなど、景色を満喫し、車内で快適に過ごせる工夫を凝らしている。玉手箱の煙に見立てたドアの仕掛けがユニーク。

乗車アドバイス
本棚には指宿関連の本が並んでいるので風景を楽しむ参考にしよう。鹿児島中央駅〜指宿駅間を観光列車とバスで往復できるお得なチケットも販売。内陸の知覧方面に立ち寄る際に便利だ。

RAILWAY INFORMATION

[運行日]毎日　[区間]鹿児島中央駅〜指宿駅
[全長]48.9km　[所要]鹿児島中央駅〜指宿駅約50分
[本数]3往復　[編成]2両(日によって3両運転の日あり)
[料金]鹿児島中央駅〜指宿駅2130円(乗車券1000円＋指定席特急券1130円)　[予約]1カ月前の10時からJRの窓口、旅行会社などで販売(JR九州予約センター ☎050-3786-3489)　[運行会社]JR九州 www.jrkyushu.co.jp

鹿児島から足を延ばして
南国の海と山を走り抜けるリゾート特急
海幸山幸に乗りに行こう！

リアス式海岸が美しい宮崎自慢の景勝地・日南海岸にほぼ並行して走る海幸山幸。海に迫る山間地と海岸線を縫うようにして、ウッディ・トレインが駆け抜ける。

ナチュラルモダンな車両が、日南の山の緑や日向灘の青に気持ちよく映える

鹿児島から足を延ばして 旅のルート

鹿児島中央駅 — 隼人駅 — 都城駅 — 宮崎駅 — 南宮崎駅 — 田吉駅 — 子供の国駅 — 青島駅 — 北郷駅 — 飫肥駅 — 日南駅 — 油津駅 — 南郷駅
（日豊本線）　　　　　　　　　　　　　　　　（海幸山幸）　　　　　　　　　　　　（日豊本線・日南線）

宮崎の景勝と観光スポットを巡る旅

九州新幹線が停まる鹿児島中央駅を起点に宮崎を旅する。まずは日豊本線の特急きりしまで宮崎をめざす。途中、霧島神宮に立ち寄って、宮崎駅には夕方に到着。市内に1泊したら、いよいよ日南線の観光特急「海幸山幸」の旅の始まりだ。10時7分に宮崎駅を出発した列車は市街地から田園地帯を走り、内海駅を過ぎると左手に真っ青な日向灘が姿を現す。海岸線には、波状の岩が連なる「鬼の洗濯板」の不思議な景勝が広がる。アテンダントの観光アナウンスが流れ、一時停車でしばしの撮影タイム。伊比井駅を過ぎると、今度は緑深い山間エリアが続く。トンネルから長い直線を過ぎると、まもなく飫肥駅に到着する。ここからはバスに乗り換え、沿線の観光地を巡ろう。旧城下町の飫肥、風情あふれる堀川運河、鵜戸神宮など、魅力的な観光スポットが豊富だ。宮崎駅への復路も再び海幸山幸の旅を楽しもう。

日豊本線から海幸山幸を乗り継いで旅行する1泊2日プラン

1日目（日豊本線）
- 9:58　鹿児島中央駅から日豊本線の特急きりしまに乗車。
- 10:49　霧島神宮駅で降り、霧島神宮を参拝。周辺は温泉地のため、列車の時間を調整して、日帰り温泉に行くこともできる。
- 15:03　霧島神宮駅から特急きりしまで宮崎へ。
- 16:18　宮崎駅到着。この日は宮崎に1泊。時間があれば、滞在中に宮崎神宮を参拝。

2日目（海幸山幸）
- 10:07　宮崎駅発海幸山幸で出発。日南海岸の海と山あいの風景を楽しむ。
- 11:06　飫肥駅に到着。飫肥駅発の日南周遊バスを利用して、飫肥の旧城下町の街並や油津の堀川運河などを見学。時間があれば、景勝地でもある海沿いの鵜戸神宮を参拝。
- 16:13　飫肥駅から再び海幸山幸で宮崎方面へ。

列車紹介

ゆったりシートとウッディな外観がチャームポイントのリゾート列車

鹿児島から足を延ばして
海幸山幸

大きな窓からの眺めは抜群だ。1号車・2号車ともに、くつろげるフリースペースのソファ席を用意している

観光列車王国・九州へ 美食と海景色を楽しむ旅

海幸山幸自慢の景勝スポットのひとつが、海岸線を自然がギザギザに刻んだ鬼の洗濯板。一時停車するのでじっくり見られる。ただし、満潮時にはほとんど水中に隠れてしまう

特産を使ったジュースを販売

1号車のサービスカウンターでは、宮崎のマンゴーを使ったはちみつマンゴードリンクや地ビールのほか、携帯ストラップなどの海幸山幸グッズも販売している。

青を基調にした2号車の海幸号。1号車の山幸号は赤が基調だ。どちらも、1列と2列の快適なリクライニングシートが並んでいる

木に包まれて日南の自然を感じる
1日1往復なので予約はお早めに

「木のおもちゃのようなリゾート列車」がコンセプト。高千穂鉄道のトロッコ列車を改造した車両に、内装だけでなく外装にも地元産の飫肥杉をふんだんに使用。木目を生かした車内はぬくもり満点だ。2両編成の車両に、ゆったりしたリクライニングシートを配置。全51席のうち、2号車後部の9席のみが自由席。混雑した場合は入場制限がある。列車名は、南九州が舞台とされる日本神話の山幸彦と海幸彦が由来。神話を紹介する紙芝居を車内で披露する。飫肥駅で約10分停車し、特産品などを購入できる。

乗車アドバイス

南郷行列車では、進行方向左側の席が海側で鬼の洗濯板を見やすい。飫肥駅から南郷駅までは、油津港や奇岩の七ツ八重などの景勝が続く。時間があれば南郷まで足を延ばしたい。

RAILWAY INFORMATION

[運行日]土・日曜、祝日が中心、長期休みは運行する場合もある　[区間]宮崎駅〜南郷駅　[距離]55.6km　[所要]宮崎駅〜南郷駅約1時間40分　[本数]1往復　[構成]2両　[料金]宮崎駅〜南郷駅2310円(乗車券1290円＋指定席特急券1020円)　[予約]1カ月前の10時からJRの窓口、旅行会社などで販売(JR九州予約センター☎050-3786-3489)　[運行者]JR九州Ⓙ www.jrkyushu.co.jp

沿線のみどころ

海あり、山あり、景色のバリエーションに富んだ東海岸。海岸沿いの神社や歴史ある飫肥や油津などの街を散策したい。海中の生物が見られる水中観光船も見逃せない。

TOWN INFO 霧島 きりしま
天孫降臨の神話が残る

海幸、山幸の伝説が残り、神が降り立った地は、豊かな自然や温泉にも恵まれている。日本で最初の国立公園でもある。

杉の森に囲まれた朱赤の社殿
霧島神宮 きりしまじんぐう

霧島神宮駅から いわさきバスで13分＋徒歩5分

6世紀の創建で瓊瓊杵尊（ニニギノミコト）を祀る。霧島連峰の再三の噴火により焼失、現在の社殿は1715（正徳5）年に再建。
☎0995-57-0001
住 鹿児島県霧島市霧島田口2608-5

感動 乗車体験!!
海幸山幸は年に5回乗車 いつしかこの列車の虜に

客室乗務員による神話の紙芝居や鵜戸神宮の運玉になぞらえたくじ引き大会など、イベントが魅力的です。車内にオリジナルメロディ「海幸山幸」が流れ、大きな窓いっぱいに広がる海を眺めるときがハイライト。また、南郷・目井津の海産物、とくにカツオは絶品です。
（787の風さん／2015年2月乗車●「787の風のブログ D&Sに揺られて」）

TOWN INFO ➡P.98 鹿児島

江戸時代、木材運搬のために開削
堀川運河 ほりかわうんが

油津駅から 車で5分

日南市の油津港と広瀬川を結ぶ水路。製材業の興隆とともに昭和初期まで栄えたが、戦後衰退したが、観光資源として残存。
☎0987-31-0606（日南市観光案内所）
住 宮崎県日南市油津

128

鹿児島から足を延ばして
海幸山幸

観光列車王国・九州へ 美食と海景色を楽しむ旅

TOWN INFO 宮崎 (みやざき)
多彩な魅力が潜む
西都原古墳群は国内最大級、県庁の建物は1933年の築造で国内でも4番目に古い庁舎。高さ142mの大吊橋もある。

TOWN INFO 都城 (みやこのじょう)
「日本一の鉱都」の光と影
鹿児島県と接し、県境近くには甌穴の見られる関之尾の滝や桜並木が見事な早水公園など風光明媚なスポットが点在。おいしい食肉も自慢。

TOWN INFO 飫肥 (おび)
城下町の風情を満喫
日南市のなかほどにあり、飫肥藩の武家屋敷、商家など江戸時代の城下町の家並が残る。

江戸時代には禁足地だった
青島神社 (あおしまじんじゃ)
青島駅から 徒歩10分
青島にある神社で島全体が境内。彦火火出見命ら3神を祀る。平安時代に書かれた『日向土産』に記録がある。
☎0985-65-1262
🏠宮崎県宮崎市青島2-13-1

日向灘を眺めて鵜戸さんに参拝
鵜戸神宮 (うどじんぐう)
伊比井駅から 宮崎交通バス20分+徒歩10分
日南海岸で大きく突き出した崎、奇岩が連なる海岸にある約1000㎡という広大な洞窟に社殿が鎮座する。
☎0987-29-1001
🏠宮崎県日南市宮浦3232

この体験が面白い！
日南の海を海上と海中から観察
日南海中公園水中探訪 (にちなんかいちゅうこうえんすいちゅうたんぼう)
▶外浦港（南郷駅から車で5分）
日南海岸は奇岩、絶壁が連なる海岸線もさることながら、海中の美しさでも知られており、国内最初の海中公園のひとつ。この海中を半潜水式の遊覧船で海中散歩が楽しめる。サンゴ礁や熱帯魚が間近に見られる。
マリンビューワーなんごう
☎0987-64-4288
🏠宮崎県日南市南郷町潟上134-54

武家の情緒が色濃く残る街並
飫肥城下町 (おびじょうかまち)
飫肥駅から 徒歩15分
鵜戸藩5万1000石の藩主伊東家の屋敷、豫章館を中心に武家や藩校などが当時のままに残り、雅趣のある城下町を残す。
☎0987-25-4533（飫肥城下町保存会）
🏠宮崎県日南市飫肥10-1-2

TOPICS
寝ている間に目的地に到着できる
寝台列車で西へ、東へ。

名列車次々と現役を引退する反面、予約はつねに取りづらい状況。
寝台列車の魅力とは。東奔西走する2つの列車を紹介する。

サンライズ出雲・瀬戸
東京駅（東京都）〜出雲市駅（島根県）／高松駅（香川県）

カシオペア
上野駅（東京都）〜札幌駅（北海道）

TOPICS 寝台列車で西へ、東へ。

カシオペア
優雅な旅時間を演出してくれる

車内をチェック

3号車のダイニングカーは高級レストランのような気品にあふれた内装。ディナー終了後から23時まではパブタイムとなる(上)　12号車のラウンジカー。上りは最後尾となり、見晴らしも良い(下左)　カシオペアはすべて2階建て。カシオペアスイートメゾネットタイプは眺めの良い2階がリビング、1階が寝室(下右)

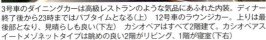

憧れの豪華列車に乗って
ロマンあふれる非日常の旅へ

　上野駅～札幌駅間を結ぶ豪華寝台列車として「カシオペア」が運行を開始したのは、1999(平成11)年のこと。同区間を結んでいた寝台列車「北斗星」と対をなす列車として、星座の名がつけられた。
　客室はすべて2～3人用のA個室寝台。ラウンジや売店、シャワールームなど、さまざまな設備を誇るカシオペアの中でも、一度は利用したいのがダイニングカーだ。夕食は本格フレンチのコースと懐石御膳とがあり、どちらも数量限定の予約制。夕食後のパブタイムと朝食時は、予約なしで利用できる。
　食事やお酒を楽しんだあとは、星空を眺めながら就寝。朝食のアナウンスで目を覚ますと、窓の外には朝日に照らされ輝きを放つ、北海道の大地が広がっている。

RAILWAY INFORMATION

[運行日]火・金・日曜は上野発、月・水・土曜は札幌発(長期休みは変動あり)　[区間]上野駅～札幌駅　[全長]1214.7km　[所要]上野駅～札幌駅約19時間　[本数]1本　[編成]12両　[料金]上野駅～札幌駅カシオペアツイン3万5230円(運賃1万8440円＋特急料金3060円＋寝台料金1万3730円)　[予約]1カ月前の10時からJRの窓口や旅行会社などで販売(えきねっとサポートセンター☎048-645-1703)　[運行会社]JR東日本 www.jreast.co.jp

サンライズ出雲・瀬戸
機能性を重視した乗り心地

車内をチェック

TOPICS 寝台列車で西へ、東へ。

1人用個室の標準タイプ。必要なものがミニマムに揃ったレイアウト。車内はシングルタイプがいちばん多い(上)　寝台列車を気軽に利用できるノビノビ座席は寝台券が不要でお得。1畳程度の広さで頭の部分のみ区切りがつく。毛布付(下左)　3・10号車にはテーブルと座席が設けられたラウンジがある。気分転換にぴったりな場所(下右)

寝台列車のイメージを一新した"走るシティホテル"

　1998(平成10)年、それまで東京駅と出雲市駅、高松駅を結んでいた寝台列車「出雲」と「瀬戸」を、最新型の車両に置き換える形で運行を開始した。車体はサンライズの名のとおり、朝日をイメージした色合い。内装は住宅メーカーのミサワホームが手がけており、木目調のインテリアと温かい照明が心地よい。1〜2人用の個室と、寝台券が不要で利用できるノビノビ座席があり、どちらも限られたスペースを最大限に生かした、居住性の高い空間となっている。

　仕事帰りの利用に最適な夜22時に東京駅を出発。朝日が昇り始める頃、岡山駅で出雲市行と高松行とに切り離される。朝日を受けキラキラと輝く宍道湖や瀬戸内海の島々が、列車旅のハイライトだ。

※下りは大阪・三ノ宮、上りは浜松には停車しません

RAILWAY INFORMATION

[運行日]毎日　[本数]1往復　[編成]14両　[予約]1カ月前の10時からJRの窓口や旅行会社などで販売(JR西日本電話予約サービス☎0088-24-5489)　[運行会社]JR西日本　🌐 www.westjr.co.jp

サンライズ出雲 [区間]東京駅〜出雲市駅　[全長]953.6km　[所要]東京駅〜出雲市駅約12時間　[料金]東京駅〜出雲市駅B寝台サンライズシングル2万2790円(運賃1万1990円＋特急券3240円＋寝台料金7560円)

サンライズ瀬戸 [区間]東京駅〜高松駅　[全長]804.7km　[所要]東京駅〜高松駅約9時間30分　[料金]東京駅〜高松駅B寝台サンライズシングル2万2100円(運賃1万1310円＋特急券3240円＋寝台料金7560円)

「編集部Mがゆく！」
サンライズ出雲・瀬戸乗車体験記

いつか乗ってみたかった憧れの寝台列車に念願乗車！鉄好き編集部Mの体験レポート。

1日目

21:30

仕事帰りに東京駅で待ち合わせ。初の寝台列車に今から気分が上がります！サンライズは車内販売がないと聞いていたので、乗り込む前にビールとおつまみを買い込んでおきました。出発10分ほど前に、いよいよサンライズが入線しました。

22:00

縁結びのパワースポット・出雲に向けていよいよ出発！今回は2人部屋のサンライズツインに乗車しましたが、思ってたより広くて快適！ハンガーやコンセント、アラームまで付いていて、木目調のインテリアがモダンで素敵♪ "女子旅に人気" って聞いたことがあるけど、うなずけます。荷物を置いて落ち着いたところで、早速かんぱーい！大きな窓から眺める都会の夜景も、いつもよりきれいに見えます。

車掌さんが検札に来たタイミングで、シャワーカードをゲット。枚数限定だから早めに買っておいて正解でした。シャワー室に向かう途中で、車内を探検してみました。ビジネスや帰省で利用する人が多いから、1人用個室が充実しているようです。空いてたシングルの部屋を覗いてみたけど、天井が高くて十分な広さ。ラウンジは窓が大きくて景色が楽しめそう！朝早起きして行ってみようかな。

（※現在シャワーカードは自動販売機で販売）

23:30 就寝

シャワーを浴びて、お酒を飲みながら話も弾みます。天井近くまで大きくとられた窓からは、星空が見えてなんともロマンティック。初の寝台列車で寝られるか不安だったけど、あまり揺れないし、快適なベッドでいつの間にか夢の中へ…。

2日目

06:10

車掌さんのアナウンスで起床。もうすぐ岡山駅で「サンライズ出雲」と「サンライズ瀬戸」の切り離し作業があるんだって。岡山駅に到着して見に行ってみると、カメラを持ってる人でいっぱい！作業は面白くてずっと見ていたかったけど、停車中に朝ごはんも買いたかったので、後ろ髪を引かれる思いで売店へ。山陽や瀬戸内の素材が詰まった駅弁を購入しました。車内に戻ってラウンジで朝食タイム。朝の澄んだ空気に包まれた山や田園風景にリラックスしながら食べる駅弁は最高です！

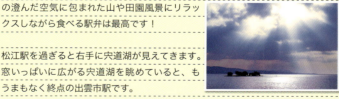

09:30

松江駅を過ぎると右手に宍道湖が見えてきます。窓いっぱいに広がる宍道湖を眺めていると、もうまもなく終点の出雲市駅です。

10:00

一晩で出雲の地に到着！ここからは一畑電車で出雲大社に向かいます。神聖な境内でパワーを充電して、縁結びの神様に良縁祈願。幸せになれますように！その後も宍道湖、松江城、八重垣神社と、まだまだ出雲の旅は続きます♪

134

ガタゴト トロッコ旅

橋梁を越え、川と併走し、山肌を染め上げる紅葉や桜、新緑の大自然を愛でる。
開放的な窓から渓谷の清々しい風をめいっぱい浴びてリフレッシュ。
のんびりした速度で走るトロッコでは、その分景色を存分に堪能できる。

黒部峡谷トロッコ電車 黒部峡谷鉄道 ⋯ 136
くしろ湿原ノロッコ号 JR北海道 ⋯ 142
富良野・美瑛ノロッコ号 JR北海道 ⋯ 148
お座トロ展望列車 会津鉄道 ⋯ 152
トロッコわたらせ渓谷号 わたらせ渓谷鐵道 ⋯ 156
しまんトロッコ JR四国 ⋯ 160

日本一深い谷を縫うように駆け抜ける

黒部峡谷鉄道
黒部峡谷トロッコ電車
くろべきょうこくトロッコでんしゃ

宇奈月駅〜欅平駅(富山県)

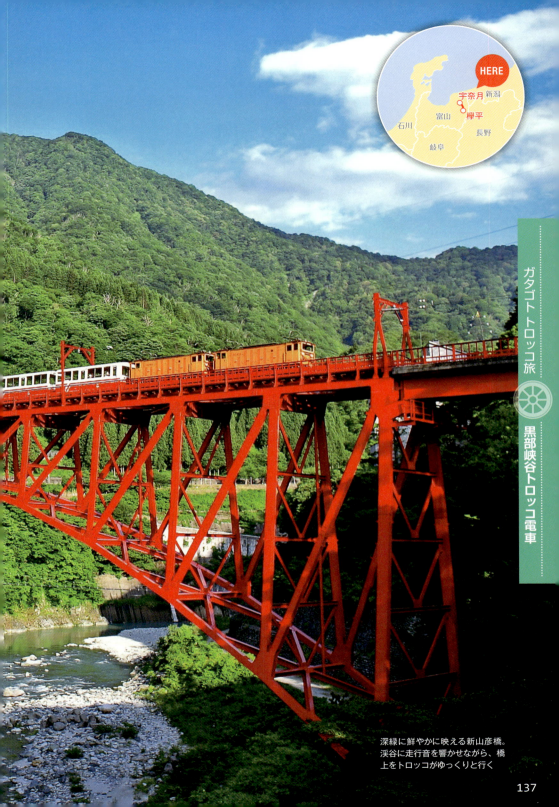

ガタゴトトロッコ旅

黒部峡谷トロッコ電車

深緑に鮮やかに映える新山彦橋。渓谷に走行音を響かせながら、橋上をトロッコがゆっくりと行く

新柳河原発電所の脇を走る列車。治水・発電の歴史がうかがえる

雪に閉ざされる冬季は運行しない。GWや紅葉などの行楽シーズンは予約が安心だ。途中下車した場合は、改めて目的地までの乗車券を購入する必要がある。

左　現在列車が走る新山彦橋(奥)と、歩いて渡れる山彦橋(手前)
右　渓谷内で最も険しい場所に架かる後曳橋(あとびきばし)

Kurobe Kyokoku Truck Train

日本有数の大渓谷を眺め、開放感に浸りたい

　山頂と川面の落差が1500〜2000mにもなる日本一深いV字谷、黒部峡谷を駆け抜けるトロッコ列車。もともとは電力会社の業務用の軌道だったが、一般客の乗車希望が多く、観光列車の運行を開始した。現在では、多い時間帯で20分に1本とかなりの密度で運行されるほどの人気ぶりだ。

　宇奈月駅から欅平駅までの全長20.1kmはまさにスリルの連続。岩壁になんとか貼り付いているような軌道を走り、高さ数十mにも及ぶ橋を22本渡り、山をくりぬいたトンネルを41本抜けていく。平均時速は16kmなので、流れゆく車窓の景色もゆっくりと観賞できる。とくに秋には、茜色の紅葉、山頂の雪、落葉の木々、麓の緑、川面の青が調和した「五段染め」と形容される美しい色彩世界を眺めることができる。富山県出身の女優、室井 滋さんのナレーションによる車内放送も名物のひとつだ。

RAILWAY INFORMATION

[運行日]4月中旬〜11月下旬(毎年変動あり)
[区間]宇奈月駅〜欅平駅(季節により変動)　[全長]20.1km
[所要]宇奈月駅〜欅平駅約1時間20分　[本数]19本(季節、曜日により変動)　[編成]13両(季節によって変動あり)
[料金]宇奈月駅〜欅平駅1710円(リラックス車両券＋530円、特別車両券＋370円)※全列車定員制　[予約]3カ月前からインターネット予約、電話、郵送、旅行会社、宇奈月駅窓口などで販売(黒部峡谷鉄道営業センター☎0765-62-1011)　[運行会社]黒部峡谷鉄道　www.kurotetu.co.jp

黒部峡谷は四季折々の見どころがあり、春夏秋冬、異なる景色が楽しめるのが最大の魅力です。また、乗降可能な駅周辺には、温泉があるので湯めぐりにもおすすめです。
(営業企画係:佐々木さん)

▶宇奈月駅へ…東京駅から北陸新幹線で黒部宇奈月温泉駅へ最短で2時間20分。富山地方鉄道に乗り換え、宇奈月温泉駅まで25分。宇奈月駅はそこから徒歩3分
※実際の運行情報とは異なる場合がありますので、ご乗車の際は事前にご確認ください。

列車案内
RAILWAY VEHICLES

軌間（左右のレールの間隔）が762mmと、一般的な旅客列車より狭いため、車両自体もコンパクトでかわいらしい見た目。客車は普通客車と、特別客車またはリラックス客車のどちらかが連結され、好きなほうを選んで乗車できる（特別客車とリラックス客車は別途料金が必要）。

特別客車

窓は開閉可能。座席は2＋1席で通路があるが、補助椅子を使うと4人掛けに。向かい合わせで固定されている

リラックス客車

窓は開閉可能。座席は2＋1席で通路があり、補助椅子はない。進行方向へ座席を回転することができる

普通客車

オープン型で横一列4人掛けのシートが並ぶ。トロッコ電車ならではの走行音や開放感が味わえる

ダム建設の歴史を物語る貨車規格のミニ車体に注目

機関車
客車を牽引する車両。黒鉄の機関車はほとんどが電気機関車だ。なかには戦前から動いており、今も現役の車両もある

レール

冬の間は雪崩による崩壊を防ぐために、撤去される橋もある。なお、冬季も移動手段を確保するために、線路脇に「冬季歩道」というトンネルが設けられている

ガタゴトトロッコ旅／黒部峡谷トロッコ電車

Column
電源開発の専用軌道から観光路線へ

急流が続く黒部峡谷では、水力発電に適した地形が古くから注目され、電源開発が進められた。その工事・保守用に、1923（大正12）年に軌道の敷設が始まり、徐々に上流へと延びていって、1937（昭和12）年に宇奈月～欅平間が開通した。当時は電力会社の作業員や資材の運搬用の路線だったが、探勝を目的とした一般客の乗車希望が多かったため、やむを得ず「生命の保証はしない」ことを前提に便乗を認めていた。その後、1953（同28）年に一般の旅客営業を正式に開始。1971（同46）年には関西電力から分社化され、黒部峡谷鉄道が発足した。

持って帰りたい 鉄道みやげ
富山や黒部の名産品を使った商品がいろいろ。宇奈月駅売店が充実しているが、各駅限定商品も

トロッコグッズ
ゼンマイ式のおもちゃやチョロQ、マグネットから、トロッコ形の箱に入ったお菓子まで、トロッコモチーフのアイテムが豊富

黒部峡谷トロッコ電車
沿線のみどころ

宇奈月以外で観光客が降りられるのは黒薙、鐘釣、欅平の3駅のみ。散策の中心となるのは終点の欅平だ。また、各駅の周辺には温泉があるので、湯めぐりもおすすめ。

1泊2日のモデルプラン

1日目	11:06	宇奈月駅を出発。欅平駅までの片道券を購入。
	12:24	欅平駅に到着。食堂で昼食後、徒歩で猿飛峡、奥鐘橋、人喰岩などの名所を巡る。名剣温泉旅館での日帰り入浴も可能。
	15:19	欅平駅を出発。片道券を購入し、鐘釣駅で途中下車。万年雪を見学する。
	16:21	鐘釣駅を出発。宇奈月駅へ戻り温泉旅館に宿泊。
2日目	9:30	宇奈月温泉を散策。やまびこ展望台で記念撮影。おみやげも購入したい。
	15:04	富山地方鉄道のアルプスエキスプレスに乗車し、電鉄富山駅へ向かう。
	16:09	電鉄富山駅に到着。新幹線やJR特急で帰路につく。
おまけ		秘湯に興味があるなら、欅平、鐘釣、黒薙の各駅にある温泉旅館での宿泊も風情たっぷりでおすすめ。

感動 乗車体験!!
夏は渓谷の涼やかな風、トンネル内の冷気でひんやり

急カーブが連続するので、長い車両をクネクネさせながら走っていくのがスリリングで面白いです。今回で5回目の乗車ですが、乗るたびに違った表情を見せてくれますが、猫又から鐘釣間の黒部川を渡る橋梁から見える錦繍関の紅葉が、とくに素晴らしいです。また鐘釣付近では万年雪も見られます。宇奈月から欅平に向かう場合、鐘釣までは黒部川が右側に流れているので右側に席をとるのがおすすめです。
(Takiharuさん／2014年7月乗車)

鉄橋を走る列車が間近で見られる
やまびこ遊歩道
やまびこゆうほどう
宇奈月駅から 徒歩3分

宇奈月駅から宇奈月ダムに至る約1kmの遊歩道で、トンネルや昔の軌道敷など変化に富んだ景観が楽しめる。途中に架かる山彦橋は絶好の撮影ポイント。
☎0765-54-2111(黒部市農林整備課)

うなづき湖上、高さ15mに架かる猿専用吊り橋

駅情報 宇奈月駅
黒部みやげが豊富
食事処、喫茶、売店が揃う。売店では黒部ブランドの名産品を大々的に販売

鉄道の起点は一大温泉街
宇奈月温泉
うなづきおんせん
宇奈月駅から 徒歩10分

上流にある黒薙を源泉とした、富山県内随一の温泉街。透明度が高いアルカリ性単純温泉の湯は「美肌の湯」として知られる。博物館や美術館などの観光名所も豊富だ。
☎0765-62-1515
(黒部・宇奈月温泉観光局)

迫りくる岩肌がスリリング!
人喰岩
ひとくいいわ
欅平駅から 徒歩5分

岩壁をえぐって造られた歩道で、岩が人を飲み込むように見えることから、この名がつけられた。
☎0765-62-1011(黒部峡谷鉄道)

猿が飛び越えたと伝わる谷
猿飛峡
さるとびきょう
欅平駅から 徒歩20分

別名「景雲峡」。黒部川のなかでも最も川幅が狭く、わずか数mのところもある。上流の奥鐘山とともに、国の特別名勝・特別天然記念物に指定されている。
☎0765-62-1011(黒部峡谷鉄道)

トロッコ電車が眼下を走る
やまびこ展望台
やまびこてんぼうだい

宇奈月駅から　徒歩3分

温泉街や黒部川が一望できるスポット。真下には新山彦橋を渡る列車が見える。記念撮影はここで。

☎ 0765-62-1515（黒部・宇奈月温泉観光局）
📍 富山県黒部市宇奈月峡谷口

富山駅から観光列車で宇奈月・立山へ

富山駅と宇奈月温泉駅や立山駅を結ぶ富山地方鉄道の鉄道線では、2種類の観光列車が運行している。いずれも3両編成で、アルプスエキスプレスは、窓向きのカウンターシートやカップルシートなど多彩な座席を備えた2号車を連結（土・日曜、祝日中心の運行）。ダブルデッカーエキスプレスでは大きな窓が付いて見晴らしの良い2階建ての2号車が連結される。富山駅発の運行本数は前者が1日2〜3本、後者が1日2本程度。どちらも休日の2号車は指定席になっている。

アルプスエキスプレス
西武鉄道「レッドアロー号」の車両をベースに、水戸岡鋭治氏がインテリアをデザインし、改装した

ダブルデッカーエキスプレス
京阪電鉄の特急2階建て車両を譲り受けて運行

TOWN INFO　宇奈月
うなづき

足湯で疲れを癒したい

宇奈月の街なかには足湯が2カ所ある。宿泊や日帰り入浴をしない場合でも、散策後は気軽に立ち寄って名湯に足を浸してみたい。

駅情報　黒薙駅
ホームからパチリ♪
ホームの上流側から、後曳橋や業務専用支線のトンネルを撮影できる

駅情報　鐘釣駅
列車がバックする！
駅構造の関係で、欅平方面へ向かう列車は停車後、出発時にいったんバックしてから進む

露天風呂で大自然を感じたい
名剣温泉旅館
めいけんおんせんりょかん

欅平駅から　徒歩15分

欅平からさらに祖母谷川を歩いてさかのぼった先にある秘湯。家庭的なもてなしと、山奥にありながら整った設備で評判がいい。日帰り入浴も可能。

☎ 0765-52-1355（名剣温泉旅館事務所）
📍 富山県黒部市宇奈月町欅平

駅情報　欅平駅
終点駅は施設充実
約200席の食堂や売店のほか、展望台も備える。近くにビジターセンターも

この体験が面白い！
欅平駅から黒部ダムまで行ける
黒部ルート見学会
くろべルートけんがくかい

▶ 欅平駅、または黒部ダムから出発

通常は関西電力の発電設備の保守・工事用として使用されている欅平駅〜黒部ダム間のルートで、年に34回、一般向けに見学会が開催される。はがきの郵送による事前応募・抽選制で、料金は無料、所要約3時間半。欅平駅、黒部ダムのいずれかに集合・出発する。もう一方で現地解散となるため、往復して同じ場所に戻ってくることはできない。

黒部ルート見学公募委員会事務局（関西電力 北陸支社内）☎ 076-442-8263（受付時間は平日 10:00〜12:00、13:30〜16:00）
➡ ウェブは「富山県　黒部ルート」で検索

ガタゴトトロッコ旅　黒部峡谷トロッコ電車

お泊まり情報　宇奈月温泉は旅館やホテルが豊富。欅平や鐘釣、黒薙など沿線の秘湯に泊まる場合、設備や備品などは事前に確認を。

日本最大の湿原をトロッコ列車で縦断
JR北海道
くしろ湿原ノロッコ号
くしろしつげんノロッコごう

釧路駅～塘路駅（北海道）

広大な緑の平野と川が風景をかたちづくる。7月～8月中旬頃は湿性植物が開花し、とくに美しい

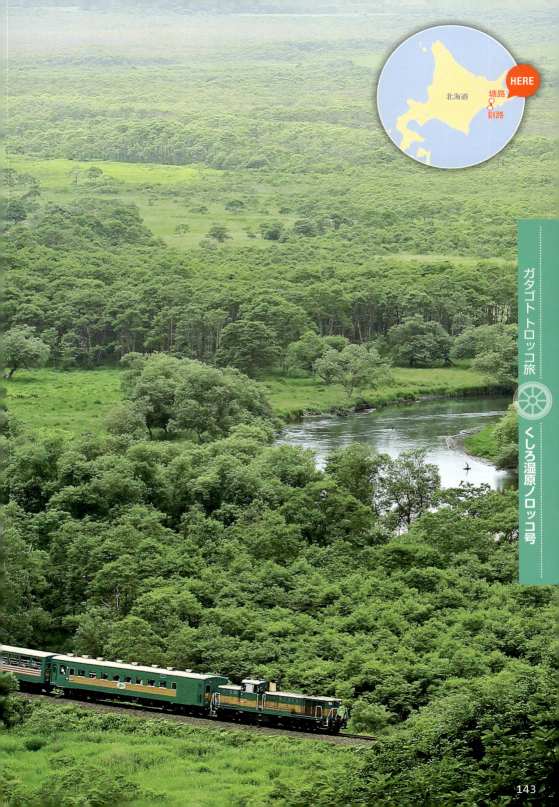

ガタゴトトロッコ旅

くしろ湿原ノロッコ号

細岡展望台からの眺め。列車からとはまた異なる趣が味わえる

自由席は普通乗車券で乗車できるが、連休や夏休み中は混むので窓側に座りたいなら指定席の予約が望ましい。

左 釧路駅から乗車した場合、進行方向左手に釧路湿原が広がる
右 屋根の形が特徴的な釧路湿原駅。細岡展望台へ行くならここで降りる

Kushiro Shitsugen Norokko Train

太古の面影を残す湿原風景を走り抜ける展望列車

　約2.9haにわたって広がる釧路湿原は日本で初めてラムサール条約に登録された稀少な自然スポット。湿原の東部を蛇行する釧路川に沿って走るのが、JR北海道が運行する観光トロッコ列車、くしろ湿原ノロッコ号だ。ディーゼル機関車で牽引される客車の大きな車窓からは、どこまでも水平に続く湿原の広々とした景色を眺めることができる。車内ではノロッコレディによる解説アナウンスが流れ、ビューポイントでは列車速度を落としてくれるなど、景観を楽しむための工夫がなされている。また、運が良ければタンチョウやエゾシカ、キタキツネなど湿原に棲む貴重な動物と出会えるのもうれしい。

　列車は釧路駅と塘路駅間の往復運行。復路も同じ路線を通ることになるので、塘路駅や細岡駅から2～3駅分、釧路川をカヌーで下る体験ツアーを組み込むと別視点から湿原が堪能できる。

RAILWAY INFORMATION

[運行日] GW～10月、各4日ほどの運休期間4回ほどあり
[区間] 釧路駅～塘路駅
[全長] 27.2km
[所要] 釧路駅～塘路駅約45分
[本数] 2往復(GW～5月中は1往復)
[編成] 5両(客車)
[料金] 釧路駅～塘路駅850円(乗車券540円＋指定席券310円)
※自由席車両あり
[予約] 1カ月前の10時からJRのみどりの窓口、旅行センター、おもな旅行会社などで販売
[運行会社] JR北海道 URL www.jrhokkaido.co.jp

▶釧路駅へ…たんちょう釧路空港から 阿寒バスで釧路駅へ約45分

列車案内
RAILWAY VEHICLES

車窓風景

　湿原に溶け込むような緑の車体で、客車5両と機関車の全6両編成が基本。自由席は1号車で4人掛けボックスタイプ、自由席2号車と指定席は3〜5号車で木製のボックス席とベンチ席。好天時には窓が開放されるので、爽やかな風が車内に吹き込み、より自然を身近に感じることができる。
　ビューポイントにさしかかると時速30kmほどに減速。ノロノロ走るトロッコ、というのが「ノロッコ号」の由来

指定ボックス席

木製のレトロなイメージで統一された座席は、6人掛けのボックス席と、窓を向いたベンチ席に分かれる

家族連れから外国人客まで大人気ののんびり列車

車内販売
3号車の車内売店でドリンクや食事、グッズを扱う

人気は濃厚な味わいが評判のプリン、個数限定のため売り切れ必至ののんびり弁当など。パッケージに列車が描かれたようかんも人気がある。

※車内販売商品は変更になる場合があります

ガタゴトトロッコ旅　くしろ湿原ノロッコ号

Column
期間限定！SL冬の湿原号

　冬になると釧路湿原は白銀に染まり、その東端を煙をはいて走り抜ける漆黒の蒸気機関車の期間限定運行が始まる。このC11形のSLは標茶町の公園で保管されていたものを復元。重厚なニス塗りの車内やレトロな車掌の制服など、徹底してクラシックな雰囲気を貫いている。ネイチャーガイドの解説を聞いたり、この時期に来訪するタンチョウの姿を車窓に探してみたい。

[運行日]1月下旬〜3月上旬、運休日あり
[区間]釧路駅〜標茶駅
[全長]48.1km　[所要]約1時間15分
[本数]1往復
[料金]釧路駅〜標茶駅1890円(乗車券1070円＋指定席券820円)※全席指定席

くしろ湿原ノロッコ号
沿線のみどころ

広大な釧路湿原は列車、カヌー、徒歩と1〜2日中まわっても飽きない魅力がある。北海道を代表する鳥・タンチョウにもぜひ会いに行きたい。海鮮グルメも忘れずに。

1泊2日のモデルプラン

1日目	11:06	くしろ湿原ノロッコ2号に乗って釧路駅を出発。夏なら午後便もある。
	11:50	塘路駅に到着。駅周辺でランチを済ませてから約1時間半のカヌーによる釧路川の川下りを体験。
	15:14	塘路駅発のノロッコ3号に乗車（夏期のみ）。釧路湿原駅で降車後、徒歩で細岡展望台へ向かう。
	16:04	釧路駅に到着。駅近くの宿に泊まる。
2日目	9:30	レンタカーを借りて釧路市湿原展望台へ。湿原内の散策路を歩く。
	12:00	釧路駅周辺へ戻り、市場で海鮮丼ランチ。そのあと観光や買物を楽しむ。
	19:05	たんちょう釧路空港から帰路に着く。
おまけ		くしろ湿原ノロッコの終着駅、塘路から釧網線で約1時間の場所にある川湯温泉は、かけ流し硫黄泉の湯めぐりができる。

展望台から続く散策路が人気
釧路市湿原展望台の散策路
くしろししつげんてんぼうだいのさんさくろ

釧路駅から 阿寒バスで35分

カフェや湿原のジオラマが設置された展望台。ここから湿原内に約2.5kmの木道散策路が設定され、約1時間の湿原散策を楽しめる。道中にあるサテライト展望台からの眺めはとくに評判だ。

☎ 0154-56-2424
🏠 北海道釧路市北斗6-11

タンチョウが棲む雄大な湿原
釧路湿原国立公園
くしろしつげんこくりつこうえん

釧路駅から 各スポットへ

釧路川とその支流や、あまたの湖沼を抱く大湿原で、タンチョウの生息地としても有名。広大なため各所に点在する展望台からの眺めはそれぞれ印象が異なる。

☎ 0154-31-1993（釧路観光コンベンション協会）・北海道釧路市、釧路町、標茶町、鶴居村

感動 乗車体験!!
緑の湿原が限りなく続く風景はまさに圧巻

夏に乗車したこともあり、車内は観光客でいっぱい！釧路川沿いを走り、岩保木水門が見えてくると列車は速度を落としてくれるので、広大な湿原の景観を思う存分満喫できました。車窓からは気持ちよさそうにカヌーを漕ぐ人たちも見え、とてもうらやましく思いました。
（T.U.さん／2013年8月乗車）

季節を問わずタンチョウに会える
釧路市丹頂鶴自然公園
くしろしたんちょうつるしぜんこうえん

釧路駅から 阿寒バスで55分

保護増殖を目的に約20羽のタンチョウが放し飼いにされている。売店ではタンチョウグッズも取り揃えている。

☎ 0154-56-2219
🏠 北海道釧路市鶴丘112

丘と花畑の美景広がる北の大地をゆく

JR北海道
富良野・美瑛ノロッコ号
ふらの びえいノロッコごう

旭川駅／美瑛駅〜富良野駅（北海道）

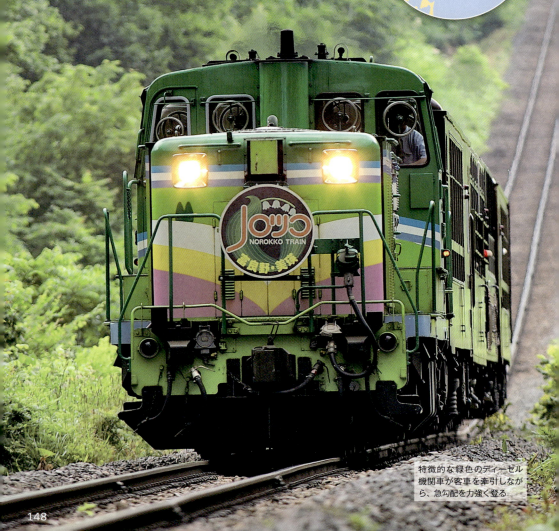

特徴的な緑色のディーゼル機関車が客車を牽引しながら、急勾配を力強く登る

雄大な自然が広がる景色のなかをのんびりと走るノロッコ号

客車の大きな窓からは、どの座席でも十分に景色が楽しめる。夏の人気シーズンは混雑することもあるので、座席を確保したい人は、指定席発売後すぐの切符購入がおすすめだ。

左 富良野・美瑛ノロッコ号が走る期間だけ特設されるラベンダー畑駅は、観光客で賑わう
右 車窓の向こう側にはカラフルに彩られた花畑が延々と続いている

ガタゴトトロッコ旅　富良野・美瑛ノロッコ号

Furano Biei Norokko Train

北国の春から夏のひとときを走る展望トロッコ列車

　道内屈指の観光路線、富良野線を6〜10月の期間限定で走る富良野・美瑛ノロッコ号。旭川駅〜富良野駅の間を走行し、ラベンダーなど季節の花々に彩られた丘陵地帯の美景が楽しめる。

　旭川駅寄りの先頭を走るディーゼル機関車は、すずらんのイラストが描かれたヘッドマークと、ノロッコ号カラーである緑色の塗装が特徴的。落ち着いたダークブラウンの客車には、北の大地の展望を満喫するための大きな窓が配されている。客車は通常3両で、繁忙期には1両増えることもある。

　旭川周辺の市街地から野趣あふれる美瑛、富良野の丘へとゆっくり走る列車は、美瑛駅〜美馬牛駅と、中富良野駅〜富良野駅の間で、その美しい景観を存分に楽しめるよう徐行運転をすることもある。車窓を流れる名所を車内アナウンスで知らせてくれるので聞き逃さないようにしたい。

RAILWAY INFORMATION

[運行日]6月後半〜8月中旬の毎日、6・9・10月の土・日曜、祝日
[区間]旭川駅/美瑛駅〜富良野駅
[全長]54.8km
[所要]旭川駅〜富良野駅1時間45分、美瑛駅〜富良野駅約50分
[本数]旭川駅〜富良野駅1往復、美瑛駅〜富良野駅2往復
[編成]3両(客車)、繁忙期は1両増結
[料金]美瑛駅〜富良野駅1380円(乗車券1070円+指定席券310円)　※自由席車両あり
[予約]1カ月前の10時からJRのみどりの窓口、旅行センター、おもな旅行会社などで販売
[運行会社]JR北海道　www.jrhokkaido.co.jp

▶釧路駅へ…旭川空港からバスで35分、ほか
※実際の運行情報とは異なる場合がありますので、ご乗車の際は事前にご確認ください。

列車案内
RAILWAY VEHICLES

富良野・美瑛ノロッコ号
沿線のみどころ

北海道を代表する観光路線の沿線には、大規模な農園や牧場、名物のワインやチーズの工房など、ゆったり時間をかけて巡りたい見どころが多く点在している。

1泊2日のモデルプラン

1日目	9:56	富良野・美瑛ノロッコ1号に乗って旭川駅を出発。揺れに気をつけつつ車内散策を。
	10:51	美馬牛駅に到着。歩いて四季彩の丘へ。一面に広がる花畑の景観や、ご当地グルメを楽しみたい。
	13:20	ノロッコ3号に乗って美馬牛駅からラベンダー畑駅へ移動。ファーム富田の広大なラベンダー畑はこの旅のハイライト。
	15:45	ノロッコ5号でラベンダー畑駅から富良野駅へ。周辺で1泊。
2日目	9:00	富良野チーズ工房やふらのワイン工場を巡り、富良野観光を堪能する。
	14:00	ノロッコ4号で富良野駅を出発。美瑛駅周辺で腹ごしらえをし、バスで青い池へ。
	17:39	ノロッコ6号で美瑛駅を出発し、旭川駅に到着。
おまけ		富良野・美瑛エリア内の普通・快速列車の普通車自由席が乗り放題で、「富良野・美瑛ノロッコ号」自由席にも利用できるラベンダーフリーパスがおすすめ。

窓からの景色
開閉もできるワイドな窓の向こうには、どこまでも広がる青い空と、田園や花畑など季節の彩りに染まる絶景が見える。景色の写真を撮りたい人や、ノロッコの揺れに合わせてぼんやり外を眺めたい人にはおすすめの席。窓から吹き込む風を存分に感じることもできる。

レトロな雰囲気あふれる木製ベンチ風シートや、板張りの床が特徴的な客車は、1号車が指定席、そのほかが自由席。1号車の売店では、ドリンクやオリジナルグッズが手に入る。検札時には乗車証明書がもらえ、これに売店にある記念スタンプを押すことができる。

車内の様子
自由席のなかには、6人掛けのボックス席と、大きな窓に向かって設置されたペア席がある。どの座席からでも味わい深い景観を楽しむことができる展望車両。両側の大きな窓から差しこむ光で、車内は明るい雰囲気

持って帰りたい 鉄道みやげ
車内限定オリジナルグッズは、ポストカードをはじめさまざまな商品を揃えている

富良野・美瑛ノロッコ号 nanoblock
愛らしいミニサイズのノロッコ号は乗車記念におすすめ

※参考商品になります

ポストカード

乗車記念に。カラフルなポストカードは3枚500円

感動
乗車体験!!
車窓一面のラベンダー！涼しい風と広大な景色

中富良野駅から上富良野駅間は左に花畑、右に大雪山系の山々が見えます。この区間は田畑や花畑に囲まれた場所で、線路の直線区間が続くため「これぞ北海道！」という風景に出会えます。アテンダントさんから記念乗車証がもらえますので、忘れずに！（ころふらさん／2014年8月乗車 ●フォートラベル「ころふら旅行記」）

色とりどりに染まる花の絨毯
四季彩の丘
しきさいのおか

美馬牛駅から 徒歩25分

広大な土地に四季の花が咲き乱れる。美瑛産の牛乳で作るソフトクリームなどを販売。併設のアルパカ牧場も必見。

☎ 0166-95-2758
🏠 北海道上川郡美瑛町新星第3

日本最大級のラベンダー畑
ファーム富田
ファームとみた

ラベンダー畑駅から 徒歩7分

ラベンダー観光の先駆け的な農園。春から秋まで色鮮やかな花々が広い敷地を埋め尽くす。ポプリなどの花グッズも販売。

☎ 0167-39-3939
🏠 北海道空知郡中富良野町基線北15号

富良野産ブドウで造るワイン
ふらのワイン工場
ふらのワインこうじょう

富良野駅から 車で10分

レンガ造りの建物が印象的な官営ワイナリー。ふらのワインの製造工程の見学や、試飲ができる。売店ではおみやげ探しを楽しみたい。

☎ 0167-22-3242
🏠 北海道富良野市清水山

絶品のオリジナルチーズ
富良野チーズ工房
ふらのチーズこうぼう

富良野駅から 車で10分

富良野産の牛乳で作ったチーズを販売。チーズやバター、アイスの手作り体験もできる(要事前申込)。

☎ 0167-23-1156
🏠 北海道富良野市中五区

TOWN INFO 旭川
あさひかわ

札幌に次ぐ道内第2の都市

北海道の中央部に位置する中核都市。こってりスープが特徴のラーメンが名物。旭山動物園など見どころも多いエリア。

TOWN INFO 美瑛
びえい

絵画のようなのどかな景観

ゆるやかな丘陵に広がる田園風景が魅力。CM撮影などにも使われる美景を眺めるために、多くの観光客が訪れる。

駅情報 美瑛駅
石造りの駅舎

美瑛の玄関口。石造りの駅舎は数々のCMなどにも採用された趣ある建物

駅情報 美馬牛駅
ドラマのロケ地に

小さな無人駅ながら、ドラマ「北の国から」のロケ地として人気の観光スポット

丘陵地帯の景色を楽しむため、列車が徐行する区間

「すり鉢」と呼ばれる28.6‰の急勾配。激しいアップダウンの線路は見もの

駅情報 ラベンダー畑駅
期間限定の臨時駅

ノロッコ専用の臨時駅として6月～10月下旬のみ営業

ファーム富田のラベンダー畑が初夏の大地を紫色に染める

噴火活動を続ける十勝岳が東方に見える

鮮やかな花畑のパノラマに感嘆する徐行区間

自然が生んだ幻想的風景
青い池
あおいいけ

美瑛駅から 道北バスで20分

美瑛近郊の白金の森の中にある。青い水をたたえる神秘的な池は、見る角度や季節によって、その美しさが変化する。

☎ 0166-92-4378(美瑛町観光協会)
🏠 北海道上川郡美瑛町白金

TOWN INFO 富良野
ふらの

ラベンダーが香る観光地

北海道を代表する観光都市。広々としたラベンダー畑とドラマ「北の国から」シリーズのロケ地としてよく知られる。

ガタゴトトロッコ旅 富良野・美瑛ノロッコ号

お泊まり情報　富良野駅周辺にはラグジュアリーな高級ホテルから格安で泊まれるビジネスホテルまで揃っている。

阿賀川を渡る第三大川橋梁の上でつかの間の停車。素晴らしい眺めを満喫

雄大でどこか懐かしい会津に会いに行く

会津鉄道
お座トロ展望列車
おざトロてんぼうれっしゃ

会津若松駅～会津田島駅(福島県)

壮麗な渓谷や心なごます交流、昔懐かしい風景に出会う

お座敷、トロッコ、展望車両の3両編成で走るイベント列車で、週末や夏休みなどの定期運行のほか、団体向けに貸切運行も行なっている。国鉄時代には、行き止まりのローカル線として利用者の少なかった会津線だが、野岩鉄道の開通により東武鉄道と接続し、一躍観光路線へと発展を遂げた。

現在は会津鉄道として、ユニークな観光列車をいくつか走らせているが、なかでも人気が高いのがお座トロ展望列車だ。

この路線のいちばんの魅力は阿賀川沿いの渓谷美。スピードよりも観光を重視した列車なので、とくに景観の美しい鉄橋上のビュースポットでは列車を一旦停車させ、アテンドによる案内とともに乗客に雄大な眺望を楽しませてくれる。また、芦ノ牧温泉駅ではネコ駅長の「ばす」と見習い駅員「らぶ」の愛くるしい"スタッフ"が歓迎してくれるサービスも。

RAILWAY INFORMATION

[運行日]2015年度は5月～翌3月までの土・日曜、祝日が中心。10月中旬から11月中旬までは平日も運行
[区間]会津若松駅～会津田島駅　[全長]45.1km
[所要]会津若松駅～会津田島駅約1時間20分～2時間(駅での停車時間による)　[本数]1.5往復(上り1本、下り2本、季節により異なる)　[編成]3両　[料金]会津若松駅～会津田島駅1970円(乗車券1660円＋トロッコ整理券310円)
[予約]1カ月前から会津鉄道有人駅、旅行会社などで販売
[運行会社]会津鉄道 URL www.aizutetsudo.jp

季節によって、沿線の見どころを組み合わせたウォーキング(イベント)を行なっています。とくに鉄橋とトンネル内を歩く「ワクワク・ドキドキウォーキング」はぜひ体験していただきたいです。(車掌：久保木さん)

▶会津田島駅へ…浅草駅から東武線で会津田島駅へ約3時間30分、ほか
※実際の運行情報とは異なる場合がありますので、ご乗車の際は事前にご確認ください。

ガタゴトトロッコ旅 / お座トロ展望列車

一番端の展望車両には展望席が設けられている。会津若松方面に向かうときは前面展望を、会津田島方面に向かうときは過ぎゆく景色を眺める背面展望に変わる。

Ozatoro Train

満開の桜が彩る湯野上温泉駅付近。トロッコ車内に桜吹雪が舞い込むことも

左 爽やかな風を感じるトロッコ車両は大人気
下 貸切で花見の宴会を楽しむのも面白い

列車案内
RAILWAY VEHICLES

お座敷車両

夏はお座敷、冬場は掘りごたつと2つのタイプを楽しめるお座敷列車。貸切列車としての予約もできるため、名物列車を宴会会場として利用することもできる

最大の特徴は、お座敷車、トロッコ車、展望車の3つの車両で編成されているところ。車両は指定で、どの列車に乗るかをあらかじめ選んでチケットを買う。冬は掘りごたつタイプのお座敷列車、夏は開放的なトロッコ列車と、季節に合わせて選びたい。

君ノ牧温泉駅の名誉駅長「ばす」

トロッコ車両

夏には窓を取り外し開放的に。爽快な風とともに雄大な景色のなかを走行する

期間限定のイベント

夏のビール列車、冬のほろ酔い列車など、特別イベント列車として運行することも

トンネルシアター

トンネルシアターには吾輩も出演しているニャー

トンネルの多さを逆手にとって、トロッコ車両にはトンネルの壁面を利用して、アニメーションなどを映し出す日本初の仕掛けが隠されている。まるで映画館のよう

鉄道みやげ
持って帰りたい

車両の一角に設けられたコーナーでおみやげを探そう

名誉駅長「ばす」のはがきなど、オリジナルグッズはじめ、会津の地場産品、ビール、ジュース、おつまみなどを販売する。

アテンドさんが絶景ポイント紹介したり、車内販売を行なう列車もある

お座トロ展望列車
沿線のみどころ

阿賀川がつくり出すダイナミックな渓谷の眺望に圧倒されつつ、古き良き時代の名残を残す大内宿や湯野上温泉駅の茅葺き屋根の駅舎など、心なごむ風景にも出会える。

1泊2日のモデルプラン

1日目	12:22	お座トロ展望列車に乗り会津田島駅を出発。出発まで余裕があれば南会津ふるさと物産館にて買物を楽しむ。
	13:39	会津若松駅に到着。鶴ヶ城など、白虎隊ゆかりの地を巡り、この日は東山温泉に宿泊。
2日目	9:40	お座トロ展望列車に乗り会津若松駅を出発。
	10:30	湯野上温泉駅にて22分間停車。駅構内の足湯「親子地蔵の湯」にて休憩。
	11:02	塔のへつり駅下車。徒歩で塔のへつりへ、その後タクシーで大内宿へ向かう。お昼に大内宿名物「ねぎそば」を食べ湯野上温泉駅に戻る。
	13:36	会津鉄道快速にて湯野上温泉駅を出発。会津田島駅から帰路につく。
おまけ		湯野上温泉駅で途中下車して大内宿へ行く場合は、列車とバスがセットになったお得な切符もある。

感動
乗車体験!!

心に残るのは職員さんの温かいおもてなしです

トロッコ車両は猫のキャラクター満載！昔懐かしい円筒形のポストが設置されていたり（しかも投函すると猫の絵入り消印が押されます）、トンネルシアターがあったりと、とても楽しい雰囲気でした。また、塔のへつり駅へ向かうあたりの川沿いは碧い水面がとても美しいので必見です。
（mikkさん／2014年5月乗車●ブログ「音甘映画館」）

赤瓦が美しい名城
鶴ヶ城
つるがじょう

会津若松駅から ▶車で8分

難攻不落と讃えられ、戊辰戦争では1カ月に及ぶ籠城戦に耐えた。内部は博物館になっており、天気の良い日には磐梯山も一望できる。

📞 0242-27-4005（鶴ヶ城管理事務所）
🏠 福島県会津若松市追手町1-1

数々の伝説が残る会津の秘湯
湯野上温泉
ゆのがみおんせん

湯野上温泉駅から ▶徒歩すぐ

古くから豊富な湯量と渓谷沿いの雄大な眺めで知られる温泉街。泉質はアルカリ単純泉で美肌や疲労回復に効くといわれる。

📞 0241-68-2920（下郷町観光協会）
🏠 福島県南会津郡下郷町湯野上

TOWN INFO 会津若松
あいづわかまつ

白虎隊のふるさと
戊辰戦争の折、飯盛山にて散った年若き少年たちの忠義と悲運の物語は多くの人々の胸を打ち、現在まで語り継がれている。会津若松で彼らの足跡を訪ねよう。

車窓から会津のシンボルである鶴ヶ城と磐梯山が楽しめる

駅情報 湯野上温泉駅
足湯休憩ができる
全国でも珍しい茅葺き屋根の駅舎で、足湯が併設されている。地元の「金子牧場」で作る「じゅうねんアイス」がおすすめ。駅で販売

茅葺き屋根の建物が並ぶ宿場町
大内宿
おおうちじゅく

湯野上温泉駅から ▶車で10分

江戸時代から関東と会津を結ぶ下野街道の交通の要衝であり、宿場町として栄えた。当時の街並みが保存された風情ある観光地。

📞 0241-68-3611（大内宿観光協会）
🏠 福島県南会津郡下郷町大内山本

高さ60mの深沢橋梁にて一旦停車。雄大な渓谷美が望める

停車ポイントの第三大川橋梁。全長124mもある橋の下に阿賀川が流れる

湯野上温泉駅の周辺にはソメイヨシノなど約30本の桜が植えられている

停車ポイントの第五大川橋梁。10月下旬〜11月中旬に紅葉の見頃を迎える

ほおずきを使ったシリーズが人気
南会津ふるさと物産館
みなみあいづふるさとぶっさんかん

会津田島駅から ▶徒歩10分

地元の物産品を販売する地産池消の直売所であり、南会津地域の観光情報を発信するアンテナショップとしての面も持つ。

📞 0241-63-3055
🏠 福島県南会津郡南会津町田島宮本東41-1

国指定天然記念物の渓谷
塔のへつり
とうのへつり

塔のへつり駅から ▶徒歩5分

長い年月をかけて浸食と風化を繰り返し、見事な景観をつくりあげた大川渓谷きっての景勝地。へつりとは険しい崖の意味。

📞 0241-68-2920（下郷町観光協会）
🏠 福島県南会津郡下郷町

お泊まり情報　沿線周辺には、新選組の土方歳三、伊藤博文、与謝野晶子などに愛された東山温泉や、湯野上温泉、芦ノ牧温泉と湯処が豊富。

渓谷の自然とトロッコ列車に癒される

わたらせ渓谷鐵道
トロッコわたらせ渓谷号
トロッコわたらせけいこくごう

大間々駅(群馬県)〜足尾駅(栃木県)

オープンタイプの車両はダイナミックな景色と爽快な風が感じられる

大間々から足尾の山あいを走る。新緑、夏の渓谷風景、紅葉…、いずれのシーズンも素晴らしい眺め

定員制(180名)。トロッコ整理券の事前購入が必要。座席について：下りの「トロッコわたらせ渓谷3号」は当日午前9時から先着順に大間々駅窓口でトロッコ車両の座席指定を行なう。上りの「トロッコわたらせ渓谷4号」は全席自由席。

左 高津戸峡をはじめ沿線は紅葉の名所で、秋季の景観はとくに見事だ
右 木のテーブルと椅子が並ぶ、ナチュラルな内装の車内

ガタゴトトロッコ旅
トロッコわたらせ渓谷号

Watarase Keikoku Truck Train

近代化に向けて駆け抜けた時代の面影を感じて

　1910(明治43)年代に足尾銅山の銅輸送用に敷設された足尾鉄道(のちの国鉄足尾線)を、第三セクターのわたらせ渓谷鐵道が引き継いで、1998(平成10)年から運行しているトロッコ列車。足尾鉄道時代には長いトンネルや橋梁を設置する技術がなかったため、線路は渡良瀬川に沿って蛇行して敷設された。銅輸送の役目を終えた今は、自然あふれる渓谷美を堪能できる観光鉄道として活躍している。

　開放的なトロッコ列車から眺める渡良瀬川沿いの景観は、渓流に滝や橋、草花に木々と変化に富み飽きることはない。また、沿線に点在する登録有形文化財に指定された38の鉄道施設はどれも趣深く、足尾銅山など産業遺産も見どころ。

　まるで近代化に邁進した時代を労るかのように、美しい渓谷の風景のなかをトロッコ列車はゆったりと走り抜けていく。

RAILWAY INFORMATION

[運行日]4～11月の土曜・休日、紅葉シーズンの一部平日
[区間]大間々駅～足尾駅　[全長]35.5km
[所要]大間々駅～足尾駅約1時間40分　[本数]1往復
[料金]大間々駅～足尾駅1440円(乗車券930円＋整理券510円)　[予約]1カ月前の11時からわたらせ渓谷鐵道の主要駅、JR東日本の窓口、旅行会社などで販売。2週間前～前日までは大間々駅にて電話予約受付あり(わたらせ渓谷鐵道 大間々駅 ☎0277-72-1117)
[運行会社]わたらせ渓谷鐵道　www.watetsu.com

とくにおすすめの区間は、上流の沢入駅～原向駅間。白い御影石と真っ赤な紅葉、エメラルドグリーンの川面のコントラストがじつに鮮やかです。紅葉の絶景ポイントとして知られていますが、春先の新緑もきれいなんですよ。(わ鐵アテンダント)

▶大間々駅へ…上野駅から上越新幹線で高崎駅へ約45分、両毛線に乗り換え桐生駅へ約50分、わたらせ渓谷鐵道に乗り換え大間々駅へ約20分、ほか
※実際の運行情報とは異なる場合がありますので、ご乗車の際は事前にご確認ください。

トロッコ車両
窓ガラスがないおかげで、川沿いの澄み切った空気や渓谷の爽やかな風が満喫できる。天井があるので少々の雨なら問題ないが、雨具や防寒着があると安心

列車案内
RAILWAY VEHICLES

列車は機関車と客車の計5両編成。窓ガラスのないトロッコ車両(下りは指定席、上りは自由席)は2号車と3号車で、1号車と4号車は普通客車(自由席)だ。風雨が激しい場合などは、トロッコ車両から普通客車に移動することもできる。

わたらせ渓谷のマスコット
わ鐵のわっしー

登録有形文化財
レールを再利用した支柱に巨大な鉄筋コンクリートの樋がのった構造物、吉ノ沢架樋。雨水や土砂が線路に流れ込むのを防ぐために造られたもの

イルミネーション
神戸駅〜沢入駅間の草木トンネル内を走行中の約10分間、トロッコ車両の天井に施された約1万2000球のLED電球によるイルミネーションが点灯する

車内販売
撒くすべり止めの砂入りで「人生にすべらない」

わ鐵だるま
わたらせ渓谷鐵道のイメージカラー「あかがね色」のオリジナルだるま、890円

わ鐵のお守り
伝統の桐生織のお守り袋に、わたらせ渓谷鐵道の車両をデザイン。絵柄は4種で各510円

Column
冬も走るわっしー号

2012(平成24)年に誕生したトロッコわっしー号は一般車とトロッコの2両編成。通年運行で、週末は1日に1〜2往復、桐生駅から間藤駅間を走る。冬季は窓にガラスを取り付けて走るので、ひと味違った冬の渡良瀬川の風景も見物。

トロッコわたらせ渓谷号
沿線のみどころ

登録有形文化財の38の鉄道施設のほか、温泉やレストランなど一風変わった駅もある。行きに気になる駅をチェックし、帰りに途中下車してゆっくり立ち寄ろう。

1泊2日のモデルプラン

1日目
- **9:00** 桐生駅から普通列車で大間々駅へ。座席指定後は発車まで、高津戸峡で遊歩道を散策。
- **10:54** トロッコわたらせ渓谷3号で大間々駅発。発車時に車内販売のトロッコ弁当930円を購入。
- **12:27** 足尾駅に到着。構内で登録有形文化財の駅本屋などを見学。
- **13:31** 足尾駅発の上りで通洞駅へ。徒歩で足尾銅山観光到着。見学後は、駅からの送迎バス(要予約)が便利な足尾温泉の国民宿舎に宿泊。

2日目
- **11:06** 通洞駅発上りで神戸駅に11:29着。レストラン清流で昼食を。
- **12:54** 神戸駅発上りで、午後をお好みの駅やスポットで過ごしつつ桐生駅へ。

おまけ わたらせ渓谷鐵道の終点間藤駅まで行くと、国鉄足尾線の廃線跡が見られる。ときには野生のカモシカにも会える。

感動
乗車体験!!
車内からしか見えない汽車見の滝の迫力に驚き

小中駅〜神戸駅間に一瞬見える「汽車見の滝」。細い滝ですが落差が大きく、車窓からの近さに圧倒されました。また、桜や花桃などの並木に彩られる美しい駅が多く、4月上旬の花の時期の乗車がおすすめです。眺望の良い席に座りたいなら始発駅で少し早めに並ぶとよいと思います。(いかさまさん/2015年3月乗車●ブログ「いかさまトラベラー」)

トロッコで全長700mの薄暗い坑道に入っていく

ガタゴトトロッコ旅 — トロッコわたらせ渓谷号

TOWN INFO 足尾（あしお）
「日本一の鉱都」の光と影

最盛期には国内銅産出量の4割を占め日本の近代化を支えた栄えある足尾銅山だが、付近の煙害や鉱毒被害の原因にもなった。

渓谷の自然美と対照的な足尾銅山の負の一面、禿山の姿も心に刻みたい

日本最大の銅山の様子を再現
足尾銅山観光（あしおどうざんかんこう）

通洞駅から 徒歩5分

閉山した足尾銅山の坑道跡を利用した観光施設で、坑内では辛く厳しい銅鉱採掘の様子を年代ごとにリアルな人形で再現している。銅資料館など3つの資料館も併設。

☎0288-93-3240
🏠栃木県日光市足尾町通洞9-2

神戸駅構内にある列車でランチ
レストラン清流（レストランせいりゅう）

神戸駅 駅構内

東武日光線で活躍したデラックスロマンスカー「けごん」の客室がレストランに。地元産舞茸の舞茸ごはん定食や、トロッコ列車の手拭い付のやまと豚弁当は必食。

☎0277-97-3681
🏠群馬県みどり市東町神戸886-1 わたらせ渓谷鉄道神戸駅構内

美しいと評判の渓谷の絶景が広がるハイライト

全長5.2kmの草木トンネル内ではイルミネーション点灯

駅情報 水沼駅
駅で温泉を楽しむ

駅舎と温泉が一体となった珍しい施設。露天風呂でくつろごう

古名瀬（こじせ）渓谷と呼ばれる美しい風景。紅葉スポットとしても知られる

落差の大きい汽車見の滝が車窓から眺められる

駅情報 上神梅駅
趣深い木造駅舎

上神梅駅は駅本屋とプラットホームそのものが登録有形文化財になっている

木造校舎の懐かしい雰囲気
旧花輪小学校記念館（きゅうはなわしょうがっこうきねんかん）

花輪駅から 徒歩3分

1873（明治6）年開校の歴史ある校舎が記念館に。卒業生には、「うさぎとかめ」の作詞で有名な石原和三郎がいる。

☎0277-97-2622
🏠群馬県みどり市東町花輪191

織物産業近代化の遺産
旧曽我織物工場（きゅうそがおりものこうじょう）

桐生駅から 徒歩20分

1922（大正11）年築、1970（昭和45）年頃まで織物の操業をしていた大谷石造り5連の鋸屋根工場を外観のみ公開。

☎0277-46-1111（桐生市文化財保護課）
🏠群馬県桐生市本町1-7-15

ここから本格的な渓谷の景色が広がる

トロッコわっし一号は桐生駅から発車する

TOWN INFO 桐生（きりゅう）
伝統ある絹織物の地域

特産の桐生織で知られ、江戸時代には工場制手工業の先駆けに。近代には工場制機械工業を導入し、織物産業の最盛期を築いた。

新緑と紅葉シーズンが人気
高津戸峡（たかつどきょう）

大間々駅から 徒歩6分

"関東の耶馬渓"とも讃えられ、春の新緑や渡良瀬川両岸の紅葉が映える秋の景観は素晴らしい。遊歩道もある。

☎0277-76-1270（みどり市観光課）
🏠群馬県みどり市大間々町高津戸

お泊まり情報 本宿駅から送迎ありの梨木温泉の旅館もおすすめ。また、桐生駅付近にはホテルが多数点在する。

四万十川の流れを眺めながら

JR四国
しまんトロッコ

窪川駅(高知県)〜宇和島駅(愛媛県)

爽やかな風を受けて清流沿いをのどかに走る

　2013(平成25)年にデビューしたしまんトロッコは、普通車両とトロッコ車両の2両編成。車両は、国鉄初の貨車を改装したトロッコ列車として、1984(昭和59)〜2013(平成25)年まで運行していた清流しまんと号をリニューアルしたものだ。

　デザインは、数多くの観光列車を手がけてきた水戸岡鋭治氏。車両は、周囲の緑に映える山吹色に塗り替え、木肌の質感を生かすことで、車両の持つ素朴さと楽しさを表現している。

　トロッコ車両に乗車できる区間は、宇和島駅発のしまんトロッコ1号は土佐大正駅まで、窪川駅発のしまんトロッコ2号は江川崎駅までの区間となっている。高知県内は四万十川沿いを走り、とくに土佐大正駅から江川崎駅の区間では蛇行する四万十川を数回渡り、沈下橋もよく見えるため、美しい風景を写真におさめる乗客も多い。

RAILWAY INFORMATION

[運行日]3〜11月の土・日曜、祝日が中心
[区間]窪川駅〜宇和島駅(トロッコ乗車区間は1号が窪川駅〜江川崎駅、2号が宇和島駅〜土佐大正駅)
[距離]窪川駅〜宇和島駅82.2km
[所要]窪川駅〜江川崎駅約1時間30分、宇和島駅〜土佐大正駅約2時間30分
[本数]2本
[編成]2両
[料金]窪川駅〜宇和島駅2370円
(乗車券1850円＋指定席券520円)
[予約]1カ月前の10時からJRの窓口、旅行会社などで販売
[運行会社]JR四国　www.jr-shikoku.co.jp

▶窪川駅へ…新大阪駅から山陽新幹線で岡山駅へ約1時間、土讃線に乗り換え窪川駅へ約3時間50分、ほか

※実際の運行情報とは異なる場合がありますので、ご乗車の際は事前にご確認ください。

日本の名水百選に選ばれた清流四万十川と寄り添うように走る

ガタゴトトロッコ旅　しまんトロッコ

Shiman Torokko

宇和島駅発のしまんトロッコ2号の江川崎駅から土佐大正駅の区間では、地元の食材を使ったおむすびやお菓子の販売を行なう。四万十川の景観を案内するガイドが乗車することもある。

しまんトロッコのほかにも、予土線にはユニークな観光列車が走る（吉野生駅の様子）。左の列車は鉄道ホビートレイン（→P.162）

四万十川には欄干がなく、増水時に川に沈むよう設計された沈下橋が架かる

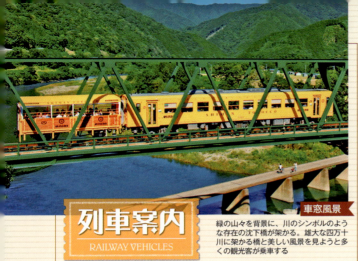

車窓風景
緑の山々を背景に、川のシンボルのような存在の沈下橋が架かる。雄大な四万十川に架かる橋と美しい風景を見ようと多くの観光客が乗車する

列車案内
RAILWAY VEHICLES

露天の貨車を改造して、簡単な屋根と木製の4人掛けのボックス席を設置。防雨・防寒のためのシートも設置されているので、雨の日でも快適だ。トロッコ車両ならではの振動を体験したり、独特の走行音にも耳を傾けてみるのも楽しい。

トロッコ車両の外観
四万十川や田園風景のなかでひと際映える山吹色の車両に、貨車特有の木肌の質感を生かしたデザイン

トロッコ車両の車内
川風が吹き抜ける開放的な車内では、どこからでも沿線の眺めが楽しめる。屋根の山吹色と木製のテーブルやベンチがぬくもりのある空間を演出している

Column
予土線3兄弟

しまんトロッコを含め、予土線には3種類の観光列車が走る。0系新幹線をイメージした鉄道ホビートレインは、車内に鉄道模型が展示されている。海洋堂ホビー館四万十のオープンに合わせて運行を開始した海洋堂ホビートレインは、フィギュアの展示や宇宙、恐竜のイラストが楽しめる。

しまんトロッコ
沿線のみどころ

四万十川の豊かな自然を感じ、新たな観光スポットである海洋堂のミュージアムを訪れたい。城下町の風情が残る宇和島では散策や郷土料理、闘牛を楽しみたい。

1泊2日のモデルプラン

1日目	11:39	特急南風3号（アンパンマン列車→P.226）に乗車して、高知駅を出発。
	14:14	窪川駅からしまんトロッコ1号に乗車。江川崎駅でトロッコ車両とお別れ。牽引車の車両にに移動し、宇和島へ。
	16:46	宇和島駅に到着。宇和島鯛めしなどの郷土料理をいただき、駅周辺で宿泊。
2日目	11:37	早起きして宇和島城を見学したあと、宇和島駅を出発。江川崎駅で下車して、沈下橋がかかる四万十川沿いを散策。
	13:25	打井川駅に到着。タクシーで海洋堂ホビー館四万十へ。フィギュアの世界を堪能。
	17:31	打井川駅を出発。予土線窪川駅で高知駅方面に向かう。
おまけ		宇和島駅から北に向かう予讃線に乗車し、伊予大洲駅で伊予灘ものがたり（→P.48）に乗り換えることもできる。

闘う牛の迫力と技に注目
市営闘牛場
しえいとうぎゅうじょう

宇和島駅から　徒歩15分

直径20mの土俵で巨大な牛がぶつかりあい、20分を超える取り組みもある。年5回の定期大会以外はビデオで観戦できる。
☎0895-25-3511
住 愛媛県宇和島市和霊町496-2
※2015年12月まで改修工事につき観光闘牛は休み。定期闘牛大会は通常開催

新たなフィギュアの聖地へ
海洋堂ホビー館 四万十
かいようどうホビーかん しまんと

打井川駅から 車で10分

世界的なフィギュアメーカーの海洋堂のミュージアム。四万十の山奥にある廃校を改築した館内には、プラモデルやフィギュアが所狭しと並ぶ。

☎0880-29-3355
🏠高知県四万十町打井川1458-1

日本が誇る美しい大河
四万十川
しまんとがわ

高知県西部を流れる大河。沈下橋をはじめ川の流域は日本の原風景ともいえる美しい風景が続く。カヌーやサイクリング、川遊びなどアウトドアスポットも多い。

☎0880-35-4171（四万十市観光協会）

駅情報 松丸駅
足湯に浸かれる
温泉施設が併設されており、駅構内の2階に無料の足湯コーナーがある

水田地帯を走る列車で人気の撮影地

車窓からはみかん畑が見える

四万十川に沿って走る

鉄道と沈下橋が一緒に撮れるスポットが点在する

しまんトロッコ2号のトロッコ区間はここまで

しまんトロッコ1号のトロッコ区間はここまで

TOWN INFO 宇和島
宇和海の恵みを堪能する

9代にわたる伊達藩の藩政が続いた城下町で、その文化遺産が点在する。鯛めし、じゃこ天、伊予さつまなど郷土料理も豊富にある。

駅情報 江川崎駅
日本一暑い駅？
2013年夏に日本最高気温41.0℃を記録したことにちなんでつけられた

「釣りバカ日誌14」のロケ地としても有名

四万十川最下流で最長の沈下橋

ループ線で山を登る

窪川～若井間は土佐くろしお鉄道中村線の区間になる

ガタゴトトロッコ旅 しまんトロッコ

宇和島の街と海が一望できる
宇和島城
うわじまじょう

宇和島駅から 徒歩25分

伊達政宗の長庶子・秀宗の入城から伊達家の居城となった。天守までの登城道は草木に囲まれた石段の道になっている。

☎0895-22-2832
🏠愛媛県宇和島市丸之内1

この体験が面白い！
全身を使って渓谷を楽しむ
滑床渓谷でキャニオニング
なめとこけいこく

▶ 滑床渓谷
滑床渓谷は四万十川の源流のひとつで、絶好のキャニオニングスポット。水流に身を任せて滑ったり、滝壺へ飛び降りたりして、満喫できる。状況で楽しみ方も変わり、水量が多いときはスリルが増し、水量が少ないときはたくさんのポイントで楽しめる。

フォレストキャニオン
☎0895-49-6663
🏠愛媛県北宇和郡松野町目黒滑床渓谷 万年荘

お泊まり情報　始発駅の窪川駅と宇和島駅周辺にホテルは多い。沿線には温泉宿や民宿が点在している。

高千穂橋梁を越えてゆけ！
スーパーカート

鉄道博物館のヒストリーゾーン。36両の列車がずらりと並ぶ様子はなかなかの迫力。展示のなかには、皇室が利用した御料車などもある

高千穂の風と絶景を楽しむ30分間は家族旅行客に人気

2両合わせて最大で20〜24人ほどの乗客を乗せて走る

気分爽快！絶景を見
線路は僕たち

かつて列車が走っていた線路を活用したスリル満点のアクティビティをご紹介。

高千穂の風を感じるスーパーカートで2つのトンネルと雄大な景色を楽しむ

　日本神話ゆかりの地・高千穂は延岡から車で40分ほど走った山中にある。2005（平成17）年に台風被害に遭い廃線となった線路を利用して、高千穂駅から天岩戸駅の間に「スーパーカート」を走らせているのが高千穂あまてらす鉄道だ。
　軽トラックを改造した2つの車両「雲海号」「天空号」は、緑に包まれた美しい景色のなかを時速15kmほどでゆっくりと走っていく。途中の2つのトンネル内では、ひんやりとした空気を肌で感じ、またイルミネーションも楽しめる。
　ハイライトは高千穂橋梁越え。水面から105mもの高さに架かる橋の上を、屋根も壁もないスーパーカートで渡るときの緊張と興奮は、乗車した人にしかわからないだろう。

高千穂町との取り決めで、高千穂橋梁まで運行できる日は限られており、通常は手前の天岩戸駅で折り返しとなる

高千穂あまてらす鉄道
RAILWAY INFORMATION

[運行日]木曜を除く毎日（木曜は車両点検のため運休）、荒天時運休あり。詳細はHPで確認　[区間]高千穂駅〜天岩戸駅または高千穂橋梁（不定期）　[距離]往復4.4km（〜高千穂橋梁は5km）　[所要]高千穂駅〜高千穂橋梁約30分　[本数]10本（悪天候の場合は運休）　[料金]環境整備費100円、スーパーカート維持管理費1200円、小・中学生700円、未就学児300円　[問い合わせ]高千穂あまてらす鉄道 ☎ 0982-72-3216 🌐 www.torokko.jp
▶高千穂駅へ…JR延岡駅から宮崎交通バスで約1時間30分、高千穂下車徒歩7分、ほか

※実際の運行情報とは異なる場合がありますので、ご乗車の際は事前にご確認ください。

気分は列車の運転士！ガッタンゴー

自分の足でペダルを漕いで、線路の上を駆け抜ける

TOPICS 線路は僕たちの永遠の宝物

TOPICS
ながら楽しもう！
の永遠の宝物
RAILWAY ACTIVITIES

毎年4月20日前後に満開となる、沿線の桜並木が美しい

年に一度(6月上旬)に枕木交換会のイベントを開催。めったにできない体験に、子供たちも夢中

線路の上を自転車で進む新感覚！
その名もレールマウンテンバイク！

　奥飛騨の山あいにある鉱山の町・飛騨市神岡町で、2006(平成18)年に地元住民に惜しまれながら廃線となった神岡鉄道。その鉄道資産をそのままの形で未来に保存すること、鉄道資産を取り巻く街の姿を子供たちに語り継ぎたいという想いのもとに、地元有志らが残されたレールを利用して考案した新しい乗物が「レールマウンテンバイク」だ。

　地元鉄工所製のオリジナルのガイドローラー付メタルフレームにマウンテンバイク2台を固定した構造で、後輪タイヤがレールに接地しペダルを漕ぐと安全かつスムーズに前進。レールの継ぎ目では「ガッタンゴットン」という振動と音の余韻を楽しめる。2人漕ぎのほか、シートやトロッコ、サイドカー付など種類も豊富だ。

NPO法人 神岡・町づくりネットワーク
RAILWAY INFORMATION

[運行日]4月上旬～11月中旬(お盆・GWを除く水曜休)
[区間]旧奥飛騨温泉口駅～旧神岡鉱山前駅　[距離]往復6km
[所要]約1時間10分　[本数]平日5本、土・日曜、祝日8本(10・11月は7本)　[料金]ハイブリット車(2人漕ぎ)2人で3000円、ほか　[問い合わせ]レールマウンテンバイク事務局(事前予約優先制)　090-7020-5852　rail-mtb.com

▶旧奥飛騨温泉口駅へ…東海北陸道飛騨清見ICから車で55分、奥飛騨温泉郷から50分、富山市内から1時間20分、ほか

郷愁ではなく未来のために、線路を守るということ
高千穂あまてらす鉄道のこれから

台風被害で廃線となった高千穂の線路を復活させることは
五ヶ瀬川・高千穂の暮らしや文化を守ること。小さな鉄道会社の挑戦。

五ヶ瀬川に寄り添うように走る列車

　宮崎を代表する工業都市・延岡と神話の里・高千穂。今、地図で確認することは難しいが、この2つの地域は、国鉄時代から高千穂線で結ばれていた。地元の人々の通勤・通学列車として、また高千穂峡や天岩戸神社を訪れる旅行者の足としても活躍する観光路線でもあった。

　線路と並行して流れる五ヶ瀬川は、鮎梁や鮎釣りのメッカとしても知られる清流で、川を縫うように随所に鉄橋が架けられていた。なかでも岩戸川(五ヶ瀬川支流)に造られた、水面からの高さが105mある高千穂橋梁は建築当時は東洋一の高さで、沿線住民の誇りであった。橋梁からの眺望を楽しめるようにと、通過中列車は徐行運転を行なっていたという。

　1987(昭和62)年の国鉄民営化を機に、第3セクターの高千穂鉄道が同区間を引き継ぐ。「トロッコ神楽号」を運行するなど、観光路線としてさらに力を入れ、人気を集めていた。

　ところが、2005(平成17)年9月、各地に甚大な被害をもたらした台風14号により、2つの鉄橋が崩落するなど、高千穂鉄道も想像を絶する被害を受けてしまう。復旧の術を探るも、被害の大きさや将来性を踏まえ、高千穂鉄道は復旧・運行再開を断念することになる。

高千穂橋梁を越えて、その先へ

　その一方で、2006(平成18)年、地元有志や商工・観光関係者らが神話高千穂トロッコ鉄道を立ち上げていた。高千穂鉄道から引き継ぐ形で、被害の少なかった高千穂駅〜日之影温泉駅間の部分復旧をめざしたが、資金面や鉄道事業に関する許認可など立ちはだかる壁は高く、計画は暗礁に乗り上げてしまう。

　でも諦めない。「山と渓谷に腹をこすりつけて生き抜いてきた知恵と経験」があるから、と同社社長の髙山文彦さんは言う。神話高千穂トロッコ鉄道は、公募により決定した「高千穂あまてらす鉄道」として、名称・組織を一新。高千穂駅〜日之影温泉駅間を鉄道公園としての指定を受けることで、生まれ変わりをめざすことになった。

　線路沿いの草刈りから始めた汗だらけの活動。人力トロッコ、50cc保守用カートの運行など、数年に及ぶ試行錯誤を経て、台風被害から8年後の2013(同25)年夏、スーパーカートで高千穂橋梁を渡ることに成功。高千穂駅を出発し、トンネルを抜けた先に広がる高千穂の渓谷美。これほどの絶景路線は、なかなか見あたらないだろう。

　軽トラックを改造した「雲海号」「天空号」の2両編成は、スーパーカートという名前とはうらはらに、故障による運休のみならず、雨天時や強風時は運休せざるをえない日も少なくない。もどかしい日は続くが、年々多くの人が高千穂を訪れ、カートからの眺望に感動するという。

　この先、約3kmのトンネルくぐり、深角駅、影待駅を経て日之影温泉駅まで到達できることを願わずにはいられない。

夢を乗せて走るSL

最新技術でどんどん列車が進化していても、SLの人気は衰えない。
子供から大人まで、"乗り"から"撮り"まで、ファンもさまざま。
夢とロマンが詰まったSLに乗って、旅にでかけよう！

SL銀河 JR東日本 … 168

SLかわね路号 大井川鐵道 … 174

SLやまぐち JR西日本 … 178

SLばんえつ物語 JR東日本 … 182

SLパレオエクスプレス 秩父鉄道 … 186

SLもおか 真岡鐵道 … 187

SLみなかみ JR東日本 … 187

『銀河鉄道の夜』の舞台を駆ける

JR東日本
SL銀河
エスエルぎんが

花巻駅〜釜石駅（岩手県）

排煙しながら走るSL銀河。乗車するだけでなく、写真を撮りに全国から人が集まる

夢を乗せて走るSL

SL銀河

169

宮守駅付近のめがね橋を渡る。橋は夜間にライトアップされる

トンネル内では煙が車内に入ってくることがあるので、窓は閉めておくとよい。途中、遠野駅で給水などの作業のため、1時間ほど停車するが、駅からは離れないほうがよい。

左 車内はどこか懐かしくも、しっかりとしたつくりで贅沢な雰囲気
右 ステンドグラスなど、物語の世界観が表現されたインテリアデザイン

SL Ginga

幻想的なSL列車で物語『銀河鉄道の夜』の世界へ出発

　前身である岩手軽便鉄道が『銀河鉄道の夜』のモデルになったといわれる釜石線で、2014(平成26)年4月から定期運行を開始したSL銀河。先頭を牽くSLは、1940(昭和15)年から30年間運行していたものの、廃車となり岩手県の公園で展示保存されていたC58形239号だ。復興支援と地域活性の一環として、4両の旅客車を牽引する蒸気機関車として復元、現役に復帰させた。

　客車の外装には、夜明けをイメージした青のグラデーションを背景に、はくちょう座やさそり座など、物語に登場する星座たちが金色で描かれる。こちらのデザインを手がけたのは、北陸新幹線のE7系電車も手がけたことで知られる奥山清行氏だ。

　車内の見どころを楽しみつつ、宮沢賢治の物語の舞台ともなった風景に思いを馳せていると、約4時間30分もの乗車時間もあっという間に感じられる。

RAILWAY INFORMATION

[運行日] 4月下旬～11月下旬の土・日曜、祝日が中心
[区間] 花巻駅～釜石駅
[全長] 90.2km
[所要] 花巻駅～釜石駅約4時間30分
[本数] 1本(土曜は上り、日曜は下りが中心)
[編成] 4両(客車)
[料金] 花巻駅～釜石駅2480円(乗車券1660円＋指定席券820円)
[予約] 1カ月前の10時からみどりの窓口、旅行会社などで販売
[運行会社] JR東日本  www.jreast.co.jp

▶花巻駅へ…東京駅から東北新幹線で北上駅へ約2時間45分、東北本線に乗り換え花巻駅へ10分、ほか
※実際の運行情報とは異なる場合がありますので、ご乗車の際は事前にご確認ください。

列車案内
RAILWAY VEHICLES

客車座席
暖かな光が差しこむ車内は、シンプルながら豪華で洗練されている。座席のほか、フリースペースも多い

プラネタリウム
上映は10分ほどで1回で10名まで鑑賞できる（無料）。受付で開始時間の書かれた予約券をもらおう

宮沢賢治が生きた大正から昭和をイメージして作られたレトロ調の車内は、暖かな色使いでどこか懐かしい雰囲気。国内初となる列車内の小型プラネタリウムや宮沢賢治ギャラリー、ショップなど車内の見どころも豊富で、思わず座席を離れて車内を歩きまわってみたくなる。

宮沢賢治が生きてきた時代
その世界観を表現した車両

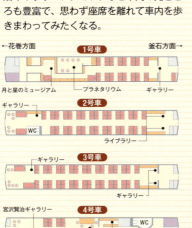

←花巻方面　1号車　釜石方面→
月と星のミュージアム　プラネタリウム　ギャラリー

ギャラリー　2号車
WC　ライブラリー

ギャラリー　3号車
ギャラリー

宮沢賢治ギャラリー　4号車　WC
SLギャラリー　ショップ

ギャラリー

車両ごとに異なる資料が展示されているギャラリー。水彩画、模写原稿などの資料を通して、賢治の多彩な才能の一端を見ることができる

鉄道みやげ
4号車では、おみやげのほか地ビールなどのドリンクやおつまみも！

SL銀河 C58 239
岩手の銘菓「かもめの玉子」からSL銀河バージョンが登場！石炭をイメージし、ビターチョコクリームとカステラ生地をスイートチョコでコーティング

4号車・SLギャラリー
4号車にあるSLギャラリー。C58形239号が、42年ぶりに動態復元されるまでを記録した写真が見られる

夢を乗せて走るSL　SL銀河

SL銀河
沿線のみどころ

宮沢賢治の生まれ育った花巻、『遠野物語』で知られる遠野など、物語や昔話の世界を通じて、東北の文化や自然が感じられる。釜石では、三陸の海の幸も楽しみたい。

1泊2日のモデルプラン

1日目	10:37	SL銀河に乗り、花巻駅を出発。SLは10:25頃から入線しているので、撮影するならそれに合わせて駅に向かおう。
	15:07	釜石駅に到着。駅から出ているバスに乗り、白亜の釜石大観音へ。胎内巡りも含め、見学の所要時間は50分程度。
	17:47	釜石駅に戻ってきたら、今度は釜石線を折り返して、遠野駅へと向かう。
	18:49	遠野駅に到着。この日は、駅周辺の宿に滞在。
2日目	9:00	とおの物語の館を見学。語り部の実演や展示で、『遠野物語』の世界を堪能。
	12:00	昼食後、バスに乗り遠野ふるさと村へ。体験メニューなどを楽しむ。
	17:00	遠野駅を出発。釜石線で花巻駅方面へと向かう。
おまけ		釜石駅から折り返さず、釜石駅〜盛駅をつなぐ人気路線の、三陸鉄道南リアス線に乗る旅もいい。

賢治の多彩さがわかる施設
宮沢賢治記念館
みやざわけんじきねんかん

新花巻駅から **岩手県交通バスで3分**

童話と詩のほか、教育、農業、科学などの分野でも、多彩な才能を発揮した宮沢賢治の世界に触れられる。また近くに「宮沢賢治イーハトーブ館」「宮沢賢治童話村」などもあるので、併せて巡りたい。

☎0198-31-2319
🏠岩手県花巻市矢沢第1-1-36

駅情報 花巻駅
鹿踊りでお見送り

月に2回程度、花巻駅からSL銀河出発時には花巻の郷土芸能「鹿踊り」でお見送りしてくれる

宮守川橋梁を渡るSLの姿を収めようと、近くの展望台はカメラマンで賑わう

TOWN INFO 花巻
はなまき
宮沢賢治が生まれ育った地
花巻は生まれ育った場所。賢治の足跡をたどるのもいい。有名な温泉地でもあり、周辺では台温泉や金矢温泉など、計12カ所から温泉が湧出する。

TOWN INFO 遠野
とおの
数々の昔話が伝わる山里
座敷わらしやカッパなど、不思議な昔話が多く伝えられる遠野。日本の原風景ともいうべき、のどかな農村の風景が広がっている。

鉄旅の疲れは温泉で解消
花巻温泉
はなまきおんせん

花巻駅から **無料送迎バスで30分**

花巻温泉郷12カ所の温泉のうちのひとつで、温泉宿の周辺には、カフェや茶室のほか、神社や石碑などの歴史スポットも多数。

☎0198-37-2111(花巻温泉予約センター)
🏠岩手県花巻市湯本

個性的な体験プログラム多数
遠野ふるさと村
とおのふるさとむら

遠野駅から ▶早池峰バスで30分

昔ながらの遠野の農村風景を再現した野外博物館。草木染め、陶芸などの体験メニュー(要予約)が、家族連れなどに好評。

📞 0198-64-2300　🏠 岩手県遠野市附馬牛町上附馬牛5-89-1

摩訶不思議な昔話の世界を体感
とおの物語の館
とおのものがたりのやかた

遠野駅から ▶徒歩7分

遠野に伝えられる昔話を、映像や音声、資料などを通じて体感できる展示館。劇場空間「遠野座」では、語り部による昔話を聴くことができる。食事処やショップも併設。

📞 0198-62-7887
🏠 岩手県遠野市中央通り2-11

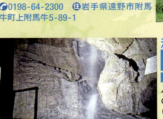

洞内滝で日本一を誇る大滝
滝観洞
ろうかんどう

上有住駅から ▶徒歩5分

入口から880mの地点にある「天の岩戸の滝」は29mもの落差があり、洞内滝としては日本一の高さ。

📞 0192-48-2756　🏠 岩手県気仙郡住田町上有住土倉298-81

TOWN INFO　釜石 かまいし

海の幸も楽しみたい
三陸海岸の豊かな自然を満喫できる沿岸の街。明治時代、製鉄業が盛んだった地でもあり、「鉄の歴史館」というヒストリーミュージアムもある。

夢を乗せて走るSL　**SL銀河**

Ω(オメガ)ループという形のループ線。はるか上方から陸中大橋駅が見下ろせる

秋には紅葉が山を彩る

この体験が面白い！
新巻鮭作りや、農家民泊も！
A&Fグリーン・ツーリズム
エーアンドエフグリーンツーリズム

▶箱崎漁港などで開催

釜石の豊かな自然を身近に感じてもらいたいと、市の観光交流課が主催する体験プログラム。漁業、農業を中心に、新巻鮭作り、など個性的なプログラムも(2週間前までに要予約。天候などの理由により、受付できない場合あり)。

📞 0193-22-2111(釜石市観光交流課)
🏠 岩手県釜石市鈴子町22-1

駅情報　釜石駅

南リアス線に乗ろう！
2014年4月に全線復旧した三陸鉄道の南リアス線。釜石駅から盛駅を結ぶ

思わず二度見する巨大仏
釜石大観音
かまいしだいかんのん

釜石駅から ▶岩手県交通バスで10分

鎌崎半島に立つ高さ48.5mもの巨大な観音像。像の中に入り、胎内見学もできる。また、胸部の展望台からは釜石湾の眺めが楽しめる。

📞 0193-24-2125
🏠 岩手県釜石市大平町3-9-1

昭和を忠実に再現するブームの火付け役

大井川鐵道
SLかわね路号
エスエルかわねじごう

新金谷駅〜千頭駅(静岡県)

いまの列車と違い地面の震動が直接伝わってくるかのような揺れ方だが、そこがいい。力強く鳴る汽笛と相まってノスタルジックな気分に浸れる

大井川第二橋梁(183m)を渡るC11形227号。ボイラーの改修を経て、現役で走行している

左 戦前に量産されたオハ35系の客車。木目の車内がノスタルジック
右 同じく戦前に製造されたオハフ33系の客車

当日券もあるが先着順で立ち席になる可能性があるので、予約するのが基本。客車は製造年代など略歴の異なるものが連結されるので、乗車中は移動してほかの車両も見てみたい。

夢を乗せて走るSL

SL Kawaneji

SLかわね路号

多彩な機関車と「走る博物館」のような貴重な客車が連結

南アルプスに源を発し、太平洋へと注ぐ大井川。その流れに沿って、静岡県中部を南北に走るのが大井川鐵道。本線は電化されているが、主役は1日に1〜3本程度運行するSLで、なかでも「SLかわね路号」の人気が高い。かつて国鉄のSLがすべて引退した際、いち早く復活を決めたのが大井川鐵道だった。1976(昭和51)年7月にC11形227号が営業運転を開始。観光列車としての人気に火がつき、徐々に保有台数を増やしながら、約40年にわたりファンを乗せて駆け抜けてきた。

客車には、戦前から戦後の比較的早い時期に製造された「旧型客車」を使用しており、車内の様子はほぼ国鉄時代そのまま。大井川沿いの素朴な情景と相まって、昭和の汽車旅の風情をリアルに感じることができる。気分をいっそう盛り上げる駅弁は、予約をすれば当日座席まで届けてくれる。

RAILWAY INFORMATION

[運行日] 毎日(冬季は運休日あり)
[区間] 新金谷駅〜千頭駅 [全長] 37.2km
[所要] 新金谷駅〜千頭駅約1時間20分 [本数] 1〜3本
[編成] 3〜7両(客車)
[料金] 新金谷駅〜千頭駅2520円(乗車券1720円+SL急行券800円)、子供1260円(乗車券860円+SL急行券400円)
[予約] 前日の昼まで、HPからメール、または電話で予約(☎0547-45-4112)
[運行会社] 大井川鐵道 🖥 www.oigawa-railway.co.jp

第一橋梁付近では、川根温泉の露天風呂のお客さんがSLに手を振ってくれるので、手を振り返してみてください。また、沿線はどこも川根茶の本場。新茶の頃には、車内にまでお茶の香りが漂ってきますよ。(SL専務車掌 杉森さん)

▶新金谷駅へ…東京駅から東海道新幹線で静岡駅まで1時間2分、東海道本線に乗り換え金谷駅まで31分、大井川鐵道本線に乗り換え5分
※実際の運行情報とは異なる場合がありますので、ご乗車の際は事前にご確認ください。

列車案内 RAILWAY VEHICLES

SLおじさん

正式には「SL専務車掌」。車内放送を行なうほか、客席へ出てきて乗客と会話を交わしたり、ハーモニカの演奏で楽しませてくれたりと、約1時間20分の旅を演出してくれる。

旧型客車は、青いシート、網棚、木製の床板部分などがあり、昭和レトロな雰囲気が漂う。扇風機には国鉄を表す「JNR」の文字も。エアコンがない分、窓を開けて機関車の音や風の匂いを感じたい。鉄道旅を彩るSLおじさん・SLおばさんのパフォーマンスも楽しみ。

客車車内

古き良き時代を感じさせる客車は、映画やテレビドラマに登場することも多い。写真はスハフ42系で、旧型客車のなかでも比較的新しいもの

SLおばさん

SLおじさんは2人、SLおばさんは2人が在籍している

Column
千頭駅から南アルプスあぷとラインに乗ってみよう！

SLかわね路号の終点千頭駅からさらに奥には、大井川鐵道の井川線が走り、南アルプスあぷとラインと呼ばれ親しまれている。鉄道日本一の急勾配区間があり、アプト式機関車を使用する。アプト式とは急勾配を上るレールの仕組みで、現在日本で使われているのはこの路線のみ。風光明媚な渓谷美も魅力的だ。

SLかわね路号
沿線のみどころ

一帯は日本有数のお茶の産地で、関連施設が多い。千頭駅から先の井川線も含め、周囲を取り囲む豊かな自然を感じながら、ハイキングや温泉を楽しみたい。

1泊2日のモデルプラン

1日目	11:52	SLかわね路1号で新金谷駅を出発。
	13:09	千頭駅に到着。駅周辺で昼食をとったあとは、SL資料館でSLについて詳しく学ぶ。
	15:10	千頭駅前からバスで寸又峡温泉へ。この日は温泉旅館に宿泊する。
2日目	10:10	寸又峡温泉からバスで井川線の奥泉駅へ。
	10:49	奥泉駅から井川線(南アルプスあぷとライン)で接岨峡温泉駅へ。アプトいちしろ駅〜長島ダム駅間でアプト式を体験。
	12:05	接岨峡温泉駅から千頭駅へ引き返す。
	14:53	千頭駅からSLかわね路2号で新金谷駅へ。
おまけ		2日目は千頭駅で普通電車に乗り、途中下車をしながら家山駅まで行き、そこからSLに乗ってもOK。

感動 乗車体験!!
のどかな風景と汽笛が昭和の汽車旅を彷彿させる

以前から大井川鐵道には、一度訪れてみたいと思っていました。かつての国鉄の雰囲気が色濃く残るSL。レトロな車内で汽笛の音を聴いていると、心地良い懐かしさに包まれるような気がします。昭和50年代前半までに生まれた方なら、さらに懐かしさを感じられるのではないでしょうか。（煎BKさん／2013年2月頃乗車 ●ブログ「煎BKの空＆鉄で気ままに」）

「美女づくりの湯」で知られる
寸又峡温泉 すまたきょうおんせん

千頭駅から 寸又峡線路線バスで40分

南アルプス南端の峡谷・寸又峡にある温泉街。8つの宿泊施設のほか、町営の日帰り露天風呂がある。峡谷散策や登山の拠点でもある。
☎0547-59-1011（寸又峡美女づくりの湯観光事業協同組合）
住静岡県榛原郡川根本町寸又峡温泉

TOWN INFO 千頭 せんず
本線の終着駅
ここから先は井川線（南アルプスあぷとライン）となる。駅周辺には食事処やみやげ物店が軒を連ねるほか、SL資料館も。

TOWN INFO 家山 いえやま
桜の季節は必見！
駅周辺の線路沿いは桜並木になっており、花見＆撮影スポットとして人気。春に運行するSL「さくら号」はここで新金谷駅へ折り返す。駅からやや離れているが、川根大福の「加藤菓子舗」も有名。

橋の真下をSLが駆け抜ける
塩郷の吊橋 しおごうのつりばし

塩郷駅から 徒歩すぐ

別名「恋金橋」。長さ220mと大井川に架かるなかで最長の吊橋だ。真下を走るSLや、眼下の大井川はスリル満点。
住静岡県榛原郡川根本町塩郷

TOWN INFO 金谷 かなや
大井川鐵道の起点
JRと大井川鐵道の乗り換え駅。SLに乗車するためには、ここから新金谷駅まで1駅移動する。

お茶の歴史を学ぶ博物館
お茶の郷 おちゃのさと

金谷駅から 車で5分

お茶に関する展示をする博物館棟や、お茶にちなんだ商品を提供するレストラン・売店のほか、茶室や庭園もある。
☎0547-46-5588
住静岡県島田市金谷富士見町3053-2

体験乗馬もできる乗馬クラブ
ラブリーホースガーデン

家山駅から 徒歩20分

豊かな緑に囲まれ、のどかな景色を眺めながら乗馬が楽しめる。熟練インストラクターが指導してくれるので、はじめてでも気軽に体験できる（要予約）。
☎0547-53-4079
住静岡県島田市川根町家山1229-2

全浴槽かけ流しの日帰り温泉
川根温泉 ふれあいの泉 かわねおんせん ふれあいのいずみ

川根温泉笹間渡駅から 徒歩5分

「道の駅 川根温泉」の主要施設。豊富な湯量で泉質も良く、SLが見渡せる露天風呂が自慢。食事処や売店も併設。
☎0547-53-4330
住静岡県島田市川根町笹間渡220

お泊まり情報　緑深い寸又峡温泉では、源泉を引く8つの宿泊施設が営業。3箇所、お好みで選んで湯巡りができる「ゆらぎ手形」も販売。

SLやまぐち

レトロな客車で山陰の小京都へ

JR西日本

エスエルやまぐち

新山口駅(山口県)〜津和野駅(島根県)

列車前面に取り付けられたヘッドマークには、山口県のシンボルであるナベヅルという鳥が描かれている

阿武川に架かる赤い橋と黒の車体のコントラストが美しい

客車内をくまなく歩いて、5両それぞれの雰囲気を楽しみたい。ただし、走行中の移動は危険なので、出発時刻より早めに乗車するか、列車交換による長めの停車時間を利用しよう。

左 近代機関車の傑作とされるC57。その1号機が山口線を走っている
右 各号車の入口には、客車の仕様のプレートが掲げられている。写真は4号車の入口

夢を乗せて走るSL　SLやまぐち

SL Yamaguchi

5両の客車はすべて異なるテーマを持つ

　山口線の新山口駅から津和野駅までを結ぶ。かつて国鉄の近代化と合理化にともない、全国の蒸気機関車が廃止になるなか、1973(昭和48)年に山口線からもSLが姿を消した。しかし、SL復活を望む声が高まり、1979(同54)年に復活を果たした。

　当初の客車カラーは一般的な青色だったが、1988(同63)年にリゾート列車としてのイメージを高めるために、テーマの異なる5両の客車を整備。各客車にそれぞれ時代のイメージを表現したインテリアを施し、外観は茶色で統一してクラシックな雰囲気を演出する。牽引する機関車は、漆黒の車体と内装の美しさを兼ねたスタイリッシュな姿から貴婦人と呼ばれるC57。これよりひと回り小さく、軽快に走る様子を連想させることからポニーという愛称のある機関車のC56と連結して走ることもあり、C57と合わせて多くのSLファンをひきつける。

RAILWAY INFORMATION

[運行日]3〜11月の土・日曜、祝日が中心
[区間]新山口駅〜津和野駅
[全長]62.9km
[所要]新山口駅〜津和野駅約2時間10分
[本数]1往復
[編成]5両(客車)
[料金]新山口駅〜津和野駅1660円(乗車券1140円＋指定席券520円)
[予約]1カ月前の10時からみどりの窓口、おもな旅行会社などで販売
[運行会社]JR西日本　www.westjr.co.jp

▶新山口駅へ…新大阪駅から山陽新幹線で約2時間、博多駅から山陽新幹線で約35分、ほか
※実際の運行情報とは異なる場合がありますので、ご乗車の際は事前にご確認ください。

列車案内 RAILWAY VEHICLES

1号車・展望車風客車
赤の座席と床がクラシックで上品なイメージをもたらす

5つある客車はいずれもテーマカラー、天井の形、明かりなどが異なる。レトロな日本を想起させるタイプ、ヨーロッパをイメージしたタイプ、華やかさを醸し出すタイプなど、発車前や停車時間中に車内を歩きまわって、それぞれの客車の雰囲気を楽しみたい。

1号車・展望デッキ
1号車と5号車には展望デッキがある。ソファでくつろぐもよし、デッキに出てみるのもいい

3号車・昭和風客車
板張りの床と旧式の電灯が落ち着いた雰囲気

4号車・明治風客車

5号車・大正風客車

木目調の床と天井のランプがおしゃれ（左） 天井には明かり取りの窓が備え付けられている（右）

2号車・欧風客車
オリエント急行をイメージしたヨーロッパ調の車内。シートの背もたれの上に配したステンドグラスが華やか

鉄道みやげ
SLチョロQが子供たちに人気!
車内販売では旅の思い出やおみやげに適したSLグッズ、沿線の名物が揃う。なかでも細部までこだわっているSLチョロQは大人でも欲しくなる逸品！

SLやまぐち 沿線のみどころ

西の京の栄華が残る山口、美しい街並で山陰の小京都として知られる津和野、詩人・中原中也の生誕地である湯田温泉などを訪ね、歴史に思いを馳せてみたい。

1泊2日のモデルプラン

1日目	10:48	SLやまぐちに乗り、新山口駅を出発。乗車前に売店でSL弁当を購入。
	12:58	津和野駅に到着したら本町通りや殿町通りを散策。安野光雅美術館を見学し、太皷谷稲成神社を訪れる。この日は、駅周辺の宿に宿泊。
2日目	9:11	特急スーパーおきで山口駅に向かう。
	10:00	山口駅に到着。瑠璃光寺五重塔や常栄寺など室町時代の名所を訪れ、西の京といわれた街を堪能し、湯田温泉に向かう。
	13:36	湯田温泉駅に到着。無料の足湯や飲泉場を巡り、温泉街を満喫。
	16:25	湯田温泉駅を出発。山口線で新山口駅へ向かう。
おまけ		津和野駅で乗り換えて日本海側の益田駅まで進み、萩方面や出雲方面に向かうこともできる。

感動 乗車体験!!
好きな内装の車両でSL旅を楽しんでください

転車台、途中駅の停車時間、点検の様子など、SLの姿がときには正面からド迫力で見られて大満足。仁保駅～篠目駅間ではSLが急勾配を、ゆっくり力強く登っていくのですが、これほどの急勾配は、ほかのSL列車にはないらしく、それも印象的でした。（Y.I.さん／2014年9月乗車●ブログ『パウエル鉄道紀行』）

遊び心がいっぱいの美術館
安野光雅美術館
あんのみつまさびじゅつかん

津和野駅から 徒歩すぐ

津和野町出身の画家、安野光雅の作品が展示されている。絵本、装丁の原画、風景画など幅広いジャンルの作品が並ぶ。

☎0856-72-4155
島根県津和野町後田イ60-1

日本五大稲荷のひとつ
太皷谷稲成神社
たいこだにいなりじんじゃ

津和野駅から 車で5分

約1000本の赤い鳥居が美しい。本殿までの263段の石段を上ると、境内から津和野の街並を一望できる。

☎0856-72-1771（津和野町観光協会）
島根県津和野町後田409

TOWN INFO 津和野
つわの
山あいにある城下町

商家が建つ本町通りや掘割に鯉が泳ぐ殿町通りに並ぶ歴史的建造物やアートスポットを訪れたい。

駅情報 津和野駅
転車台に注目

津和野駅では、SLが向きを変える様子を見ることができる

TOWN INFO 長門峡
ちょうもんきょう
変化に富んだ景勝地

奇岩や滝と四季折々の風景が美しい渓谷で、遊歩道が整備されている。阿武川で穫れる鮎の料理店も並ぶ。

TOWN INFO 湯田温泉
ゆだおんせん
山陽路有数の温泉街

白狐が傷を癒そうとした池から温泉が湧き出たといわれる。足湯や詩人・中原中也の記念館などを巡りたい。

阿武川第一橋梁は人気の撮影スポット

仁保駅から篠目駅間は峠越え。力強く登る

駅情報 新山口駅
ホームがレトロ調に

レンガ風の壁や右書きの時刻表など時代を感じさせる造りとなっている。

TOWN INFO 山口
やまぐち
大内文化が残る街

室町時代の当主大内弘世による京に模した街並に注目。また、キリスト教の布教の拠点の地でもある。

水墨画を思わせる閑静な庭園
常栄寺 雪舟庭
じょうえいじ せっしゅうてい

山口駅から 車で10分

大内氏29代当主、政弘の希望で水墨画家の雪舟に築庭させた庭園。山林を背景に立石、池、枯滝を配している。

☎083-922-2272
山口県山口市宮野下2001

木々のなかに優雅にたたずむ
瑠璃光寺 五重塔
るりこうじ ごじゅうのとう

山口駅から 車で6分

室町中期に建てられ、日本三名塔のひとつと評される。塔身は上層に向かって細くなっており、すっきりした印象。

☎083-924-9139
山口県山口市香山町7-1

お泊まり情報 ホテルは新山口駅に多い。津和野駅周辺の旅館や、湯田温泉駅周辺で温泉宿に泊まるのもおすすめ。

夢を乗せて走るSL　SLやまぐち

越後と会津をゆく花形SLの郷愁列車

JR東日本
SLばんえつ物語
エスエルばんえつものがたり

新潟駅（新潟県）〜会津若松駅（福島県）

SLファンが貴婦人と呼ぶ
C57形蒸気機関車。細身のボ
イラーが女性的な印象だ

往路の会津若松行ではオコジョ展望車両の前に、復路の新潟行ではグリーン車の前にSLが連結される。グリーン車のパノラマ眺望を満喫するには、最後尾となる往路がおすすめ。

足元から天井までガラス張りになったグリーン車展望室

左 かわいいロゴマークの絵は沿線に生息するオコジョがモチーフ
右 絶景ポイントの一ノ戸川鉄橋は、SL撮影スポットとして人気

SL Banetsu Monogatari

展望室と子供用設備を充実させて蘇った人気機関車

信越本線を経由して、新潟駅と会津若松駅を結ぶ磐越西線のSLばんえつ物語。阿賀野川のゆったりとした流れに沿って進み、季節に染まる渓谷や田園地帯、磐梯山など、豊かな自然が車窓から楽しめる。

7両の客車を牽引するのは、優美なスタイルで貴婦人の愛称を持つC57形180号。1969(昭和44)年に引退して新潟市内の小学校に保存されていたが、地元住民らの働きかけにより、SLばんえつ物語として1999(平成11)年に現役復帰した。客車は大正時代を思わせるレトロ調。昔ながらのボックス席や木目調ドアといった内装が郷愁を誘う。中央車両にはラウンジ風の展望室を配置。1・7号車は、ワイドな眺望を楽しめる展望室付のグリーン車と、もう一方に子供の遊び場を設けたオコジョ展望車両がリニューアルされて人気が高まった。大人も子供も飽きることなく、約4時間の旅が満喫できる。

RAILWAY INFORMATION

[運行日]7月中旬〜11月までの土・日曜、祝日が中心(10月以降は要問い合わせ)
[区間]新潟駅〜会津若松駅
[全長]126.2km
[所要]新潟駅〜会津若松駅約4時間
[本数]1往復
[編成]7両(客車)
[料金]新潟駅〜会津若松駅2790円(乗車券2270円+指定席券520円)、子供1400円(乗車券1140円+指定席券260円)
[予約]1カ月前の10時からみどりの窓口、おもな旅行会社などで販売
[運行会社]JR東日本 www.jreast.co.jp

▶新潟駅へ…東京駅から上越新幹線で約2時間、ほか
※実際の運行情報とは異なる場合がありますので、ご乗車の際は事前にご確認ください。

夢を乗せて走るSL SLばんえつ物語

列車案内
RAILWAY VEHICLES

オコジョ展望室
オコジョ展望室のプレイルーム。かわいい車内にすべり台やボールプールなどの遊び場があり、紙芝居や塗り絵も楽しめる。子供たちは靴を脱いで思いきり遊びまわれる

客車は蒸気機関車のイメージに合わせた「レトロ調大正ロマン」のデザイン。1号車が子供の遊び場、展望室のあるオコジョ展望室、2・3・5・6号車が普通車、4号車がフリースペースの展望室。7号車のグリーン車には専用のパノラマ展望室がある。

オコジョ展望室

4号車・展望室

車内の郵便ポストに手紙を投函すると、オリジナルの消印が押される。切手やはがき販売

オコジョルームの隣にあるフリースペースの展望室。パノラマウインドーからの眺めは抜群だ

普通車指定席
高い背もたれの付いた懐かしいデザインのボックスシート

グリーン車指定席
グリーン車はゆったりとした3列シート。専用のパノラマ展望室もあるため人気が高い

SLばんえつ物語
沿線のみどころ

新潟を出発し、城下町・会津若松へ。越後と会津の歴史や自然に触れながら、駅弁や喜多方ラーメンなどご当地グルメも堪能。夜は自慢の温泉でリラックス。

1泊2日のモデルプラン

1日目	9:30	早めに駅に到着して、SLの運転台を見学。記念撮影をして新潟駅を出発。景色を堪能し、会津若松駅に到着。
	14:00	会津若松では、ボンネットバスを使った周遊バスで、大正レトロの七日町通りや鶴ヶ城を見学。東山温泉に1泊する。
2日目	9:00	市内見学を楽しみ、会津若松駅から磐越西線で喜多方へ向かう。
	11:15	喜多方駅到着。蔵造りの店が並ぶふれあい通りを散策し、大和川酒蔵北方風土館で地酒を試飲。昼食に名物の喜多方ラーメンを満喫。
	15:30	喜多方駅を出発し、磐越西線で郡山方面へ、あるいは再び新潟方面へ。
おまけ		会津若松駅からは会津鉄道のお座トロ展望列車(➡P.152)が運行。こちらも楽しい観光列車だ。

感動
乗車体験!!
素敵な景色に、イベントも!
子供も大人も楽しめる列車

阿賀野川の景色には素直に感動しましたが、それ以上に沿線の多くの方が手を振ってくれ、まるで自分がスターになった気分でした。展望車で行なわれたクイズ大会では子供はもちろん、オリジナルグッズの賞品に大人の鉄道ファンも熱くなりました。
(のみさん／2013年6月頃乗車●ブログ『馬の会長日記』)

列車の待ち時間におみやげを
CocoLo新潟
ココロにいがた

新潟 **駅構内**

新潟駅にある大規模な駅ビル。多彩なショップや飲食店が入り、新潟の特産品などみやげ物も手に入る。
☎025-247-6388（ドッキー新潟支社）
住新潟県新潟市中央区花園1-1-1 新潟駅構内

この体験が面白い！
観光名所を巡る水上シャトル
信濃川ウォーターシャトル
しなのがわウォーターシャトル

▶万代シテイ乗船場など

新潟の街のシンボル・萬代橋をくぐり、新潟市歴史博物館「みなとぴあ」や新潟国際コンベンションセンター「朱鷺メッセ」など街の観光スポットを巡る水上バス。観光遊覧船として利用したい。

信濃川ウォーターシャトル株式会社
☎025-227-5200

TOWN INFO 新潟 にいがた
日本海の美食を食べ尽くす
米、酒、魚と三拍子揃ったグルメの街。市の中心部に、前船の寄港地として賑わった江戸時代の面影が残る。

駅情報 新潟駅
早めに行って撮影を
新潟駅発のSLは30分前には入線しているので記念撮影しよう

駅情報 津川駅
ホームで撮影タイム
15分ほど停車し、機関車の点検や給水作業の様子が見られる

駅情報 新津駅
名物グルメを調達
往路はここで約10分間停車。ホームで駅弁や名物三色だんごが買える

TOWN INFO 喜多方 きたかた
蔵の建ち並ぶラーメンの街
市内に4000棟以上の蔵が建つ、懐かしさ漂う街。喜多方ラーメンは昭和初期から続く元祖ご当地ラーメン。

平安文化を今に伝える
新宮熊野神社「長床」
しんぐうくまのじんじゃ「ながとこ」

喜多方駅から 車で10分

平安時代創建の古社。寝殿造りの拝殿「長床」は国の重要文化財で、藤原時代の貴族の屋敷建築の造りを踏襲したもの。
☎0241-23-0775（新宮地区重要文化財保存会）
住福島県喜多方市慶徳町新宮熊野2258

喜多方伝統の酒造りを知る
大和川酒蔵北方風土館
やまとがわさかぐらほっぽうふうどかん

喜多方駅から 徒歩10分

江戸中期に創業した酒造店の古い酒蔵が保存されている。江戸時代の酒蔵では、往時の酒造りの道具を展示。
☎0241-22-2233
住福島県喜多方市寺町4761

土方歳三が湯治に訪れた
東山温泉
ひがしやまおんせん

会津若松駅から まちなか周遊バスで15分

会津若松市中心部から車で10分ほどのところにある会津の奥座敷。豊かな緑に恵まれ、1300年の歴史を持つ。
☎0242-27-7051（東山温泉観光協会）
住福島県会津若松市東山町

お泊まり情報 途中駅の咲花駅の近くに咲花温泉、会津若松市の郊外に東山温泉があり、和風の味わいある温泉旅館が集まっている。

まだまだあります！注目のSL

秩父で発掘された海洋性哺乳類パレオパラドキシアから命名

秩父鉄道
SLパレオエクスプレス
エスエルパレオエクスプレス
熊谷駅〜三峰口駅（埼玉県）

秩父鉄道が運行し、熊谷、武川、寄居、長瀞、皆野、秩父、御花畑、三峰口の各駅に停車する。牽引するのはC58形363号、客車は紅褐色にゴールドのラインが引かれたシックな塗装の12系だ。往路、復路とも、機関車の息遣いが間近に感じられる先頭客車が指定席。桜や新緑、紅葉と四季折々の風景が楽しめるが、ことに美しいのが眼下に流れる荒川の景色だ。また、三峰口駅到着後は、SLが転車台に載って方向転換する様子や隣接する鉄道車両公園も見逃せない。

そばの名産地である秩父市荒川。御花畑駅〜三峰口駅間にはいたるところに、そば畑が広がる（上）　力強く煙を吐きながら、水と緑が絶景をなす荒川橋梁を渡る（中）　熊谷を発ち寄居を過ぎると山間部に入り、豊かな自然が美しい（下）

RAILWAY INFORMATION

[運行日]3月下旬〜12月初旬の土・日曜、祝日、夏休み、春休みほか　[区間]熊谷駅〜三峰口駅　[全長]56.8km　[所要]熊谷駅〜三峰口駅約2時間40分　[本数]1往復　[編成]4両（客車）　[料金]指定席1670円／自由席1460円（乗車券950円＋SL座席指定券720円／SL整理券510円）　[予約]SL座席指定券は1カ月前からJR東日本管内のみどりの窓口、びゅうプラザで販売、SL整理券は上記窓口、旅行会社、各停車駅または電話、HPで販売
[運行会社]秩父鉄道
www.chichibu-railway.co.jp

※実際の運行情報とは異なる場合がありますので、ご乗車の際は事前にご確認ください。

「コットン・ウェイ」の愛称で親しまれる真岡鐵道真岡線を行く

真岡鐵道
SLもおか
エスエルもおか
下館駅(茨城県)〜茂木駅(栃木県)

沿線にのどかな田園風景が広がり、春の桜、秋の紅葉が美しい。冬には機関車からの蒸気で客車を温める蒸気暖房が採用されているため車内の暖かさが心地よく、客車からふんわりと蒸気が漏れ出す姿も特徴的。牽引する機関車はC12形66号、あるいはC11形325号。まれにこれら2つの機関車による重連運転や、補助機関車としてディーゼルのDE10形1535が最後尾に付くこともある。停車するのは下館、折本、久下田、寺内、真岡、西田井、益子、七井、多田羅、市塙、茂木の各駅。

季節ごとに表情を変える風景にレトロなSLがよく似合う(上) 真岡線開業は1912(明治45)年。東日本大震災を乗り越え運転も再開(下)

RAILWAY INFORMATION
[運行日]土・日曜、祝日、夏休み、冬休み、春休みには平日運行もあり [区間]下館駅〜茂木駅 [全長]41.9km [所要]下館駅〜茂木駅約1時間30分 [本数]1往復 [編成]3両(客車) [料金]1530円(乗車券1030円+SLもおか券500円) [予約]1カ月前からJR東日本管内のみどりの窓口、びゅうプラザで発売、また各停車駅の窓口で当日発売もあり [運行会社]真岡鐵道 www.moka-railway.co.jp

高崎駅で上州D51弁当を購入し、山と渓谷広がるSLの旅へ

JR東日本
SLみなかみ
エスエルみなかみ
高崎駅〜水上駅(群馬県)

ゴールデンウィークや夏休み、春・秋の週末などに運行。賑やかな高崎駅を出発し、新前橋、渋川、沼田、後閑の各駅を経て歴史ある温泉街、水上駅へと至る。機関車は高崎車両センターに属する動態保存機、D51形498号に加え、2011(平成23)年夏からは国鉄C61形20号も登場した。ただ、これらが検査などで運行できないときには電気機関車が代わりを務めることもある。牽引予定の機関車の種類はHPなどでチェック可能。

RAILWAY INFORMATION
[運行日]土曜、祝日などが中心 [区間]高崎駅〜水上駅 [全長]59.1km [所要]高崎駅〜水上駅約2時間 [本数]1往復 [編成]6両(客車) [料金]高崎駅〜水上駅1490円(乗車券970円+指定席券520円) [予約]1カ月前の10時からみどりの窓口、おもな旅行会社などで発売 [運行会社]JR東日本 www.jreast.co.jp

緑深い諏訪峡を行くSLみなかみ。車窓には、妙義山、赤城山、榛名山など群馬を代表する美しい山々や鉄橋、利根川など、美しい景色が次々に現れる

夢を乗せて走るSL　注目のSL

TOPICS
笑顔の鉄道ガールズがもてなす！心あたたまる乗車時間
アテンダントがお手伝いします。

地域の足として活躍する列車を中心に各地で増えている、アテンダントさんが乗車する列車。列車ごとにサービスはさまざまあるが、どの列車も素敵な乗車時間を演出してくれる。

鳥海山を仰ぎつつ、子吉川沿いの田んぼを抜けてのんびりと行く
撮影者：佐藤和博

「おばこ」は娘という意味。年若い秋田美人を指す郷土の言葉だ

由利高原鉄道公式キャラ
やしま こころ

鳥海山ろく線
由利高原鉄道
ゆりこうげんてつどう
羽後本荘駅～矢島駅（秋田県）

四季とともに移り変わる沿線の景色にもうっとり

おもに地元の中学生、高校生が通学に利用するローカル線だが、午前中に1日1往復のみ、絣の着物を着た秋田おばこ姿のアテンダントが乗務、まごころを込めたおもてなしの「まごころ列車」が走る。方言を交えた沿線案内に、団体客には秋田の民謡「ドンパン節」を歌うなど、楽しい旅をサポート。アテンダント手づくりの乗車記念切符とオリジナルグッズも大好評だ。また、子供には季節ごとの「おひなっこ列車」「クリスマス列車」などのイベント列車、大人には「納涼列車」「沿線B級グルメ列車」などの宴会列車も、人気を集めている。

まごころ列車に常務する、おばこ姿の列車アテンダント

RAILWAY INFORMATION
[運行日] 毎日　[全長] 23km　[所要] 羽後本荘駅～矢島駅約40分
[本数] 1往復　[料金] 羽後本荘駅～矢島駅600円、子供300円
[予約] 不要　[運行会社] 由利高原鉄道 www.obako5.com

津軽鉄道線
津軽鉄道
つがるてつどう

津軽五所川原駅〜
津軽中里駅（青森県）

津軽鉄道、冬のストーブ列車は➡P.212で紹介！

沿線情報に詳しいアテンドで笑顔と津軽弁に癒される

　本州最北エリアを走る私鉄、津軽鉄道では9:00〜15:00台の列車にアテンダントが乗務する。みな笑顔と津軽弁が温かく、沿線の景色や情報に精通。津軽鉄道のことだけでなく、周辺の温泉やグルメについてたずねたり、方言を教えてもらったりと楽しい時間が過ごせる。また、冬には車内にだるまストーブが設置され、雪景色を見ながら赤々と燃える石炭の炎で暖をとり、スルメをあぶって食べる乗客の姿が風物詩となっている。ほかにも夏の風鈴列車、秋の鈴虫列車などのイベント列車を催行している。

飾らず温かな津軽言葉の響きにほっこり癒される

TOPICS アテンダントがお手伝いします。

RAILWAY INFORMATION
[運行日]毎日　[全長]20.7km　[所要]津軽五所川原駅〜津軽中里駅約45分
[本数]30本　[料金]津軽五所川原駅〜津軽中里駅850円
[予約]不要　[運行会社]津軽鉄道　🆔 tsutetsu.com

勝山永平寺線／三国芦原線
えちぜん鉄道
えちぜんてつどう

福井駅〜勝山駅／三国港駅
（福井県）

アテンダント乗務の草分け行き届いたサービスが好評

　各鉄道会社がコストダウンや省エネ化を図った2000年代初め、時代に逆行するがごとくサービスともてなしを充実させたのがえちぜん鉄道。ビジネス的にも稀有な成功例とされ、数多くの雑誌やテレビで紹介された。その象徴となっているのがアテンダントの存在。業務内容は車内での乗車券販売や車内アナウンス、乗降補助に加え、観光案内や車内販売と多岐にわたり、乗客の利便性アップと楽しい旅の思い出づくりに貢献している。また、乗務時間がラッシュ時と昼の一部を除いてほぼ一日中、というのもうれしい。

アテンダント・スタッフのきめ細かな目配りで車内の居心地は抜群

RAILWAY INFORMATION
[運行日]毎日　[全長]勝山永平寺線27.8km、三国芦原線25.2km
[所要]福井駅〜勝山駅約55分、福井駅〜三国港駅約50分　[本数]54本
[料金]福井駅〜勝山駅770円、福井駅〜三国港駅770円
[予約]不要　[運行会社]えちぜん鉄道　🆔 www.echizen-tetudo.co.jp

大社線／北松江線
一畑電車
いちばたでんしゃ

出雲大社前駅～川跡駅／電鉄出雲市駅～松江しんじ湖温泉駅（島根県）

島根の人気ゆるキャラ、しまねっこをデザインした車体。各種サービスについてもアテンダントが教えてくれる

風光明媚な景色と充実の観光スポットが魅力

ばたでんの愛称で親しまれる一畑電車は1911（明治44）年に運行開始。現在の電鉄出雲市駅から一畑薬師までつないだのを皮切りに、約100年にわたって参拝者や観光客を運び続ける歴史ある路線だ。沿線は宍道湖や田園の景色が素晴らしく、出雲大社や一畑薬師をはじめ見どころが多い。さらには自転車持ち込みや手荷物託送といったサービスも充実しているので、レンタサイクルと1日フリー乗車券を利用してじっくり旅を楽しむのもおすすめ。また、かつて首都圏で活躍していた車両が多く、懐かしい電車に再会できるのもいい。

映画『レイルウェイズ』の舞台にもなったばたでん。レトロな雰囲気がなつかしい

RAILWAY INFORMATION

[運行日]毎日　[全長]大社線8.3km、北松江線33.9km
[所要]出雲大社前駅～川跡駅約10分、電鉄出雲市駅～松江しんじ湖温泉駅約1時間　[本数]18本　[料金]出雲大社前駅～川跡駅350円、電鉄出雲市駅～松江しんじ湖温泉駅690円　[予約]不要
[運行会社]一畑電車　URL www.ichibata.co.jp/railway

元バスガイドさんがアテンドする、イベント列車にも注目！

天浜線（天竜浜名湖鉄道）
沿線かたりべ列車
えんせんかたりべれっしゃ

掛川駅～新所原駅（静岡県）

バスガイドOGのもてなしとお弁当が好評、かたりべ列車

天竜浜名湖鉄道には全線にわたって36施設もの国登録有形文化財がちりばめられている。昭和初期に建てられた駅舎や橋梁、木造切妻造りの屋根のホームなど、今では稀少でフォトジェニックな文化遺産ばかり。自然豊かな周囲の景色にも溶け込んでいて、タイムスリップしたような気分が味わえる。不定期に開催される「かたりべ列車」も人気で、元バスガイドの女性が貫禄のトークで景色や文化財、鉄道の路線などについて解説したり、昭和の歌謡曲を歌ったりと、車内の雰囲気も昭和レトロな路線にピッタリ。

ベテラン・ガイドの歌やトークが心地いい。懐かしい車両や景色との相乗効果で時間旅行気分だ

「かたりべ列車」では、乗車後すぐにお弁当が配られる。流れる車窓と駅弁は鉄道旅の醍醐味

RAILWAY INFORMATION

[運行日]不定期　[全長]67.7km
[所要]掛川駅～新所原駅約2時間50分　[本数]1本
[料金]3900円（1日フリーきっぷを含む）
[予約]HPにて随時発表、電話予約のみ
[運行会社]天竜浜名湖鉄道　URL www.tenhama.co.jp

車窓から海を眺めて

海岸線をなぞるように走る電車、車窓一面に広がる青く輝く海景色。
ビュースポットにさしかかれば徐行運転で景色を堪能させてくれることも。
地平線に落ちる夕日もまた美しい。

丹後あかまつ号／丹後あおまつ号／丹後くろまつ号 京都丹後鉄道 …192

瀬戸内マリンビュー JR西日本 …198

みすゞ潮彩 JR西日本 …202

リゾート21 伊豆急行 …206

白砂青松の絶景を求め、いざ日本海へ

京都丹後鉄道

丹後あかまつ号
丹後あおまつ号／丹後くろまつ号

たんごあかまつごう／たんごあおまつごう／たんごくろまつごう

西舞鶴駅(京都府)〜豊岡駅(兵庫県)ほか　※詳細はP.195

青く輝く日本海を背景に、レトロな列車が駆けてゆく。のどかな田園風景や街並も旅情を誘う

車窓から海を眺めて

丹後あかまつ号
丹後あおまつ号
丹後くろまつ号

HERE

鳥取　豊岡　宮津　西舞鶴
岡山　兵庫　福知山　京都
　　　　　　　　　大阪

金のラインが施されたレトロモダンな車体

あかまつ号は座席定員制だが指定席ではないので、海側を必ず確保したいのであれば早めにホームに到着しておきたい。車内限定のグッズもあるので、販売カウンターは必ずチェックを。

左 宮津駅、網野駅、岩滝口駅などでは、4月下旬に芝桜が咲き誇る
右 あかまつ号は普通列車としても運行。運が良ければ、途中駅であかまつと並ぶ姿が見られることもある

Tango Akamatsu, Aomatsu, Kuromatsu

丹後半島を赤、青、黒、3色の列車が駆け抜ける

　京都北部、日本海に囲まれた丹後半島周辺は「海の京都」と呼ばれ、天橋立をはじめとする日本海の景勝地や、伝統文化が息づく街、新鮮な海の幸が味わえる温泉宿など、魅力的なスポットが点在する。

　丹後の豊かな自然のなかを走る観光列車「あかまつ号」「あおまつ号」は、2013(平成25)年4月に誕生。「ななつ星in九州」など数々の人気列車を手がけた水戸岡鋭治氏がデザインを担当し、木の温もりを感じる心地よい空間に仕上がっている。

　同じく水戸岡氏がデザインを担当した「くろまつ号」は、2014(同26)年5月に運行を開始。海、山、田園地帯と、さまざまに移り変わる車窓風景とともに、地元産の食材を使った料理が楽しめるレストラン列車だ。スイーツ、ランチ、ディナーの3コースがあり、運行区間もそれぞれ異なる。京の風情を感じる落ち着いた車内で、贅沢なひとときを。

RAILWAY INFORMATION

[運行日]あかまつ号・あおまつ号は毎日、くろまつ号は金～日曜、祝日　[区間]右ページ参照　[全長]西舞鶴駅～豊岡駅83.6km、ほか　[所要]西舞鶴駅～豊岡駅約2時間30分(あかまつ)など　[本数]あかまつ号2本、あおまつ号4本、くろまつ号3本　[編成]1～2両(列車により異なる)　[料金]西舞鶴駅～豊岡駅1730円(あかまつ号に乗車する場合＋310円)、くろまつ号は右ページ参照　[予約]インターネット、旅行会社各社、駅などで販売、あおまつは予約不要　[運行会社]京都丹後鉄道(WILLER TRAINS)
🌐 trains.willer.co.jp

海と山に囲まれた沿線なので、春は満開の桜、冬は雪景色の車窓を楽しめます! 奈具海岸近くで眺められる、若狭湾の絶景もおすすめの景色です!
(WILLER TRAINS 竹田さん)

▶西舞鶴駅へ…京都駅から特急まいづるで約1時間30分、ほか
※実際の運行情報とは異なる場合がありますので、ご乗車の際は事前にご確認ください。

列車案内
RAILWAY VEHICLES

"松"をテーマに水戸岡鋭治氏がデザインした車内は、あちこちにこだわりが感じられるモダンな大人空間。日本海の絶景を楽しめるよう、窓側にカウンター席やソファ席を配置。丹後の文化や名産品を展示するショーケースやディスプレイパネル、本棚などにも注目したい。

あかまつ
あかまつ号は海側向きの座席が多く、景色を存分に楽しめる。あかまつ車両の乗客限定で、記念乗車証が配布される

あおまつ
あおまつ号は全席自由席。通勤電車としても使われているため、通路が広く吊り革もある

丹後の自然や文化を反映させた やさしい色調のシックなデザイン

くろまつランチ（一例）
宮津の料亭「ふみや」がプロデュースするランチコースには、地元産の野菜や旬の魚介がたっぷり。日本海側の車窓風景もごちそうだ

くろまつスイーツ（一例）
のどかな田園風景のなかを走る福知山駅〜天橋立駅間とともに、北近畿を代表するスイーツとコーヒー、紅茶、緑茶が楽しめる

くろまつ
4人掛けテーブルと2人掛けテーブルをそれぞれ5卓ずつ配置。テーブルセットや照明にもこだわり、レストランのような雰囲気。車内にキッチンも完備

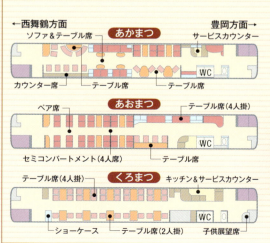

■あかまつ／あおまつ運行図
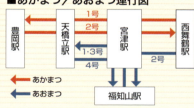
※あかまつは定員制、あおまつは全席自由席
※あかまつ1・2号は快速電車

■くろまつ運行表

	区間	所要時間	料金
くろまつ号 デザートコース	福知山駅→天橋立駅	1時間10分	大人 4000円 子供 3600円
くろまつ号 ランチコース	天橋立駅→西舞鶴駅	2時間20分	大人 1万円 子供 9400円
くろまつ号 ディナーコース	西舞鶴駅→豊岡駅	2時間40分	大人 1万1000円 子供 5000円

※料金は、運賃、特別車両料金、飲食代を含むパッケージ料金
※5日前までに、指定駅の窓口やインターネットなどで要予約（各コース定員30名）
※途中下車不可

車窓から海を眺めて 丹後あかまつ号 丹後あおまつ号 丹後くろまつ号

京都丹後鉄道
沿線のみどころ

海の幸や工芸品、温泉など、京都の海沿いならではの魅力がたっぷり。車窓から眺める絶景だけではなく、沿線の街の文化にも触れながら列車旅を楽しみたい。

1泊2日のモデルプラン

1日目
- 10:22 西舞鶴駅から丹後あかまつ1号に乗車。
- 11:16 予約しておいた駅弁を天橋立駅で受け取り、車窓風景とともに味わう。
- 12:50 豊岡駅到着。山陰本線に乗り換え、城崎温泉駅へ向かう。
- 13:30 城崎温泉で外湯めぐりを満喫。温泉街を散策し、おみやげもゲット。
- 16:16 城崎温泉を出発。豊岡駅で京都丹後鉄道に乗り換えて、天橋立駅へ。この日はここで宿泊。

2日目
- 9:30 天橋立を観光。山上の展望所へはモノレールで。
- 12:07 天橋立駅からくろまつ号のランチコースに乗車。
- 14:27 西舞鶴駅に到着。田辺城下町や舞鶴港とれとれセンターを観光。

おまけ 沿線の駅で途中下車し、丹後の文化に触れたり海の幸を堪能したのち、夕日ヶ浦温泉で宿泊するのもいい。

感動 乗車体験!!
天橋立駅〜西舞鶴駅 くろまつランチに乗車しました

普通列車が40分で行くところ、2時間20分かけてゆっくりと走るので、食事をしながら車窓の景色もしっかり楽しめました。丹後由良海岸の車窓がとても素敵だったので、食事を中断して思わず写真におさめました。サービススタッフのノリもよく、料理もおいしい。とくにローストビーフにかかっていた、マッシュルームソースが印象的でした。(SILVER KRISさん●ブログ「世界の車窓より」)

玄武、青龍など5つの洞窟が並ぶ
玄武洞公園 げんぶどうこうえん

豊岡駅から 車で7分

玄武洞は、約160万年前の火山活動で流れ出た溶岩が固まる前に、規則的な割目をつくり出したもの。国の天然記念物。
☎0796-22-8111(豊岡観光協会)
⌂兵庫県豊岡市赤石1362

日本海と久美浜湾を隔てる地形が天橋立と似ていることから小天橋と名付けられた。関東屈指の美しいロングビーチ

駅情報 久美浜駅
とれたてをおみやげに
毎週日曜に駅舎内で朝市を開催。久美浜産の新鮮な農水産物や手作りの惣菜などが揃う

TOWN INFO 豊岡
温泉と鞄が有名
1000年以上もの歴史を持つ豊岡鞄の産地だ。鞄の形をした自動販売機や鞄模様にラッピングされたバスもあるので探してみよう。

TOWN INFO 久美浜
自然と美味を満喫
日本海に面しており、夏は海水浴、冬は松葉ガニなど海の幸を求めて、多くの観光客で賑わう。久美浜湾で養殖されているカキは、肉厚でおいしいと評判。

豊岡駅から乗り継いで行こう
城崎温泉 きのさきおんせん
→豊岡駅から山陰本線で10分

浴衣が似合うレトロな温泉街
古くから愛される湯治場で、外湯めぐり発祥の地ともいわれる。みやげ物店や甘味処が並ぶ情緒あふれる温泉街は、浴衣姿で歩きたい。

強固な石垣の上に建つ城
福知山城 ふくちやまじょう

福知山駅から 徒歩15分

明智光秀が築いた、福知山のシンボル。現在の天守閣は再建されたもので、郷土資料館として多数の歴史資料を展示。
☎0773-23-9564
⌂京都府福知山市内記5

海に沈む真っ赤な夕日に感動
夕日ヶ浦
ゆうひがうら

夕日ヶ浦木津温泉駅から　車で5分

日本の夕陽百選にも選ばれた、丹後随一の夕日スポット。周辺には天然温泉が湧き、眺望やカニ料理が自慢の旅館が並ぶ。

風光明媚な日本三景のひとつ
天橋立
あまのはしだて

天橋立駅から　徒歩5分

全長3.6kmの砂嘴(さし)で形成された砂浜。ゆるやかに弧を描く優美な光景が天に架かる橋のように見えることから名がついた。展望所からの眺めはまさに絶景。
☎0772-22-8030(天橋立観光協会)

TOWN INFO 与謝野 よさの
ちりめん街道を散策しよう!
絹織物・丹後ちりめんの産地。明治〜昭和期の建物が数多く残り、重要伝統的建造物群保存地区にも指定されている。ちりめん街道には古い建物やショップが点在。

車窓から海を眺めて　丹後あかまつ号　丹後あおまつ号　丹後くろまつ号

TOWN INFO 宮津 みやづ
天橋立は必訪!
宮津城の城下町として江戸時代に整備され、交易の要所、観光の街として栄えた。天橋立周辺はもちろん、歴史ある寺社や日本最古のカトリック教会なども訪れたい。

駅情報 東雲駅
名産品でおもてなし
くろまつ号のランチコースはココで一時停車。地元の特産品などを販売する市場を開催

TOWN INFO 舞鶴 まいづる
情緒あふれる城下町を歩く
街の中心にあるのは、関ヶ原の戦いの前哨戦の舞台となった田辺城。城門内には資料館があり、歴代の城主や街の歴史を紹介している。城跡の周辺には歴史ある街並や寺社が点在。

舞鶴湾の新鮮な魚介がずらり
道の駅 舞鶴港とれとれセンター
みちのえきまいづるこうとれとれセンター

西舞鶴駅から　京都交通バスで5分

日本海側最大級の海鮮市場や寿司店、定食屋、みやげ物店などが入る大規模な道の駅。鮮魚店では、店頭に並ぶ魚介をその場で刺身や海鮮焼きにしてくれる。
☎0773-75-6125
京都府舞鶴市下福井905

TOWN INFO 福知山 ふくちやま
多彩な魅力を持つ街
明智光秀ゆかりの地として知られるほか、雲海が美しい大江山や「元伊勢」と呼ばれる神社など、郊外にも見どころが多い。

お泊まり情報　天橋立の周辺には大小さまざまなタイプの宿が充実。日本海が見渡せる夕日ヶ浦温泉や、風情ある城崎温泉もおすすめだ。

海沿いを走る列車は、装飾もマリンカラー。眺望の良い区間は、スピードを落として走ってくれる

船をモチーフとした列車で船旅を体験

JR西日本
瀬戸内マリンビュー
せとうちマリンビュー

広島駅〜三原駅(広島県)

2両編成の列車は、美しい景色を目の前にゆっくりと進む

1号車は指定席、2号車は自由席。海側のボックス席で、進行方向向きの席のうち、窓枠がかからない席がいちばん眺望が良い。車内で飲食物の販売はないので、事前に購入しておこう。

左 呉は造船で有名な街
右 船のキャビンを思わせる車内。ゆったりと配置された革張りの座席なら、長時間の移動も疲れない

Setouchi Marine View

車窓から海を眺めて　瀬戸内マリンビュー

島々が浮かぶ瀬戸内海を前にクルージング気分で

　瀬戸内海の海を行き交うクルーズ船をイメージしたデザインが楽しい観光列車。電化路線では珍しく気動車を利用した車体は、白波が立つ海を表現したブルーとホワイトの外装で、丸窓に浮き輪やオールの装飾など、旅情を盛り上げる仕掛けがあちらこちらにちりばめられている。

　大きくとられた窓スペースや、海側に向けられた座席など、瀬戸内海の風光明媚な景色を思う存分楽しめる工夫もされており、とくに、海岸のすぐそばを通る忠海(ただのうみ)駅から安芸幸崎(あきさいざき)駅までの間では、窓の外一面に海が広がり、まさに船に乗っているかのような感覚が味わえる。

　2時間30分ほどの鉄道旅。海に浮かぶ島々を眺めつつ、人気の駅弁を食べながら、ゆったりとした時間を過ごせば、まるで大航海の旅に出たかのような贅沢な気分に浸れるだろう。

RAILWAY INFORMATION

[運行日]土・日曜、祝日が中心
[区間]広島駅～三原駅
[全長]93.4km
[所要]広島駅～三原駅約2時間30分
[本数]1往復
[編成]2両
[料金]広島駅～三原駅1840円(乗車券1320円＋指定席券520円)※自由席車両あり
[予約]指定席券は1カ月前の10時からみどりの窓口、おもな旅行会社などで販売
[運行会社]JR西日本　www.westjr.co.jp

▶広島駅へ…新大阪駅から山陽新幹線のぞみで約1時間30分
※実際の運行情報とは異なる場合がありますので、ご乗車の際は事前にご確認ください。

列車案内
RAILWAY VEHICLES

指定席車両

指定席車両には、海側に設置された4人掛けボックス席と、海側に向けてL字に並んだソファ席がある

車内は豪華客船の船室をイメージし、羅針盤などのインテリアが飾られ、木目調の壁や天井のファンが、高級感ある空気を醸し出している。指定席と自由席では座席の配置が異なるが、ともに大きな窓があり、カウンター席などが設けられている。

自由席車両

こちらも落ち着いた雰囲気の車内。座席は海側のボックス席か、海側を向いたソファ席がおすすめ。指定席料金がかからずお得だが、時間帯によっては混雑する場合もある

船のようなインテリア

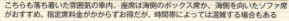

ファンやランプもレトロ調でまとめられている

丸窓や、浮き輪とオールをモチーフとした装飾品が車内の随所にあしらわれている

瀬戸内マリンビュー
沿線のみどころ

漁業で栄えた呉港、古い街並が残る竹原など歴史のある街が多く、それぞれ特徴のある名物グルメも人気がある。美しい瀬戸内海の多島美を満喫したい。

1泊2日のモデルプラン

1日目	10:00	まずは瀬戸内マリンビューの発車駅がある広島を観光。お好み焼など、広島名物を味わったり、平和記念公園など広島市内の観光を楽しみたい。
	14:00	広島駅から呉線で呉駅へ。日本有数の軍港で、大和ミュージアムなどの海軍スポットを巡ろう。
	18:00	広島駅に戻り、この日は駅周辺で宿泊する。
2日目	10:06	瀬戸内マリンビュー1号に乗り広島駅を出発。瀬戸内海の絶景を楽しむ。
	12:27	三原駅に到着。呉線を折り返し竹原駅へ。江戸時代の風情が漂う竹原町並み保存地区を散策する。
	16:00	再び三原駅に戻り、帰路に着く。
おまけ		三原駅から尾道に、広島駅から宮島や岩国に向かうプランや、瀬戸内の島々を訪れるのもいい。

0 5km

感動
乗車体験!!
瀬戸内海の絶景、とくに須波駅〜忠海駅が美しい

呉線のなかでも、いちばん美しいといわれる須波駅〜忠海駅の車窓は本当に見事。景色を楽しむなら、やはり指定席の1号車です。テーブルもあるので、事前に飲食物を買っておくと、乗車をより楽しめますよ! 呉や竹原などを観光するのも楽しいですよ。(あきじさん／2014年8月乗車●ブログ「あきじのきまぐれ日記」)

豊臣五大老の毛利輝元が築城
広島城
ひろしまじょう

| 広島駅から | 広電で15分＋徒歩10分 |

現天守は1958(昭和33)年に復元されたもの。内部は、城や歴史にまつわる資料を展示するミュージアムになっている。
- ☎082-221-7512(広島城)
- 🏠広島県広島市中区基町21-1

> **駅情報 広島駅**
> **名物駅弁を調達**
> 駅弁「あなごめし」(➡P.56)が有名。列車に乗り込む前に買っておこう！

TVドラマ「マッサン」のモデル
竹鶴酒造
たけつるしゅぞう

| 竹原駅から | 徒歩15分 |

江戸時代から続く「竹鶴」の蔵元。ニッカウヰスキーの創始者である、竹鶴政孝の生家としても有名だ。
- ☎0846-22-2021
- 🏠広島県竹原市本町3-10-29

江戸時代の代表的な商家
松阪邸
まつさかてい

| 竹原駅から | 徒歩15分 |

棒瓦の屋根に格子窓の建物が続く、竹原町並み保存地区にある建物。邸内では当時の生活品などの展示も見られる。
- ☎0846-22-5474
- 🏠広島県竹原市本町3-9-22

> **TOWN INFO 広島**
> ひろしま
> **原爆の爪痕を残す**
> 広島市街は中国地方最大の都市で、原爆ドームのある平和記念公園がある。お好み焼などのご当地グルメはぜひ味わいたい。

> **駅情報 忠海駅**
> **船で大三島へ**
> 大三島へ行くフェリーが忠海港から運航している

※このあたりで列車は海岸線ぎりぎりのところを通る

> **TOWN INFO 呉**
> くれ
> **海軍ゆかりの地**
> 東洋一の軍港として栄えた歴史があり、海軍に関するスポットが多い。オムライスなどの海軍グルメもいただける。

> **TOWN INFO 竹原**
> たけはら
> **安芸の小京都**
> 平安時代、京都下鴨神社の荘園として栄え、江戸時代には製塩地として発展した。当時の屋敷や由緒ある寺院が多数残る。

車窓から海を眺めて 瀬戸内マリンビュー

惨劇の地で世界平和を願う
平和記念公園
へいわきねんこうえん

| 広島駅から | 広電25分＋徒歩10分 |

人類史上初の原子爆弾が落とされた、爆心地の近くに広がる公園。原爆ドームや資料館、慰霊碑などが点在する。
- ☎082-247-6738(広島市観光案内所)
- 🏠広島県広島市中区中島町1、大手町1-10

戦艦「大和」がテーマの博物館
大和ミュージアム
やまとミュージアム

| 呉駅から | 徒歩5分 |

10分の1サイズで忠実に再現された戦艦「大和」をはじめ、実物の零戦などの展示のほか、船に関する体験コーナーも。
- ☎0823-25-3017
- 🏠広島県呉市宝町5-20

屋台で賑わう「赤ちょうちん通り」
蔵本通り
くらもとどおり

| 呉駅から | 徒歩10分 |

通り沿いに十数件並ぶ、呉名物の屋台村。ラーメンやおでんなどの定番から、創作料理の店まで多彩。
- ☎0823-23-7845(くれ観光情報プラザ)
- 🏠広島県呉市中央3

🏨 **お泊まり情報** 広島駅周辺には利便性に優れたシティホテルが多く、三原駅周辺は旅館から民宿までさまざまなタイプの宿がある。

レトロな列車が郷愁を誘う、日本海の旅

JR西日本
みすゞ潮彩
みすずしおさい

新下関駅〜仙崎駅（山口県）

2007(平成19)年、沿線の観光振興を目的に、普通列車を観光列車に改造したのが始まり

ユニークなデザインの列車は、指定席車両1両と自由席車両1両の2両編成で運行される

せっかくなら、紙芝居イベントや記念乗車券がもらえる指定席に乗りたい。海側の大きい窓の目の前の座席から予約が埋まっていくので、早めに指定席を購入しておこう。

左 ビュースポットの3つのうちの1つからは、夫婦岩が見える
右 仙崎駅の駅舎にはモザイク画の金子みすゞが。モザイクのひとつひとつには、板の寄贈者からのメッセージ

Misuzu Shiosai

車窓から海を眺めて
みすゞ潮彩

金子みすゞの豊かな詩の世界と山陰の自然をつなぐ

「みすゞ」とは、列車の終始発駅・仙崎がゆかりの地である童謡詩人、金子みすゞにちなんだもの。アール・デコ調の列車デザインも、彼女が活躍した大正時代を象徴したものだ。三角形や八角形のユニークな窓から望めるのは、日本海や山々の大自然。海岸を寄り添うように走るので、海の上を走っているかのような迫力ある景色に驚くだろう。とくに眺めのいい3カ所のスポットでは、列車を停止させ車内アナウンスによる案内もある。また、指定席車両では、紙芝居の上演、おみやげや軽飲食が買える車内販売、みすゞ潮彩をイメージした乗車記念証の配布などと、サービスが充実している。

下関駅と仙崎駅では、かわいらしいイラストとともに、金子みすゞの詩が書かれた看板があるのでチェックしておこう。彼女の詩情が景観をより美しく魅せてくれるはずだ。

RAILWAY INFORMATION

[運行日]土・日曜、祝日
[区間]新下関駅〜仙崎駅
[全長]87.1km
[所要]新下関駅〜仙崎駅約2時間30分
[本数]1往復
[編成]2両
[料金]指定席券は新下関駅〜仙崎駅乗車券1840円(乗車券1320円+指定席券520円) ※自由席車両あり
[予約]1カ月前の10時からみどりの窓口、おもな旅行会社で販売
[運行会社]JR西日本 www.westjr.co.jp

▶新下関へ…新大阪駅から山陽新幹線で新山口駅へ約2時間15分、ほか
※実際の運行情報とは異なる場合がありますので、ご乗車の際は事前にご確認ください。

2号車・指定席
指定席の定員は44人。のんびりと海を眺められるゆったりした座席配置

車窓
みすゞ潮彩の特徴であるユニークな窓。三角形のほかに八角型、階段型などがある

紙芝居
指定席車両内では、紙芝居「童謡詩人金子みすゞ」「巌流島の決闘」が上演される

列車案内
RAILWAY VEHICLES

景色が楽しめるような大きな窓と、回転可能なゆったりとした2人掛けの座席は、指定席の特典。アール・デコ調のデザインが、のどかな雰囲気とよく似合う。内外装ともに長門市出身のアートディレクター、インテリアプランナーが手がけた。

1号車・自由席

列車の細部にまで施されたレトロなデザインは、旅の気分を盛り上げてくれる

車両中央には4人掛けのボックス席があり、昔ながらのローカル列車を堪能できる

車内販売
下関ならではの食材を使った軽食が人気
指定席車両内に設置された売店では、メイド服を着た客室添乗員がお出迎え。海の幸たっぷりのみすゞ潮彩弁当や、みすゞに関連したおみやげが買える。

みすゞ潮彩
沿線のみどころ

列車の名前にもなった金子みすゞのゆかりの地をたどりながら、日本海の眺めを満喫。彼女のやさしさにあふれた詩を通じて、山口の文化や自然が楽しめるだろう。

1泊2日のモデルプラン

1日目	9:59	新下関駅を出発。みすゞ潮彩1号で2時間30分の旅へ。
	12:32	仙崎駅着。青海島シーサイドスクエア、金子みすゞ記念館へ。昼食、青海島の遊覧船、おみやげ選びなどを楽しもう
	16:30	列車、バスを乗り継ぎ、下関つくの温泉の西長門リゾートホテルへ。この日はここに滞在。温泉に浸かりながら夕景を堪能したい。
2日目	11:00	バスで角島灯台公園へ行き、角島を見学。昼食後、バスで特牛駅へ。そこから列車で約1時間20分かけて、下関駅へ向かう。
	15:00	下関駅着後、海峡ゆめタワーへ。展望室からの景色を楽しもう。
おまけ		下関駅からバスで10分の唐戸市場は、グルメスポットとして有名。時間があれば寄ってみたい。

感動
乗車体験!!
日本海の大海原、絶景を車窓から眺めて楽しみたい

指定席車両で上演される紙芝居を見れば、はじめて乗り合わせた方でも金子みすゞがどんな人かわかるので安心ですよ。宇賀本郷駅～長見二見駅間の二見夫婦岩は、よくよく見ていないと一瞬で通過してしまうので、アナウンスを聞き逃さないように! 特牛駅隣のトトロが出てきそうな竹薮もぜひ見てほしいです。(K・Hさん／2015年2月頃●ブログ「Hiroshima-Delta★Linerの鉄道／船ブログ」)

詩を通して時代をしのぶ
金子みすゞ記念館
かねこみすゞきねんかん

仙崎駅から　徒歩5分

生誕100年にあたる2003(平成15)年4月、みすゞが幼少期を過ごした跡地にオープン。遺品の展示や、詩を音と光で体感できるギャラリーなどがある。
☎0837-26-5155
山口県長門市仙崎1308

大きな鯨のモニュメントが目印
青海島シーサイドスクエア
おおみじまシーサイドスクエア

仙崎駅から　徒歩5分

青海島を一周する観光遊覧船の発着所で、みやげ物屋や食事処が並ぶ。野外ステージ、緑地公園などもあり、イベント会場として使われることもある。
☎0837-26-3150
山口県長門市仙崎4297-1

駅情報 仙崎駅
珍しい始発駅
始発終着駅ながら無人という珍しい駅

「とくぎゅう」と読んでしまいそうだが「こっとい」と読む。全国屈指の難読駅名

日本海

油谷湾

角島大橋
角島
下関つくの温泉

阿川
特牛
滝部
長門二見
宇賀本郷
湯玉
小串
川棚温泉
黒井村
梅ケ峠
吉見
福江
安岡
梶栗郷台地
綾羅木
幡生
新下関
下関

長門粟野
伊上
人丸
長門古市
黄波戸
仙崎
長門市

東後畑棚田
青海島

山陰本線
美祢線

ビュースポット停車③
海上のアルプスといわれる青海島を堪能

ビュースポット停車②
良縁などのご利益がある夫婦岩を見る

ビュースポット停車①
厚島という無人島の眺望を楽しむ

TOWN INFO 長門
みすゞの故郷
幼い頃にみすゞが過ごしたこの街は、ほのぼのとした雰囲気が漂う。青海島が近く、大規模な漁港がある。

TOWN INFO 下関
熱気と会話があふれる
下関駅からタクシーで10分ほど行くと、人々で賑わう唐戸市場が出現。地元の漁師が新鮮な魚を直接販売する全国的にも珍しい市場。

山口県

山陽新幹線
中国自動車道
山陰本線
山陽本線
海峡ゆめタワー
唐戸市場
門司港IC
門司港
門司港レトロ
九州鉄道記念館
門司
小倉
博多駅
日豊本線
大分駅
九州自動車道
北九州空港

福岡県

夕方以降が見どころ
東後畑棚田
ひがしうしろばたたなだ

長門古市駅から　車で15分

夕日が沈む頃、さまざまな形の水田越しに、イカ釣り漁船の漁り火が無数に輝き、幻想的な光景が生まれる。シーズンの5～6月には、大勢の人が集まる。
☎0837-22-8404(長門市観光コンベンション協会)
山口県長門市油谷東後畑

CMなどのロケ地にもなる絶景
角島大橋
つのしまおおはし

特牛駅から　ブルーライン交通バスで20分

絶景スポットとして有名な橋。角島は日本海に浮かぶ人口900人ほどの小さな島で、白い砂浜とエメラルドグリーンの海が最大の魅力。海水浴や釣りなど、アクティビティやキャンプにもおすすめ。

新山口○　　○岩国駅

唐戸や巌流島等の周遊ルート
門司港レトロ
もじこうレトロ

門司港駅から　徒歩2分

明治から大正にかけて造られた建物と現在の建物が共存しているレトロな観光エリア。充実した商業施設と、歴史を感じる街並は、散策にぴったり。
☎093-321-6110(門司港観光案内所)
福岡県北九州市門司区港町9-11

車窓から海を眺めて　みすゞ潮彩

お泊まり情報　下関駅周辺に宿は多いが、途中駅の川棚温泉も視野に入れたい。仙崎駅から乗り継ぎ、萩にもさまざまな宿泊施設が集まる。

伊豆半島の東海岸、太平洋沿いを往く

伊豆急行
リゾート21
リゾートにじゅういち

熱海駅～伊豆急下田駅(静岡県)

東伊豆を駆け抜ける、日本の観光列車の先駆け

「21世紀へと進む鉄道車両」というコンセプトのもと、伊豆急行がリゾート21の運行を開始したのは1985(昭和60)年のこと。前面展望が楽しめる先頭車両、海側を向いた座席配置、それらを普通列車で運行するなど、それまでの列車の概念とは一線を画すアイデアが盛り込まれた。日本で観光列車という概念は、まさにこのとき誕生したといっても過言ではないだろう。運行開始からわずか1年足らずで、鉄道友の会から「ブルーリボン賞」を授与された。

2015(平成27)年現在、3次車・リゾートドルフィン号、4次車・黒船電車、そして5次車となるアルファ・リゾート21の3列車が運行。初代からのコンセプトは踏襲しつつ、快適さや利便性は向上を重ねている。パノラマの車窓から、紺碧にきらめく海を眺めていると、鉄道で旅をするわくわくは30年以上前から変わらないものだと、実感させてくれる。

RAILWAY INFORMATION

[運行日]毎日
[区間]熱海駅～伊豆急下田駅
[全長]62.6km
[所要]熱海駅～伊豆急下田駅約1時間30分
[本数]6往復
[編成]7両
[料金]熱海駅～伊豆急下田駅1940円
[予約]不要
[運行会社]伊豆急行 www.izukyu.co.jp

北川漁港や東伊豆海岸線辺りの景色は見ごたえ十分！ 季節により線路沿いの桜なども美しいですね。それと、じつはリゾート21の車両内では、結婚式も挙げられるんです(笑)
(伊豆急行広報 川口さん)

▶熱海駅へ…東京駅から東海道本線で約1時間50分、または東海道新幹線・こだまで50分、ほか

※実際の運行情報とは異なる場合がありますので、ご乗車の際は事前にご確認ください。

伊豆大川駅〜伊豆北川駅を走るリゾート21。始発から終点まで、伊豆東部をひた走る

車窓から海を眺めて

リゾート21

割引切符もあるので、旅の目的に合わせて利用したい。通常運行時には、座席指定券や特急券などは必要ないが、臨時で運行される東京駅発の「リゾート踊り子」は特急扱いなので注意。

Resort 21

左 2004（平成16）年に下田開港150周年を記念して走り始めた黒船電車
下 アルファ星のごとく輝くようにとの願いで名付けられたアルファ・リゾート21

運転席越しに前面展望も見渡せる先頭展望車両。見渡す限り海が広がる

列車案内
RAILWAY VEHICLES

広々とした窓面に向いた座席配置。伊豆半島の東海岸沿い、太平洋の景色を一望できる。山側の座席は一段高くなっており、海側の車窓も楽しめるよう工夫されている

劇場をイメージし、階段状に配置され運転席越しに進行方向が眺められる先頭車両や、パノラマ展望シートがある中間車両など、車窓を楽しむための工夫が満載。黒船電車にはペリー来航などをはじめとする幕末史や下田にまつわる資料などの展示も。

リゾートドルフィン号

2010(平成23)年8月にオリジナルカラー塗装を終了した3次車だが、ハワイアンブルーに塗装し直し、同年10月から運行を再開

黒船電車

下田に来航した黒船に由来。初代黒船電車として活躍していた1次車の引退にともない、4次車を2代目黒船電車に抜擢

アルファ・リゾート21

さらなる進化を遂げた5次車がこちら。伊豆急線の魅力を余すところなく味わえる設備と、スタイリッシュな外観に注目

Column
週末、東京と伊豆をつなぐ「リゾート踊り子」号

アルファ・リゾート号は、東京駅～伊豆急下田駅をつなぐ臨時電車「リゾート踊り子号」としても活躍。グリーン車扱いの、ロイヤルボックス車両も連結、料金も特急扱いとなる。

[運行日]土・日曜、祝日が中心
[全長]167.2m　[所要]東京駅～伊豆急下田駅約3時間
[本数]1本　[編成]8両
[料金]東京駅～伊豆急下田駅6460円(乗車券3890円＋指定席券2570円、時季により変動)

リゾート21
沿線のみどころ

リゾート21が走る伊豆半島の東側は見どころ盛りだくさん。温泉街での湯めぐりや地物の海の幸に、雄大な景勝地。伊豆半島の魅力が余すところなく味わえる。

1泊2日のモデルプラン

1日目	9:42	熱海駅から普通列車のリゾート21に乗車。
	11:14	伊豆急下田駅に到着。ランチは下田港で水揚げされた新鮮な海の幸。
	13:20	黒船「サスケハナ」に乗船。幕末関連のスポットなども併せて巡りたい。
	15:42	再びリゾート21に乗り、伊東駅まで戻る。伊東の温泉宿に宿泊。
2日目	9:32	富戸駅へと向かい、城ヶ崎海岸ハイキング。ゴール・伊豆海洋公園からはバスで伊豆高原駅へと向かう。到着したら昼食。
	13:00	伊豆高原を観光。赤沢温泉日帰り温泉館で絶景の露天風呂やミュージアムなどを楽しむ。
	18:00	熱海駅へと向かい、帰路につく。
おまけ		城ヶ崎海岸ハイキングの代わりに、伊東駅からバスで大室山やシャボテン公園を訪れるのもおすすめ。

右も左も！ワニワニパラダイス
熱川バナナワニ園
あたがわバナナワニえん

[伊豆熱川駅から] [徒歩すぐ]

熱帯植物やワニが中心の珍しい動植物園。ワニの種類だけではなく、レッサーパンダの飼育数も世界一。

☎0557-23-1105　⌂静岡県賀茂郡東伊豆町奈良本1253-10

ダイナミックな景観が楽しめる
城ヶ崎海岸
しょうがさきかいがん

城ヶ崎海岸駅から 徒歩30分

約9kmにわたり絶壁が続く海岸。ハイキングコースの途中にある高さ23m、長さ48mの門脇吊橋はスリル満点。
☎0557-37-6105（伊東観光協会）
静岡県伊東市富戸海岸

絶景のオーシャンビュー温泉
赤沢温泉日帰り温泉館
あかざわおんせんひがえりおんせんかん

伊豆高原駅から 無料送迎バスで15分

化粧会社のDHCが運営する温泉施設。相模灘の景色が一望できる露天風呂は、一度は入ってみたい絶景温泉だ。
☎0557-53-2617
静岡県伊東市赤沢浮山170-2

この体験が面白い！
下田の名所は「黒船」で巡る
黒船「サスケハナ」下田港内めぐり
くろふねサスケハナ しもだこうないめぐり

▶下田港から発着

ペリー艦隊がイカリを降ろしたというみなさご島近くや吉田松陰ゆかりの弁天島など、幕末、日本開国の舞台となった下田港を巡る観光遊覧船。

伊豆クルーズ
☎0558-22-1151
静岡県下田市外ヶ岡19

TOWN INFO 熱海 あたみ
歴史も深い温泉街
日本指折りの温泉街だけあって、名だたる文豪を魅了した起雲閣やMOA美術館などの名所や、グルメなレストランも多い。

周辺にはミカン畑が広がっている

近くには国道沿いに並ぶヤシの木、遠くには初島が望める

文人墨客が愛した伊豆最古の名湯

周囲の緑と太平洋の青が美しい、赤入洞橋梁付近

TOWN INFO 伊東 いとう
豊かな自然を満喫
伊豆のなかでも随一の湧出量を誇る。「七福神の湯」や「お湯かけ七福神」などがあり、温泉街らしい七福神巡りが楽しめる。

駅情報 城ヶ崎海岸駅
駅で温泉気分

駅構内に足湯「ぽっぽの湯」が設置されている

海岸すれすれを通り、伊豆七島がきれいに眺められる

TOWN INFO 下田 しもだ
日本開国の舞台
鎖国後に日本が初めて開港したのが下田。ゆかりの名所も多く、幕末ファンにはたまらない。港町ならではの海の幸も堪能したい。

TOWN INFO 伊豆高原 いずこうげん
豊かな自然を満喫
伊豆半島の自然を楽しむならここ。リゾート地として親しまれ、緑に囲まれて、美術館やカフェで優雅に過ごしたい。

車窓から海を眺めて
リゾート21

路線図
小田原駅 — 熱海 — 来宮 — 伊豆多賀 — 網代 — 宇佐美 — 伊東 — 南伊東 — 川奈 — 富戸 — 城ヶ崎海岸 — 伊豆高原 — 伊豆大川 — 伊豆北川 — 伊豆熱川 — 片瀬白田 — 伊豆稲取 — 今井浜海岸 — 河津 — 稲梓 — 蓮台寺 — 伊豆急下田

黒船サスケハナ

N 0 5km

お泊まり情報 沿線のは温泉地が多く宿泊先には困らない。相模湾を一望できる露天風呂、海鮮づくしの料理が自慢など、好みで選ぼう。

TOPICS

**暮らすように楽しむ
周遊型の豪華列車**

クルーズトレイン

移動手段ではなくゆっくりと巡る旅を楽しむ車両へと、日本の列車が進化している。「ななつ星in九州」を追う豪華列車も続々誕生予定だ。

2017年登場のトワイライトエクスプレス「瑞風」

申し込み殺到！クルーズトレインの魅力

贅を尽くした車内でドレスアップして優雅に食事を楽しむ……。オリエント急行などヨーロッパを走る豪華列車でしか実現できなかった旅が、日本でも味わえるようになった。それを可能にしたのが、日本初のクルーズトレイン「ななつ星in九州」の登場だ。駅と駅を結ぶ移動手段ではなく、乗ること自体を楽しむ観光列車の粋も超えて、これまでにない非日常の時間と空間が満喫できる。観光地を巡る豪華客船でのクルーズの魅力を、列車に置き換えたのがクルーズトレインなのだ。日本の美しい里山、海や川を車窓から眺めながら、豪華ホテルのような車両で過ごす時間はまさに一生モノの旅。「ななつ星in九州」は高額な旅行代金ながら、毎回の募集で申し込みが殺到。抽選での予約受付になるなど、大成功を収めた。

「ななつ星in九州」の登場で日本の豪華列車の旅がさらに進化

走る伝統工芸品、ななつ星in九州

2013（平成25）年に運行開始した「ななつ星in九州」は、JR九州に縁が深い水戸岡鋭治氏のデザイン。日本の最先端技術と伝統的な匠の技が融合した車両の製作費は30億円を超える。有田焼の洗面鉢や白磁の食器、福岡・大川の組子細工など九州の工芸品が絢爛と車両空間を織りなす。クルーのサービスはもてなしの心に富み、世界に誇るクルーズトレインの先駆けとなった。

眺め、食事、宿泊のすべてが極上プラン

「ななつ星in九州」の名は列車が九州7県を走ることにちなむ。1泊2日（1人21万円〜）、3泊4日（1人48万円〜）の2コースがあり、全14室のすべてがスイート。1泊2日コースは博多を出発し、有田、阿蘇、由布院などを巡り、博多に戻る。3泊4日コースは博多、由布院、宮崎、霧島、鹿児島、阿蘇などを周遊して博多に戻る旅程で、2泊目は霧島の高級温泉旅館に宿泊する。旅の間に供される食事は、旬の地元食材を使った創作和食やフレンチなど。名店の料理人が目の前で腕をふるう趣向も。景勝地では眺めを堪能するため、運転速度を落とすなどの演出もあり、驚きと幸福感に満ちた列車の旅が続く。※金額・コースは2015年4月現在

個性的なクルーズトレインが続々登場

JR九州の成功を受けて、JR西日本とJR東日本も豪華列車の開発に着手している。JR西日本は新しいトワイライトエクスプレスとして、「瑞風」を2017年春に運行する予定。走行エリアは京阪神と山陰・山陽で、日本海と瀬戸内海沿いがメインルートとなる。デザインはノスタルジック・モダンのテイスト。最上級客室は1両1室の贅沢な造りだ。JR東日本は、奥山清行氏プロデュースの「TRAIN SUITE四季島（トランスイートしきしま）」を2017年春にデビューさせる計画。JR東日本を超えたエリアも走行ルートに検討されるなど、名前のとおり、日本の美しい四季を存分に楽しめる豪華列車となる。

瑞風の最高級客室は両サイドに窓が配される

冬も元気に走ります

冬もエネルギッシュに運転中！ 北の大地を走り抜け、
この時季しか見られない白銀の景色に会いに行く。
外が寒い分、アテンドさんのおもてなしにいっそう心が温まる。

ストーブ列車 津軽鉄道 ⋯212
こたつ列車 三陸鉄道 ⋯216
流氷ノロッコ号 JR北海道 ⋯220

陽気なアテンダントさんのおもてなしで、まるで我が家にいるかのような気分で楽しめる

HERE
北海道
津軽中里
津軽五所川原
青森
秋田
岩手

吹雪でもぬくぬく！ 津軽の風物詩

津軽鉄道
ストーブ列車
ストーブれっしゃ

津軽五所川原駅～津軽中里駅（青森県）

機関車に接続する1両目と2両目がストーブ列車仕様になっている

全席自由席なので、希望の席があれば早めに並びたい。ストーブ前の座席はかなり暑くなるので注意。スルメは車内販売で購入できる。持ち込みも自由だが、汁や煙が出るものは×。

左 車窓に広がるのは一面の雪景色。背後には日本百名山のひとつであり、青森県最高峰の岩木山がひかえる
右 地吹雪をものともせずに牽引するディーゼル気動車

Stove Train

冬も元気に走ります　ストーブ列車

津軽弁アテンダントとスルメと…。白銀の平野を旅する

　五能線と接続する津軽五所川原駅から北へ20.7km、太宰治の生まれ故郷・金木を経て、津軽中里駅との間を結ぶローカル線、通称「つてつ」。普段は沿線に暮らす人々の足として走るが、ストーブ列車が運行される冬になると、多くの鉄道ファンや旅行者が訪れるようになる。

　津軽の冬はとにかく寒い。1月は気温が-5℃近くまで下がる日が多く、地吹雪に見舞われる日もあるというが、各車両に2台設置された石炭ダルマストーブとアテンダントの津軽弁を交えた温かなおもてなしで、車内はぽかぽか陽気だ。

　白銀に包まれた津軽平野をのんびり走る列車の窓からは、津軽富士とも呼ばれる名山・岩木山がよく見える。車内で購入した地元産スルメをストーブの上で焼きながら、ストーブ酒で一杯。というのが最高の冬の贅沢なのだ。

RAILWAY INFORMATION

[運行日]12～3月の毎日
[区間]津軽五所川原駅～津軽中里駅　[全長]20.7km
[所要]津軽五所川原駅～津軽中里駅約50分
[本数]12月の平日は1日2往復、土・日曜、祝日3往復、12月31日～3月31日3往復　[編成]1～3両(客車)
[料金]津軽五所川原駅～津軽中里駅1250円(乗車券850円+ストーブ列車料金400円)　※自由席の一般車両あり
[予約]不要　[運行会社]津軽鉄道 tsutetsu.com

金木出身の太宰治も愛した津軽平野の風景と、津軽富士、岩木山がとにかく美しいです。空きっ腹には、金木駅二階「ぽっぽ屋」のしじみラーメンがおいしいのでおすすめです。
(津軽鉄道 粟嶋さん)

▶津軽五所川原駅へ…新青森駅から奥羽本線で川部駅へ32分、五能線に乗り換え五所川原駅へ29分。五所川原駅と津軽五所川原駅は徒歩すぐ
※実際の運行情報とは異なる場合がありますので、ご乗車の際は事前にご確認ください。

	ストーブ列車
	沿線のみどころ

津軽は太宰治ゆかりの地として知られ、金木駅周辺を中心に見どころが多い。冬は積雪もあり歩くのにも時間がかかるので、余裕のあるプランを立てたい。

1泊2日のモデルプラン

1日目	11:30 ▽	新青森駅を経て弘前駅で下車。弘前公園や市内の洋館巡りなどを楽しむ。そのまま弘前に宿泊。
2日目	9:28 ▽	弘前駅から五所川原駅まで移動。五所川原駅と津軽五所川原駅は隣接している。津軽五所川原駅に着いたら、予約をしておいたお弁当を受け取る。列車との記念撮影も忘れずに!
	11:40 ▽	津軽五所川原駅からストーブ列車に乗車し出発。終点の津軽中里駅へ。約50分の旅を満喫。
	12:50	帰路は一般客車、メロスに乗車し、金木駅で途中下車。太宰治記念館「斜陽館」などを見学し、五所川原駅へ戻る。
おまけ		2日目に新青森まで戻ったり、帰京してもいいが、時間があれば海沿いの景色が素晴らしい五能線の旅を満喫したい。

ストーブ
スルメを焼く

だるまストーブの燃料は石炭。炎の加減を見ながら石炭をくべるのは車掌の仕事。慣れた手つきでお手のものだ

ストーブの強い火力のおかげで、スルメはすぐに焼ける。熱いので注意して

列車案内
RAILWAY VEHICLES

ストーブ列車は通常、だるまストーブを積む旧型客車と、「メロス」と呼ばれる一般客車で編成される。旧型客車の車内は木目調で昔懐かしい雰囲気だ。車内ではアテンダントの津軽弁による沿線案内で盛り上がり、ボックス席では知らない人同士でも話が弾む。

ヘッドマーク
ストーブ列車

アテンダント

沿線案内をしてくれるアテンダント。スルメの焼き方も教えてくれる

車内販売
スルメとストーブ酒がマスト。お弁当は予約を!

ストーブ酒
弘前の蔵本、齋藤酒造店で造られたお酒。飲みすぎ注意のラベルが微笑ましい

ストーブ弁当
地産の食材が詰まったお弁当。乗車3日前までに要予約(2個から受付)

Column
涼を感じる! 夏季には、「風鈴・鈴虫列車」も登場!

7〜8月には一般客車に津軽金山焼の風鈴を吊るした風鈴列車が走る。9月〜10月中旬には、鈴虫が入った虫かごを設置した鈴虫列車が運行する。季節感あふれるサービスがユニーク。

日本海

感動
乗車体験!!
4人掛けボックス席が並び昔ながらのレトロ感満載

芦野公園駅〜川倉駅間が雪原が広く見られて、とても良い景色が望めます。アテンダントによる車内販売では、日本海スルメとストーブ列車限定のお酒が買えるので、ぜひ買って食べてみてください。ストーブとお酒でより体が温まりますよ。(Johさん/2013年3月乗車●ブログ「Joh3の気まぐれ鉄道日記」)

TOWN INFO 津軽中里 つがるなかさと
津軽鉄道の終着駅がある
津軽中里の北に位置する十三湖のしじみを使ったしじみラーメンが名物。全編津軽弁の伝統人形芝居の「金多豆蔵(きんたまめじょ)」もおすすめ。

TOWN INFO 金木 かなぎ
太宰治の故郷
太宰が生まれ育った街で「斜陽館」をはじめ、ゆかりのスポットが多い。雲祥寺、津軽三味線会館なども訪れたい。

駅情報 芦野公園駅
小説『津軽』にも登場
桜まつり期間中のみ駅員がいる無人駅。現駅舎の隣にある旧駅舎は登録有形文化財だ。喫茶店「駅舎」の馬(ば)まんも有名。

駅情報 金木駅
途中区間唯一の有人駅
駅の2階には、しじみラーメンを出す食堂「ぽっぽ屋」がある。夏旅ならレンタサイクルが便利。

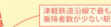
津軽鉄道沿線で最も乗降者数が少ない駅

駅情報 嘉瀬駅
知る人ぞ知る車両が
香取慎吾さんが地元の子供たちと車両に絵を描いた「夢のキャンバス号」が保存されている。

TOWN INFO 五所川原 ごしょがわら
津軽観光の拠点となる街
五所川原駅は白神山地方面へアクセスできる五能線と津軽鉄道が発着する。駅周辺は商業地となっている。

冬も元気に走ります　ストーブ列車

超巨大なねぶたを展示する
立佞武多の館 たちねぶたのやかた
五所川原駅から　徒歩5分
五所川原の立佞武多祭りで使われる高さ23m、重さ19tほどのねぶたを展示するほか、ねぶた作りも体験できる。
☎0173-38-3232
青森県五所川原市大町21-1

津軽三味線の生演奏に感動
津軽三味線会館 つがるしゃみせんかいかん

金木駅から　徒歩8分
金木町は津軽三味線の発祥の地。冬季は1日4回生演奏があるほか、予約制で演奏体験も楽しめる。
☎0173-54-1616
青森県五所川原市金木町朝日山189-3

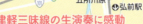

太宰の遺品や原稿などを展示
太宰治記念館「斜陽館」 だざいおさむきねんかん しゃようかん
金木駅から　徒歩8分
太宰の父、津島源右衛門が建てた入母屋造りの大豪邸。第二次大戦後に津島家が手放し、旅館として営業していたが、現在は文学館となっている。
☎0173-53-2020
青森県五所川原市金木町朝日山412-1

 お泊まり情報　五所川原駅周辺にビジネスホテルがある。旅行プランによっては弘前市内に宿泊するのも便利。

三陸の温かさに触れる、ほっこり列車旅

三陸鉄道
こたつ列車
こたつれっしゃ

久慈駅〜宮古駅(岩手県)

列車正面のプレートには岩手版のなまはげともいえる「なもみ」が描かれている

4人掛けの掘りごたつでぬくぬく温まりながら車窓の風景が楽しめる

窓側のA・D席がおすすめだが、「なもみ」との記念撮影や車内でのグッズ購入には通路側が便利。混雑時は相席になることも。久慈駅から宮古駅へ向かう場合は、奇数座席が海側となる。

左 久慈の小袖海岸では夏の間、海女さんによる素潜り実演も行なわれる
右 堀内駅〜白井海岸駅間の大沢橋梁では一時停車もしてくれる

Kotatsu Train

冬も元気に走ります　こたつ列車

こたつの中から眺める風景とおもてなしに、心も温まる

リアス式海岸の変化に富んだ景観と、近海で獲れる新鮮な魚介が魅力の三陸鉄道・北リアス線。東日本大震災により甚大な被害を受けながらも、震災から5日後には一部区間の運行を再開し、多くの被災者の心を励ました。その後も復興の象徴として、地元民や全国のファンらの支援を受けながら復旧工事を進め、2014(平成26)年4月には全線で運行を再開。NHKの連続テレビ小説「あまちゃん」の舞台としても脚光を浴び、賑わいを取り戻しつつある。

こたつ列車は、北リアス線の冬の風物詩として、2005(同17)年から冬季限定で運行を開始。車内にはこたつが12台並び、海女さん衣装を着たアテンダントが笑顔で迎えてくれる。車窓や名物駅弁を楽しむうちに、心はすっかりリラックス。「なもみ」が登場して車内が盛り上がる頃には、乗客同士も打ち解け、車内はさらに温かい空気に包まれる。

RAILWAY INFORMATION

[運行日]12〜3月の土・日曜、祝日(1月初旬は毎日運行)
[区間]久慈駅〜宮古駅　[全長]71.0km
[所要]久慈駅〜宮古駅約1時間40分
[本数]1往復　[編成]2両
[料金]久慈駅〜宮古駅2350円(乗車券1850円＋指定席券500円) ※自由席の一般車両あり　[予約]1カ月前の9時から電話で受付(三陸鉄道本社 ☎0193-62-8900)
[運行会社]三陸鉄道 🌐 www.sanrikutetsudou.com

あまちゃんのファンの方には堀内駅(袖が浜駅)、大沢橋梁(夏ばっぱが大漁旗を振った場所)がおすすめです。陸中野田駅の、野田塩を使ったソフトクリームもおいしい！
(三陸鉄道 アテンダント北村さん)

▶久慈駅へ…東京駅から東北新幹線で八戸駅へ約2時間50分、八戸駅に乗り換え久慈駅へ約1時間45分、ほか
※実際の運行情報とは異なる場合がありますので、ご乗車の際は事前にご確認ください。

こたつ列車車内

大きな窓から太平洋のパノラマ風景が楽しめる。靴は邪魔にならないよう、座席の下に収納

列車案内
RAILWAY VEHICLES

夏のお座敷列車が、冬になるとこたつ列車に変身。畳敷きで掘りごたつ式の座敷は、座り心地も抜群だ。車内を何度か通るワゴンには、三鉄グッズや沿線の名産品も。下車時には、乗車記念の「こたつ列車乗車証明書」と「こたつ列車南部せんべい」がもらえる。

三陸鉄道キャラクター
さんてつくん

なもみが登場

「悪い子はいねが〜」となまはげのように登場し車内は大盛り上がり！

車内販売

新鮮な海の幸がぎっしり詰まった三陸ならではの駅弁を

うに丼

お座敷列車、こたつ列車限定販売の大ぶりなウニが贅沢にのせられた大満足の一杯。「うに丼」「うにあわび弁当」「ほたて弁当」の3種あり、前日13時までの予約制となっている

─ Column ─
夏には、お座敷列車として運行しています。

4月下旬から11月上旬（ただし、8月上旬を除く）ごろまで、お座敷列車「北三陸号」として運行。2014（平成26）年4月の北リアス線全線開通を記念して、新型車両「さんりくはまかぜ」が運行を開始した。冬とはまた違った風景や味覚が楽しめる。「北限の海女」に扮した車内アテンダントが沿線の案内をしてくれるのもうれしい。

こたつ列車
沿線のみどころ

北山崎や浄土ヶ浜など、リアス式海岸の雄々しい景観が魅力。いまも残る震災の傷跡も、目に焼きつけたい。新鮮な魚介や、人々とのふれあいも楽しみ。

1泊2日のモデルプラン

1日目	12:13	こたつ列車に乗り込み、久慈駅を出発。予約しておいた駅弁も受け取る。
	13:54	終点の宮古駅に到着。駅前からバスで20分ほどの浄土ヶ浜へ。
	17:30	宮古駅に戻り、周辺のホテルに宿泊。
2日目	9:00	朝から宮古市魚菜市場の飲食店で新鮮な魚介をいただく。
	11:05	駅構内でおみやげを買い、再び久慈駅に向けて出発する。
	11:53	田野畑駅で途中下車。羅賀漁港からサッパ船アドベンチャーズに参加し北山崎を間近で見学。
	14:50	昼食後、田野畑駅に戻り、ここからはこたつ列車に乗車する。
	16:46	久慈駅に到着。八戸線で八戸方面へ。
おまけ		宮古駅から山田線で盛岡へ抜けたり、バスで釜石駅に移動して南リアス線に乗車するのもおすすめ。

感動
乗車体験!!
三陸鉄道の駅めぐりを楽しむために訪れました

「あまちゃん」の舞台となった堀内駅（ドラマ中は袖ヶ浜駅）周辺では、太平洋の絶景を楽しむため徐行運転されるので要チェックです。沿線の観光情報が知りたければ、アテンダントさんに聞けば一発ですよ。八戸に宿泊して、八戸線と絡めて楽しむのもおすすめです。（歩王（あるきんぐ）さん／2013年2月頃乗車●ブログ「歩王（あるきんぐ）のLet'sらGO!」）

三陸海岸随一の絶景スポット
北山崎
きたやまさき

田野畑駅から　観光乗合タクシーで20分

田野畑から黒崎まで約8kmにわたり、高さ200mもの断崖が続く海岸線。ダイナミックな断崖美は「海のアルプス」と称される。

☎0194-33-3248（田野畑村総合観光案内所）
住 岩手県下閉伊郡田野畑村北山

屏風のように連なる5層の断崖
鵜ノ巣断崖
うのすだんがい

島越駅から　車で15分

弓状にえぐられた高さ200mの断崖が5層に連なる景勝地。壁面に鵜の巣が作られることからこの名がつけられた。

☎0194-33-3248（田野畑村総合観光案内所）
住 岩手県下閉伊郡田野畑村真木沢

白い岩肌に松の緑と青空が映える
浄土ヶ浜
じょうどがはま

宮古駅から　岩手県北バスで20分

穏やかな入り江に鋭く尖った流紋岩が林立する。300余年前の禅僧・霊鏡が「さながら極楽浄土のごとし」と評したという。

☎0193-68-9091（宮古市商業観光課）
住 岩手県宮古市日立浜町32番地ほか

TOWN INFO → P.35 久慈

岩手県

駅情報 堀内駅
晴れた日は絶景!
太平洋を見渡す高台にある小さな無人駅。ドラマ「あまちゃん」では、「袖が浜駅」として登場した

TOWN INFO 田野畑 たのはた
数々の景勝地を擁する
北山崎や鵜ノ巣断崖、サッパ船アドベンチャーズなど、三陸海岸の美しい景観を間近で体感できるスポットが多数。被災者の生の声を聞く「大津波語り部＆ガイド」も。

全長302m、高さ33mの安家川橋梁は、三陸鉄道随一の絶景スポット。一時停車しアナウンスが流れる

大沢橋梁からの眺めも壮観。線路に沿って走る国道45号の堀内大橋からは、太平洋をバックにコンクリートアーチ橋の上を走る列車が撮影できる

久慈川／久慈／小袖海女センター／陸中宇部／陸中野田／野田玉川／堀内／白井海岸／普代／北山崎／机漁港／羅賀漁港／田野畑／島越／鵜ノ巣断崖／小本／摂待／北リアス線／田老／佐羽根／一の渡／山口団地／宮古市魚菜市場／浄土ヶ浜／閉伊川／宮古／宮古湾

TOWN INFO 宮古 みやこ
三陸海岸観光の玄関口
浄土ヶ浜や姉ヶ崎、ローソク岩などの景勝地を巡る観光船や、「青の洞窟さっぱ船遊覧」が人気。宮古市魚菜市場の周辺には個性豊かな飲食店が多いのでぜひ立ち寄って。

トンネルが続く区間では、なもみが登場し車内を盛り上げる

駅情報 宮古駅
アテンダントが宮古の魅力をご案内
北リアス線とJR山田線との乗換駅で、駅前広場では季節ごとにさまざまなイベントが開催される。街歩きMAPなど宮古の観光情報も豊富

盛岡駅／陸中川井／茂市／山田線

冬も元気に走ります　こたつ列車

この体験が面白い！
断崖絶壁の間を小型船でGO!
サッパ船アドベンチャーズ
さっぱせんアドベンチャーズ

▶田野畑村・机漁港または羅賀漁港発着
ウニやアワビなどの漁に使われる小型船「サッパ船」に乗って、北山崎の断崖の間を進む約1時間のクルージング。海蝕洞窟をすり抜けたり、約200mの断崖を真下から見上げたり、スリル満点！

☎0194-37-1211（NPO法人体験村・たのはたネットワーク）
住 岩手県下閉伊郡田野畑村机漁港

お泊まり情報　宮古駅、久慈駅周辺に宿泊施設が多い。三陸海岸のいろいろな名物料理をめがけて宿泊先を選ぶのもいい。

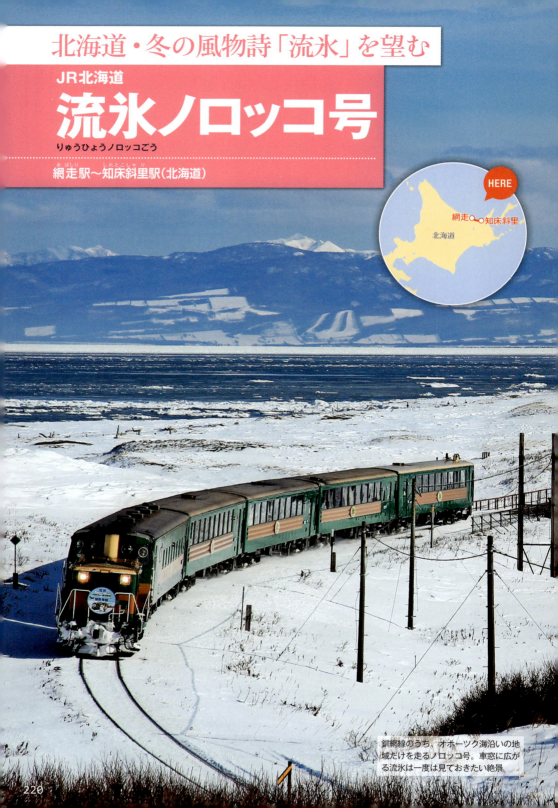

流氷ノロッコ号

北海道・冬の風物詩「流氷」を望む

JR北海道
りゅうひょうノロッコごう

網走駅〜知床斜里駅(北海道)

HERE
網走〜知床斜里
北海道

釧網線のうち、オホーツク海沿いの地域だけを走るノロッコ号。車窓に広がる流氷は一度は見ておきたい絶景。

橋梁の上を走るノロッコ号。流氷は海だけではなく、河口にも流れ込む

流氷の接岸時期・状況は年により変動するので注意しよう。自由席は団体客の利用もあるので、指定席がおすすめだ。荒天時には運休することもあるので、天気は要チェック。

左 車内では、スルメやちょい飲みセットなどのドリンク、軽食のほか、ノロッコ号チョロQなどのグッズも販売
右 状況次第で流氷が見られないときもあるが、雪景色を満喫したい

冬も元気に走ります
流氷ノロッコ号

Ryuhyo Norokko

列車から望むオホーツクブルーと真っ白な流氷

　北緯44度に位置する網走の海。1月下旬には、ロシア方面から流れ着いた流氷で、白い氷の世界に覆われる。釧網本線の網走駅～知床斜里駅間は、ちょうどこの海沿いに延びていて、流氷シーズンには流氷ノロッコ号が運行している。多くの人で賑わい、2015(平成27)年に25周年を迎えた名物列車だ。
　網走駅を出発し、次の桂台(かつらだい)駅を過ぎて間もなく、海側の窓一面に流氷が広がる。「のろのろ」走る「トロッコ列車」=「ノロッコ」の名のとおり時速40kmほどで走るので、案内役ノロッコレディの声に耳を傾けながら、雄大な景色を存分に眺めたい。
　運が良ければ、車窓からオオジロワシなどの野生動物を見ることもできるという。約10分間停車する(流氷ノロッコ号1号を除く)北浜(きたはま)駅は流氷に最も近い駅といわれ、併設の展望台からは、流氷はもちろん、名峰・知床連山も望める。

RAILWAY INFORMATION

[運行日] 1月下旬～3月上旬の毎日
[区間] 網走駅～知床斜里駅
[全長] 37.3km
[所要] 網走駅～知床斜里駅約1時間
[本数] 2往復
[編成] 5両(客車)
[料金] 網走駅～知床斜里駅1150円(乗車券840円＋指定席券310円) ※自由席車両あり
[予約] 指定席は1カ月前の10時からJRのみどりの窓口、旅行センター、おもな旅行会社などで販売
[運行会社] JR北海道　www.jrhokkaido.co.jp

▶網走駅へ…旭川駅から特急オホーツクで約3時間50分
※実際の運行情報とは異なる場合がありますので、ご乗車の際は事前にご確認ください。

列車案内
RAILWAY VEHICLES

開閉式の大きな窓がしつらえられた展望車から眺める流氷は感動的だ

グリーンを基調にした美しいデザインが素敵。機関車が接続する網走方面が1号車で、客車は5両編成だ。1号車はボックスシートの一般客車、2～5号車がベンチシートを配置した展望車になっている。自由席は1～2号車で、3号車に車内販売カウンターがある。

ストーブもあります

展望車に配置されただるまストーブが旅情を盛り上げる。車内はぬくぬく暖かい

やっぱりスルメ

売店でスルメを購入し、各車両に置かれただるまストーブで焼くのも名物

車内販売
北海道ならではのグルメやおみやげがあります

スルメ以外にも、北海じゃがバターやみりんたら、網走プリンをはじめ、北海道鉄道路線図バンダナや流氷ノロッコエコカイロなどのグッズもある（車内販売品は変更となる場合あり）。

流氷ノロッコ号
沿線のみどころ

観光は網走駅周辺が中心。プラン次第では、流氷ノロッコ号で網走駅～知床斜里駅間を往復するのもおすすめ。時間帯によって異なる光景を目に焼きつけたい。

1泊2日のモデルプラン

1日目	7:21	札幌駅から特急オホーツクに乗車し、網走駅へと向かう。
	12:46	網走駅に到着。この日は流氷おーろら船に乗船し船上から流氷を眺めたり、市内観光を楽しむ。夜は網走名物のモヨロ鍋をいただく。
2日目	9:00	午前中、再び市内観光。博物館網走監獄などを巡り、昼食。
	13:57	いよいよ流氷ノロッコ号3号に乗車。車窓を楽しんだり、北浜駅の展望台で記念撮影をして、1時間の列車の旅を満喫。
	14:55	知床斜里駅に到着。次の目的地ウトロへ。
おまけ		特急オホーツクで網走に到着したら、そのまま流氷ノロッコ3号に乗車することも可能。

感動 乗車体験!!
毎年、流氷のシーズンに乗りに行ってます

流氷が多いときには、海まで雪原が続いているような幻想的な光景に感動します。天気が良い日には知床連山の山並、さらに運が良いとオジロワシ、オオワシ、キタキツネなど野生動物の姿も見られ、知床の冬の美しさを目の当たりにできます。
(shinasinaさん／2013年2月頃乗車　●ブログ「子鉄の部屋」)

流氷観光のマストプラン
流氷観光砕氷船おーろら
りゅうひょうかんこうさいひょうせんおーろら

網走駅から｜網走バスで8分

世界で最初に観光用に設計された大型砕氷船。船の重みで氷塊を砕き、流氷のなかを進む。1日4～5便運航。

☎0152-43-6000(道東観光開発)
住 北海道網走市南3条東4-5-1
道の駅 流氷街道網走

2015年8月グランドオープン
新オホーツク流氷館
しんオホーツクりゅうひょうかん

網走駅から｜網走バスで15分

流氷がテーマの新施設。厳冬のオホーツク海を再現する「体感流氷テラス」など見どころ満載。展望台からの眺めも絶景。

☎0152-43-5951
住 北海道網走市天都山245-1

この体験が面白い！
網走湖はワカサギのメッカ
わかさぎ釣り
わかさぎつり

▶網走湖などで開催

1月上旬～3月中旬頃にかけて、網走湖などでワカサギ釣りが解禁となり、多くの人で賑わう。用具はレンタルも。

☎0152-44-5849(網走市観光協会)
URL www.abakanko.jp

駅情報 藻琴駅
旧事務所が飲食店に

旧駅事務室は、今では喫茶店「軽食＆喫茶トロッコ」として営業中

駅情報 北浜駅
展望台から流氷を眺める

10分ほど停車するので併設の展望台へ。駅は『網走番外地』などのロケ地としても有名で、昔の駅事務所は喫茶店「停車場」として営業中

6～8月にかけてハマナス、クロユリなど可憐な花が咲き誇る

5～10月のみ開業する臨時駅

駅情報 止別駅
駅の飲食店で休憩

藻琴駅同様、止別駅事務室跡では「ラーメン喫茶・えきばしゃ」が営業

網走駅～知床斜里駅間は、オホーツク海沿いを走る唯一の区間

知床斜里駅は、世界遺産・知床半島観光の玄関口でウトロ方面へのバスが発着。駅前にはホテルも多い

TOWN INFO 網走 あばしり
流氷観光の拠点に

流氷ノロッコ号をはじめ、砕氷船、ミュージアムなど、流氷にまつわるスポットが多い。博物館 網走監獄も必見。

歴史体験にあふれる博物館
博物館 網走監獄
はくぶつかん あばしりかんごく

網走駅から｜網走バスで10分

明治期に建てられた旧網走刑務所の建築物群を移築・保存公開している日本で唯一の博物館。刑務所の歴史や、北海道開拓の礎になった囚徒たちの物語なども紹介。

☎0152-45-2411
住 北海道網走市呼人1-1

観光ボランティアによるガイドも
小清水原生花園
こしみずげんせいかえん

原生花園駅から｜徒歩すぐ

オホーツク海と濤沸湖(とうふつこ)に挟まれた砂丘上に広がる原生花園。6～8月にかけてハマナス、クロユリなど約40種類の可憐な花々が咲き誇る。

☎0152-62-4481
(小清水町産業課商工観光係)

知床斜里駅から乗り継いで
知床国立公園
しれとここくりつこうえん

➡知床斜里駅から拠点となる街・ウトロへ斜里バスで約50分

冬の世界遺産を満喫！

美しい冬の知床五湖が楽しめる冬季限定のガイドツアーが催行。そのほか、流氷ウォークやネイチャーツアーなどのアクティビティも。

冬も元気に走ります　流氷ノロッコ号

お泊まり情報　網走駅周辺、知床斜里駅周辺にホテルが集まるほか、網走湖東岸にも温泉宿が多い。

TOPICS
遊び心いっぱい、イラストも楽しい！
子供と乗りたい話題の列車

子供だって列車が大好き！列車の中で遊べたり、大好きなキャラクターが描かれていたり！家族で乗りに行きたい楽しい列車を紹介します。

函館本線（JR北海道）
旭山動物園号
あさひやまどうぶつえんごう
札幌駅〜旭川駅（北海道）

RAILWAY INFORMATION

[運行日] 不定期　**[区間]** 札幌駅〜旭川駅　**[全長]** 136.8km
[所要] 札幌駅〜旭川駅約1時間40分　**[本数]** 1往復
[料金] 札幌駅〜旭川駅4810円（乗車券2490円＋指定席特急券2320円）、子供2400円（乗車券1240円＋指定席特急券1160円）、旭山動物園きっぷ6130円（札幌駅〜旭川駅往復乗車券＋旭川駅〜旭山動物園往復バス＋旭山動物園入園利用券、指定席券別途）、ほか　※指定席特急券の料金は時季により変動あり、旭山動物園きっぷは子供設定なし
[予約] 1カ月前の10時からJRのみどりの窓口、旅行センター、おもな旅行会社などで販売
[運行会社] JR北海道　www.jrhokkaido.co.jp

動物園への行き帰りもワクワク
楽しい仕掛けが満載の列車

かつて旭山動物園で飼育係を務めていた絵本作家、あべ弘士さんのイラストが描かれた列車。札幌から岩見沢駅、滝川駅の各駅を経由し、旭山動物園の最寄り駅である旭川駅とを結ぶ。イキイキと表情豊かに描かれた外側の塗装はもちろん、インテリアにもカラフルでキュートな動物たちがいっぱい。子供を連れたファミリーに大人気で、札幌から1時間40分の移動も子供たちが飽きることがないと好評だ。車内には、ボールプールで遊んだり、備え付けの本棚にある絵本を読んだりできるフリースペースや、自分で押せる記念スタンプ、鏡に映した自分の顔が動物に変身する洗面所など、楽しい仕掛けが随所に施されている。また、ふわふわの着ぐるみを着たスタッフやキリンが描かれたボードなど、撮影スポットも多く、家族や友達との思い出づくりにもぴったり。

子供と乗りたい話題の列車

TOPICS

旭山動物園って こんなトコロ！

動物たちの表情まで観察できる

旭川市旭山動物園
あさひかわしあさひやまどうぶつえん

旭川駅から旭川電気軌道バスで40分

空中散歩するオランウータンや散歩するペンギン、人間を観察するアザラシなど、イキイキと暮らす動物の姿が間近に見られる日本屈指の人気動物園。飼育担当者による動物たちの特徴的な行動の理由についての解説も面白い。

☎ 0166-36-1104
🏠 北海道旭川市東旭川町倉沼

動物たちがエサを食べる姿が見られる、もぐもぐタイムも園の名物

カバやシロクマなどの水中での様子が観察できるのも楽しい（上）
オオカミの森。すぐ隣にエゾシカのスペースがある（左）

写真提供：旭川市旭山動物園

動物がいっぱい！

楽しさ満載の車内

どうぶつシート

レッサーパンダ、ホッキョクグマ、ペンギンの着ぐるみを着たスタッフと車内で出会えるサプライズ

もぐもぐメイト

ライオンやカバ、クマなどの顔付カバーがかけられたシート。椅子からはみ出た耳がかわいらしい

ハグハグチェア

親子のぬいぐるみたちと一緒に記念撮影できる座席。まるで動物たちに抱っこされているみたいだ

座席のテーブルや通路など車内随所にクイズを用意。子供たちも楽しみながら動物通になれるかも

カバのボールプール

ボールプールに浮かぶカバのぬいぐるみは大きな口を開けている。そばにはワニのぬいぐるみもある

足跡クイズ

このあしあとのどうぶつな〜んだ？

予讃線／土讃線 ほか（JR四国）
アンパンマン列車
アンパンマンれっしゃ
岡山駅（岡山県）～宇和島駅（愛媛県）／
岡山駅～中村駅（高知県）ほか

テーマはアンパンマンに決定
子供の喜ぶ、四国列車旅

　両親の故郷であり、自身も高知で育ったアンパンマンの作者、やなせたかし氏にゆかりの深い四国はまるで全島がまるごとアンパンマン・ワールドのよう。土讃線、予讃線、高徳線・徳島線と四国4県をつなぐ路線に計21両のアンパンマン列車が走り、高速バスや路線バスにもアンパンマンの仲間たちが描かれている。その多くは車内もアンパンマン仕様。なかでも、「ゆうゆうアンパンマンカー」や「瀬戸大橋アンパンマントロッコ」には楽しい仕掛けやプレイルームが用意され、子供でなくとも心が躍る。高松駅そばのJRホテルクレメントにある「アンパンマン・ルーム」に泊まり、高知県香美市のやなせたかし記念館を訪れれば四国アンパンマンツアーは完璧。いくつかの駅や車内で販売される「アンパンマン弁当」や「アンパンマンパン」も忘れずにチェックしたい。

RAILWAY INFORMATION

[運行会社] JR四国　🌐 www.jr-shikoku.co.jp
[予約] 1カ月前から全国のみどりの窓口、旅行会社などで販売（予讃線、土讃線のアンパンマンシートは要予約）
予讃線 [区間] 岡山駅／高松駅～宇和島駅　[運行日] 毎日　[予約] 不要
土讃線 [区間] 岡山駅～中村駅　[運行日] 毎日　[予約] 不要
高徳線・徳島線 [区間] 高松駅～徳島駅（高松駅発の片道運行のみ）、徳島駅～阿波池田駅　[運行日] 土・日曜、祝日、夏休み、春休みなどが中心
瀬戸大橋アンパンマントロッコ号 ※全席グリーン車指定席
[区間] 高松駅～岡山駅、琴平駅～岡山駅
[運行日] 土・日曜、祝日、夏休み、春休みなどが中心

JRホテルクレメント高松
📞 087-811-1111
📍 香川県高松市浜ノ町1-1

香美市立やなせたかし記念館
📞 0887-59-2300
📍 高知県香美市香北町美良布1224-2

土讃線を走るアンパンマン列車「グリーン」。アンパンマンシートが並ぶ車内はパン工場の中をイメージ

四国中を駆ける、アンパンマン列車

TOPICS 子供と乗りたい話題の列車

予讃線

「ばいきんまん号」、「ドキンちゃん号」など11種類。外装はもちろん、「アンパンマンシート」にはカーテンやシートにもそれぞれのキャラクターをデザイン。

土讃線

グリーンとオレンジ、2種類のアンパンマン列車が走る。カレーパンマンやジャムおじさんなどをあしらった普通列車も多い。

高徳線・徳島線

土・日曜、祝日、学校の長期休暇期間を中心に全席指定、プレイルーム付の「ゆうゆうアンパンマンカー」が運行される。

瀬戸大橋アンパンマントロッコ

車内には記念撮影コーナーや床下窓など、楽しい仕掛けがたくさん用意されている。自然豊かな車窓の景色も楽しめる造り。

アンパンマントロッコ号の車内を覗いてみよう!

瀬戸大橋アンパンマントロッコ号は、トロッコ車両と指定座席車両を連結。特定の区間で、指定席と同じ番号のトロッコの座席に移動でき、車内のさまざまな仕掛けが楽しめるようになっている。

売店スペース
アンパンマンのお弁当やパンが買える指定席車両内の売店

トロッコ座席
開放感たっぷりのオープンな窓から見る景色は抜群!

記念撮影コーナー
丸太のベンチに座って、アンパンマンたちと記念写真をパチリ!

227

大船渡線（JR東日本）
ポケモンウィズユートレイン
一ノ関駅（岩手県）〜気仙沼駅（宮城県）

協力 POKÉMON with YOU
－ポケモンはいつもキミといっしょ－
ポケモンは東日本大震災で被災したこどもたちの支援活動を行っています。

©2015 Pokémon. ©1995-2015 Nintendo/Creatures Inc. /GAME FREAK inc.
ポケモン・Pokémonは任天堂・クリーチャーズ・ゲームフリークの登録商標です。

子どもたちに笑顔を運ぶため、東北を駆けるポケモンの列車

東日本大震災で被災した子供たちを支援する「POKÉMON with YOU」との協力で運行。車体のイラストやインテリアに加え、各駅にいたるまでポケモンがいっぱい。電車は、ポケモンたちが描かれたカラフルなシートが並ぶコミュニケーション車両と、モグリューのトンネルやモンスターボール、なかよしピカチュウとビクティニの木など、楽しさ満載のプレイルーム車両からなり、たくさんの遊び場や記念撮影スポットに目移りするほど。乗車記念に配られる缶バッジ、記念乗車証、おもいでノートも素敵。

RAILWAY INFORMATION

[運行日]土・日曜や祝日、学校の長期休暇が中心　[区間]一ノ関駅〜気仙沼駅　[全長]62km
[所要]一ノ関駅〜気仙沼駅約1時間40分
[本数]1往復　[料金]一ノ関駅〜気仙沼駅1660円（乗車券1140円＋指定席券520円）、子供830円（乗車券570円＋指定席券260円）
[予約]指定席は1カ月前の10時から販売。えきねっと利用が便利
[運行会社]JR東日本　www.jreast.co.jp

境線（JR西日本）
鬼太郎列車
きたろうれっしゃ
米子駅〜境港駅（鳥取県）

©水木プロ

水木しげる氏の故郷を走る愛嬌たっぷりキャラクター列車

境線を走る鬼太郎列車のシリーズには、鬼太郎のほか、ねずみ男、ねこ娘、目玉おやじ、ファミリー（こなきじじい）、ファミリー（砂かけばばあ）と6種類あり、いまにも車体から飛び出しそうな妖怪たちのイラストが描かれている。また、境線の駅は、境港駅＝鬼太郎駅、上道駅＝一反木綿駅、米子駅＝ねずみ男駅といったようにすべて妖怪たちの名前がつけられており、各駅にそれぞれの妖怪にちなんだイラストの駅名表示がある。終点、境港駅から始まる水木しげるロードと併せて訪れるファンが多い。

RAILWAY INFORMATION

[運行日]毎日　[区間]米子駅〜境港駅
[全長]17.9km　[所要]米子駅〜境港駅約45分　[本数]日々変動あり
[料金]米子駅〜境港駅320円、子供160円　[予約]不要
[運行会社]JR西日本　www.westjr.co.jp

大井川本線（大井川鐵道）
きかんしゃトーマス号
新金谷駅〜千頭駅（静岡県）

©2015 Gullane (Thomas) Limited.

TOPICS　子供と乗りたい話題の列車

トーマスの故郷イギリスはじめ 米国、豪州に次いで運行実現

　SLかわね路号（→P.174）の運行などで知られ、SLの動態保存に注力する大井川鐵道が運行するきかんしゃトーマスはビジュアルも設定もリアルそのもの。千頭駅には日本製機関車として作品にも登場するヒロがおり、物語どおりにトーマスとジェームスがヒロに会うため来日したかっこうだ。運行日に合わせて開催されるフェアも大好評で乗車希望者も殺到している。乗車するには乗車日の125日前14時〜HPに記載されているメールアドレスから、予約を申し込み、その後、抽選となる。

RAILWAY INFORMATION

[運行日]6月中旬〜10月初旬の金・土曜、祝日が中心
[区間]新金谷駅〜千頭駅　[全長]37.2km
[所要]新金谷駅〜千頭駅約1時間15分　[本数]1往復
[料金]新金谷駅〜千頭駅2720円（乗車券1720円＋トーマス・ジェームス料金1000円）、子供1360円（乗車券860円＋トーマス・ジェームス料金500円）
[予約]125日前の14時〜翌日13時メールで受付
[運行会社]大井川鐵道　www.oigawa-railway.co.jp

志摩線（近畿日本鉄道）
つどい
伊勢市駅〜賢島駅（三重県）

あっという間に終点駅に到着 大人も子供も大満足の列車旅

　車体に躍る色とりどりのイラストは、宇治橋や鯛、伊勢エビといった沿線のシンボル。明るい色調で勢いよく描かれており、なんともめでたい雰囲気だ。車内も窓が大きく楽しい仕掛けがいっぱい。吹き抜ける風が心地よく、靴を脱いで思う存分遊べるスペースや、ゆらゆら揺れるハンモック、運転士気分が味わえるこども運転台に駄菓子屋さんと、家族で楽しむための施設が充実。もちろん、景色が堪能できるよう窓を向いて並ぶシートやバーカウンターなど、旅を楽しむ大人のための設備も整っている。

RAILWAY INFORMATION

[運行日]土・日曜、祝日が中心　[区間]伊勢市駅〜賢島駅　[全長]38.3km
[所要]伊勢市駅〜賢島駅約1時間　[本数]2往復
[料金]伊勢市駅〜賢島駅980円（乗車券680円＋観光列車料金300円）、子供490円（乗車券340円＋観光列車料金150円）
[予約]1カ月前から近鉄特急券発売窓口、旅行会社各社などで販売
[運行会社]近畿日本鉄道　www.kintetsu.co.jp

桜島線（JR西日本）
USJラッピング
ユーエスジェイラッピング
西九条駅～桜島駅（大阪府）

到着前からワクワク気分が増大
　国内屈指の大人気テーマパーク、ユニバーサル・スタジオ・ジャパンへのアクセスに最適。ハリー・ポッターやセサミ・ストリート、ハローキティなどがダイナミックにデザインされた車体は、パーク到着前からワクワク気分を盛り上げる。ラッピング電車と一般車両の運行はほぼ交互。ユニバーサルスタジオに行くなら、1本待ってでも乗りたい電車だ。

RAILWAY INFORMATION
[運行日] 毎日（時刻は日々変動あり）　[区間] 西九条駅～桜島駅　[全長] 4.1km　[所要] 西九条駅～桜島駅8分　[本数] 日々変動あり　[料金] 西九条駅～桜島駅160円、子供80円　[予約] 不要　[運行会社] JR西日本　www.westjr.co.jp

---

肥薩おれんじ鉄道線（肥薩おれんじ鉄道）
おれんじ鉄道×くまモン
おれんじてつどう くまモン
八代駅（熊本県）～川内駅（鹿児島県）

くまモンだらけのユニーク列車
　外装、シートカバー、トイレの扉、天井と、いたるところにゆるキャラ界のスーパースター、くまモンが描かれている。とくにシートに腰掛ける大きなくまモンは記念撮影の必須ポイントとして大人気。くまモンのほか、おれんじちゃん、ぐりぶーとさくらのらぶートレインと、いずれもキュートなラッピング列車も走っており、好評を博している。

RAILWAY INFORMATION
[運行日] 毎日（時刻は日々変動あり）　[区間] 八代駅～川内駅　[全長] 116.9km　[所要] 八代駅～川内駅約3時間30分（便により異なる）　[本数] 日々変動あり　[料金] 八代駅～川内駅2620円、子供1310円　[予約] 不要　[運行会社] 肥薩おれんじ鉄道　www.hs-orange.com

---

勝山永平寺線（えちぜん鉄道）
きょうりゅう電車
きょうりゅうでんしゃ
福井駅～勝山駅（福井県）

恐竜発掘の里、福井を走る
　ダイナソー・エクスプレスとも呼ばれるこの電車は福井駅を出発し、勝山駅へと走る。外装、内装はかわいらしい恐竜のキャラクターで彩られ、チケットも恐竜のタマゴ型。車内のモニターでは恐竜についてのムービーが流れている。通常の電車より所要時間が10分短く、勝山駅から県立恐竜博物館までのバス代が含まれているのも便利。

RAILWAY INFORMATION
[運行日] 会社指定日（HPで発表）　[区間] 福井駅～勝山駅　[全長] 27.8km　[所要] 福井駅～勝山駅約40分　[本数] 1本　[料金] 福井駅～勝山駅770円、子供390円、恐竜博物館セット券1620円（鉄道1日フリーパス＋勝山駅～恐竜博物館バス＋恐竜博物館常設展入場券）、いずれも＋特別乗車券300円、ほか　[予約] 1カ月前から2日前まで電話で受付くきょうりゅう電車予約ダイヤル　0776-52-8830）　[運行会社] えちぜん鉄道株式会社　www.echizen-tetudo.co.jp

石巻線（JR東日本）
マンガッタンライナー
小牛田駅〜浦宿駅／石巻駅（宮城県）

© 石森プロ

東日本大震災を乗り越え運行再開

石ノ森章太郎氏の故郷であり、「萬画の国」とも呼ばれる石巻で運行。車体いっぱいに「がんばれ!!ロボコン」や「サイボーグ009」といった人気キャラクターが描かれ、漫画ファンや子供だけでなく少年少女時代を懐かしむ大人たちの支持をも集めている。また、石巻駅構内にも多くのキャラクター飾られ、徒歩15分の場所には石ノ森萬画館がある。

RAILWAY INFORMATION
[運行日] 土・日曜　[区間] 小牛田駅〜浦宿駅／石巻駅　[全長] 小牛田駅〜浦宿駅42.4km、小牛田駅〜石巻駅27.9km　[所要] 小牛田駅〜浦宿駅約1時間20分　[本数] 日々変動あり　[料金] 小牛田駅〜浦宿駅840円、子供420円　[予約] 不要　[運行会社] JR東日本　www.jreast.co.jp

---

城端線・氷見線（JR西日本）
忍者ハットリくん列車
城端駅〜高岡駅／高岡駅〜氷見駅（富山県）

© 藤子スタジオ

車内アナウンスにも注目

氷見市出身の漫画家、藤子不二雄Ⓐ氏にちなんで運行。車体の内外には、立山連峰やブリ、獅子舞といった数々の氷見名物とともにハットリくんや弟のしんちゃん、忍者犬のしし丸らが描かれている。さらにファンを喜ばせるのが車内アナウンス。ハットリくんが務めており、駅到着などの案内のほか、周辺の観光やグルメについても解説してくれる。

RAILWAY INFORMATION
[運行日] 毎日（時刻は日々変動あり）　[区間] 城端駅〜高岡駅、高岡駅〜氷見駅　[全長] 城端線29.9km、氷見線16.5km　[所要] 城端駅〜高岡駅約1時間、高岡駅〜氷見駅約30分　[本数] 日々変動あり　[料金] 城端駅〜高岡駅580円、子供290円、高岡駅〜氷見駅320円、子供160円　[予約] 不要　[運行会社] JR西日本　johana-himisen.com

---

伊賀線（伊賀鉄道）
忍者列車
伊賀上野駅〜上野市駅／伊賀神戸駅（三重県）

© 松本零士

車内の忍者モチーフ探しも楽しい

伊賀忍者の里として知られる三重県伊賀を走行する。正面と側面の覆面をかぶった忍者の眼は『銀河鉄道999』の作者・松本零士氏によるデザインで、切れ長のミステリアスな表情が印象的。また、車体外装のみならず、車内のブラインドが手裏剣柄だったり、網棚の上に忍びの者が潜んでいたりと、ディテールにいたるまで凝ったしつらえ。

RAILWAY INFORMATION
[運行日] 毎日（時刻は日々変動あり）　[区間] 伊賀上野駅〜上野市駅／伊賀神戸駅　[全長] 16.6km　[所要] 伊賀上野駅〜上野市駅30分、伊賀上野駅〜伊賀神戸駅40分　[本数] 日々変動あり　[料金] 伊賀上野駅〜伊賀神戸駅410円、子供210円　[予約] 不要　[運行会社] 伊賀鉄道　www.igatetsu.co.jp

TOPICS 子供と乗りたい話題の列車

鉄道博物館のヒストリーゾーン。36両の車両がずらりと並ぶ様子はなかなかの迫力。展示のなかには、皇室が利用した御料車などもある

TOPICS
観たい！知りたい！体験したい！
全国の鉄道ミュージアムへ

鉄道の世界により深く浸りたい人には、鉄道専門の博物館がおすすめ。鉄道関連の展示だけでなく、列車の運転や駅業務の体験なども可能。

体験

屋外のパークゾーンでは、一周約300mの線路上でミニ運転列車の運転ができる。車両は10両ほど用意されている

鉄道博物館
てつどうはくぶつかん
[埼玉県大宮市]

実演

学ぶ

横幅約25m奥行約8mの、国内最大級の模型鉄道ジオラマ。一日に数回、10分間の解説ショーが行なわれている（上）2階のラーニングゾーンでは、実物の部品や模型を用いて鉄道の原理を学べる（下）

一度は行きたい、鉄道博物館の代表格

JR東日本創立20周年記念で建設された大規模な博物館。全体の約半分を占めるヒストリーゾーンでは、日本の鉄道が開業した明治時代から現代までの車両の展示など日本の鉄道の歴史について紹介している。ほかに、運転シミュレータやミニ列車を利用した運転士体験、駅構内を再現した空間での車掌体験、パソコンを使った車両デザインなどを楽しむことができる。

☎ 048-651-0088　🏠 埼玉県さいたま市大宮区大成町3-47
🚃 JR高崎線／東北本線／東北・上越新幹線・大宮駅からニューシャトル・鉄道博物館（大成）駅下車、徒歩1分

観る

全国の鉄道ミュージアムへ

TOPICS

東海道新幹線歴代の車両のほか、超電導リニアや在来線の車両を展示

リニア・鉄道館
リニア てつどうかん
[愛知県名古屋市]

観る

実演

体験

リニア・新幹線に興味がある人におすすめ

　JR東海が作ったミュージアムで、高速鉄道関連の展示や体験プログラムが充実。世界最速を記録した超電導リニアを含む39両を間近に観られる。ぜひ挑戦したいのは新幹線シミュレータ。実物大の運転台で運転操作の体験が可能。そのほか、時速500kmのリニアのスピードを疑似体験できるミニシアターなどもある。

日本最速の蒸気機関車として活躍した車両も見ておきたい(左上)
日本最大級の鉄道ジオラマでは、東海道新幹線沿線の風景のなかをさまざまな車両が走る。夜間作業の様子も再現(右上)
新幹線シミュレータの利用者は抽選で決定される※有料(左)

📞052-389-6100　🏠愛知県名古屋市港区金城ふ頭3-2-2　🚉名古屋駅からあおなみ線・金城ふ頭駅下車、徒歩2分

小樽市総合博物館
おたるしそうごうはくぶつかん
[北海道小樽市]

北海道の鉄道史に触れる

　北海道の鉄道発祥の地・手宮にある。明治17年製の蒸気機関車「しづか号」を含む50両の鉄道車両や鉄道記念物を保存・展示。夏期は屋外で蒸気機関車「アイアンホース号」の乗車体験もできる。

📞0134-33-2523　🏠北海道小樽市手宮1-3-6
🚉小樽駅から10番のバス・総合博物館下車、徒歩3分

九州鉄道記念館
きゅうしゅうてつどうきねんかん
[福岡県北九州市]

旧九州鉄道本社を改装

　赤レンガの建物の中で楽しめるのは、明治時代の客車や鉄道模型の見学、門司港〜折尾間の路線風景を見ながらの運転体験など。建物の外にはミニ列車が走る公園と車両展示場もある。

📞093-322-1006　🏠福岡県北九州市門司区清滝2-3-29
🚉門司港駅から徒歩5分

" **梅小路蒸気機関車館**が**京都鉄道博物館**へ生まれ変わります！"

　京都にある梅小路蒸気機関車館は本物の蒸気機関車20両を保存している施設。国の重要文化財に指定された扇形車庫に機関車を並べて展示している。京都市指定有形文化財の旧二条駅舎を利用した資料展示館や、蒸気機関車のけん引する客車に乗れる「SLスチーム号」も見どころだ。2016年春には京都鉄道博物館(現在建設中)と一体となって開設される予定で、完成後は蒸気機関車以外も展示する日本最大の鉄道博物館となる。

📞075-314-2996　🏠京都府京都市下京区観喜寺町　🚉JR京都駅から205・208・33系統のバス・梅小路公園前下車、徒歩3分

233

観光列車 乗車ガイド
~安全で楽しい旅にするために~

乗ること自体を楽しむ観光列車の旅は、列車の乗車時間をクライマックスにするプランを組みたい。温泉や郷土料理などを楽しめるスポットも事前にチェックを。

乗車前
予約は早めに。乗り換え事情も下調べ

1. 旅行の計画

●乗りたい観光列車を決めて情報収集
観光列車の旅は、乗りたい列車を探すことから始まる。列車が決まったら、まず、ルートや時間を調べて、乗車日時を決めたい。食事付プランがある場合は、それも併せて検討する。その後、周辺情報を収集しよう。ガイドブックやウェブなどで、沿線の見どころ、駅からのアクセス、所要時間、周辺の観光地、温泉、名物料理や店などを調べる。列車の旅らしく、全体的にゆったりした日程を組みたい。

●季節限定の列車もチェックしよう
四季の変化に富む日本には季節限定の観光列車も多い。桜、紅葉、流氷を車窓から楽しんだり、旬の食材の特別料理を車内で味わうなど、多彩な楽しみがある。乗車日時を決める際、併せて確認しておこう。

●宿泊地はどこにする?
周辺情報収集の際、宿についても決めよう。駅周辺の宿泊施設を調べ、設備・料理・温泉があるかなど、旅の目的に合う宿を選びたい。

●乗り換えアプリの活用が便利
観光列車の起点駅までのアクセスなどを調べるには、JRやJTBの時刻表のほか、ウェブの無料アプリを活用すると便利だ。おすすめは「乗り換え ジョルダン」「乗換 NAVITIME」「Yahoo! 乗換案内」など。事前にスマホや携帯にダウンロードしておくとよい。

2. チケットの予約

●お得な切符を事前チェック
予約前に、観光列車を運行する各鉄道会社のウェブなどで、お得な切符、周遊切符がないかなどをチェックしよう。単独で乗車券を予約購入するより安くなったり、お得な特典が付く場合がある。

●駅、ウェブサイト、電話、旅行会社で予約
観光列車のおもな予約法は、駅の窓口、観光列車の公式HP(ウェブ)、予約センターへの電話、旅行会社での申し込みの4つだ。いずれも、乗車日時と乗車列車名、乗車したい車両・座席をあらかじめ決めておき、予約購入する。食事プランが複数ある場合は、そのリクエストも出す。駅、ウェブサイト、電話での予約は基本的にこれで大丈夫だ。旅行会社では、人気の観光列車と宿泊などをセットしたパッケージツアーを企画している場合が多い。旅行会社のHPやパンフレットなどを事前にチェックし、観光列車以外の要素も含めて、参加したいツアーを決めたい。なお、特別なイベントが付くなどの限定列車は、予約がすぐにいっぱいになりやすい。切符の発売開始日時を把握しておき、早めに予約購入しよう。

●座席指定ではここに注意!
観光列車では眺めが大きなポイントになる。事前に沿線の景色について調べておき、海側か山側など自分が楽しみたい眺めによって座席を指定しよう。JRの場合A席が太平洋側、D席が日本海側になるように走る(一部例外あり)。車両ごとに座席配置が異なる列車では、好みに応じて車両と座席を予約しよう。

■おすすめのサイト
» えきねっと(JR東日本) URL www.eki-net.com
» JRおでかけネット(JR西日本) URL www.jr-odekake.net
» 列車予約サービス(JR九州) URL train.yoyaku.jrkyushu.co.jp
» エクスプレス予約(JR東海) URL expy.jp
» トレたび(交通新聞社) URL jikoku.toretabi.jp

乗車当日
乗車時間を想定して行動したい

1. 乗る前にチェック

●食事や飲み物は？ トイレは？
観光列車の設備とサービスはさまざま。レストラン列車を予約して地元の旬の食材を食べるもよし、食事が付かない場合は、地元の名物駅弁を買って乗車するのも楽しい。予約が必要な駅弁もあるため乗車券購入時に確認しておこう。加えて、車内販売の有無もチェックし、飲み物やお菓子などを適宜用意しよう。また、トイレがない列車もあるので、乗車前に時間の余裕をもって済ませておきたい。

●途中下車をする場合
観光列車では途中下車ができない、または一部の駅に限られることが多い。この点も乗車前に確認を。

2. 乗車中に楽しみたい

●乗車した人だからこそ体験できる
乗車中は車窓の景色にうっとりしたり、特別料理を堪能したりなど観光列車ならではの醍醐味に加え、乗った人しか体験できない楽しみもいっぱい。乗車記念証、記念撮影、記念スタンプ、車内でしか販売していないグッズなど（文房具、マグカップ、タオル類）、旅の思い出を深める演出が盛りだくさんだ。

●アナウンスに耳を傾けてみよう
絶景ポイントや名所にさしかかると、車内アナウンスがあるのが一般的。静かに耳を傾けて車窓の景色を楽しもう。地元にゆかりがある著名人がアナウンス役となり、路線をガイドする演出も増えている。

●マナーを守って快適な時間を
展望スペースなどの共有空間を独占しない、絶景ポイントの写真撮影を譲り合うなど乗客同士の心づかいも楽しい旅のポイント。大声での会話にも注意。

1 列車番号で「上り」「下り」がわかる
「1号」「2号」などの番号は「上り」「下り」を指す。基本的に、線区で一番の都市に向かう「上り」列車には偶数、その逆方向に向かう「下り」には奇数がつく。

2 スイッチバック、ループ線とは
急勾配の土地を進むため、つづら折りに線路を敷いたり、途中に停車場を設けた路線が「スイッチバック」。勾配をゆるめるため、線路を輪状に敷いたのが「ループ線」だ。

3 SL、DL、ELってなんの記号？
車両を動かす動力装置を持つ機関車は、動力源によって、SL、DL、ELなどに分類される。SLは蒸気機関車、DLはディーゼル機関車、ELは電気機関車の略号だ。

4 「キハ」「モハ」などの意味
車両の側面などに記された「キハ」「モハ」などのカタカナは、車両の特徴を示す記号。種別記号と用途や設備記号を組み合わせて、2〜4文字で表すのが一般的だ。

□ 記号の読み方

△△△000-0000

- 車両の種類
- 車両の等級
- 車両の設備
- 電気の方式
- 用途
- 区別
- 製造番号
- 番台区分

□ 記号の種類

〈種別〉
- キ＝運転席付気動車
- ク＝運転席付制御車
- モ＝モーター付電動車
- サ＝モーターなし付随車

〈用途や設備〉
- ハ＝普通車
- ロ＝グリーン車
- ネ＝寝台車
- シ＝食堂車

INDEX

列車名50音順インデックス（紹介テーマにより鉄道会社名が一部含まれます）

	列車名	鉄道会社	ページ
あ	明知鉄道食堂車	明知鉄道	24
	旭山動物園号	JR北海道	224
	あそぼーい!	JR九州	104
	或る列車	JR九州	92
	アンパンマン列車	JR四国	226
	いさぶろう・しんぺい	JR九州	94
	一畑電車	一畑電車	190
	指宿のたまて箱	JR九州	118
	伊予灘ものがたり	JR四国	48
	海幸山幸	JR九州	126
	A列車で行こう	JR九州	112
	SLかわね路号	大井川鐵道	174
	SL銀河	JR東日本	168
	SLパレオエクスプレス	秩父鉄道	186
	SLばんえつ物語	JR東日本	182
	SL人吉	JR九州	94
	SL冬の湿原号	JR北海道	145
	SLみなかみ	JR東日本	187
	SLもおか	真岡鐵道	187
	SLやまぐち	JR西日本	178
	えちぜん鉄道	えちぜん鉄道	189
	沿線かたりべ列車 天浜線	天竜浜名湖鉄道	190
	おいこっと	JR東日本	60
	奥出雲おろち号	JR西日本	84
	お座敷列車	三陸鉄道	218
	お座トロ展望列車	会津鉄道	152
	おれんじ食堂	肥薩おれんじ鉄道	124
	おれんじ鉄道×くまモン	肥薩おれんじ鉄道	230
か	懐石列車	小湊鐵道	52
	海洋堂ホビートレイン	JR四国	162
	カシオペア	JR東日本	130
	ガッタンゴー	NPO法人神岡・町づくりネットワーク	165
	きかんしゃトーマス号	大井川鐵道	229
	鬼太郎列車	JR西日本	228
	九州横断特急	JR九州	93
	きょうりゅう電車	えちぜん鉄道	230
	くしろ湿原ノロッコ号	JR北海道	142
	黒部峡谷トロッコ電車	黒部峡谷鉄道	136
	越乃Shu＊Kura	JR東日本	42
	こたつ列車	三陸鉄道	216
	コンセプト列車	JR西日本	60
さ	嵯峨野トロッコ列車	嵯峨野観光鉄道	89
	サンライズ出雲・瀬戸	JR西日本	130
	しまんトロッコ	JR四国	160

	スーパーカート	高千穂あまてらす鉄道	164
	鈴虫列車	津軽鉄道	214
	ストーブ列車	津軽鉄道	212
	瀬戸内マリンビュー	JR西日本	198
た	旅人	西日本鉄道	93
	丹後あかまつ号／丹後あおまつ号／丹後くろまつ号	京都丹後鉄道	192
	津軽鉄道	津軽鉄道	189
	つどい	近畿日本鉄道	229
	鉄道ホビートレイン	JR四国	162
	田園シンフォニー	くま川鉄道	94
	天空	南海電鉄	80
	展望列車「きらら」	叡山電車	88
	展望列車634型 スカイツリートレイン	東武鉄道	74
	TOHOKU EMOTION	JR東日本	30
	TRAIN SUITE 四季島	JR東日本	210
	トロッコ列車 ゆうすげ号	南阿蘇鉄道	104
	トロッコわたらせ渓谷号	わたらせ渓谷鐵道	156
	トロッコわっしー号	わたらせ渓谷鐵道	158
	トワイライトエクスプレス「瑞風」	JR西日本	210
な	ななつ星 in九州	JR九州	210
	忍者ハットリくん列車	JR西日本	231
	忍者列車	伊賀鉄道	231
	のと里山里海号	のと鉄道	59
は	花嫁のれん	JR西日本	60
	はやとの風	JR九州	94
	ビール列車	関東鉄道	53
	風鈴列車	津軽鉄道	214
	フジサン特急	富士急行	71
	富士登山電車	富士急行	68
	富良野・美瑛ノロッコ号	JR北海道	148
	ポケモンウィズユートレイン	JR東日本	228
ま	マンガッタンライナー	JR東日本	231
	みすゞ潮彩	JR西日本	202
	南アルプスあぷとライン	大井川鐵道	176
	ムーミン列車	いすみ鉄道	39
や	薬草列車	樽見鉄道	53
	USJラッピング	JR西日本	230
	ゆふいんの森	JR九州	93
	由利高原鉄道	由利高原鉄道	188
ら	リゾートしらかみ	JR東日本	62
	リゾート21	伊豆急行	206
	流氷ノロッコ号	JR北海道	220
	レストラン・キハ	いすみ鉄道	36
	ろくもん	しなの鉄道	18

本書のデータ欄の見方

各列車のRAILWAY INFORMATIONでは、原則的に、紹介している観光列車の運行情報のみを掲載しています。

[運行日]…運行日　[区間]…運行区間
[全長]…走行区間の全長距離。走行区間が複数ある場合には区間ごとの距離を示しています
[所要]…おもな走行区間での所要時間の目安
[本数]…1日あたりの運行本数。片道運行を「本」、同じ区間内での上下運行を「往復」で示しています。ただし、例外的に上下運行があっても「本」で示している場合があります。
[編成]…観光列車の車両編成数
[料金]…乗車の際にかかる、大人1人あたりの料金。特記がある場合を除き、子供料金は省略しています
[予約]…各種乗車券の販売時期、予約・販売方法など
[運行会社]…運行会社と運行会社の公式HPアドレス

モデルプランの時刻は、原則的に、土曜・休日ダイヤの時刻で示しています。車両点検、その他の事情などにより、運行が中止、遅延する場合がありますので、ご利用の際は各運行会社などにお問い合わせ、ご確認ください。掲載している地図では、紹介の観光列車が走っている路線でも、その列車が停車しない駅や他の路線の駅を省略している場合があります。

本書に掲載されている情報は2015年2〜4月に調査・確認したものです。出版後に列車の編成、路線名、駅名、運用車両、運行時間、各種料金、地図情報などが変更になる場合があります。なお、料金は原則として、2015年4月現在での消費税込みの金額です。今後の税率改正にともない変更される場合があります。お出かけの際には、最新の情報をご確認ください。

Photo Credits

安田眞樹

©小諸市観光協会(P.23)　　©鵜飼功一(P.24-25)　　©千葉県立中央博物館(P.41)
©白神山地ビジターセンター(P.62, 67)　　©鈴木晃(P.74-75)
©筒井義昭(P.93)　　©LM(P.96, P.99, P.101)　　©鹿児島市(P.98)
©鹿児島県観光交流局観光課(P.102)　　©橋本 隆也(P.104-105, P.114, P.210)
©shinasina(P.142-143, 220)　　©北海道釧路総合振興局(P.144, 147)
©塘路ネイチャーセンター(P.147)　　©みどり市観光課(P.159)
©安野光雅美術館(P.181)　　©橋本祐太(P.187)　　©藤岡知高(P.198)
©鉄道博物館(P.232)　　©武田 雄一郎(P.238)

写真協力
関係鉄道会社
明知鉄道／会津鉄道／伊賀鉄道／伊豆急行／いすみ鉄道／一畑電車／叡山電鉄／えちぜん鉄道／大井川鐵道／関東鉄道／京都丹後鉄道／近畿日本鉄道／くま川鉄道／黒部峡谷鉄道／小湊鐵道／嵯峨野観光鉄道／三陸鉄道／JR九州／JR四国／JR西日本／JR西日本 金沢支社／JR西日本 米子支社／JR東日本／JR東日本 秋田支社／JR東日本 盛岡支社／JR東日本 仙台支社／JR東日本 新潟支社／JR東日本 長野支社／JR北海道／しなの鉄道／高千穂あまてらす鉄道／樽見鉄道／秩父鉄道／津軽鉄道／天竜浜名湖鉄道／東武鉄道／南海電鉄／西日本鉄道／のと鉄道／肥薩おれんじ鉄道／富士急行／南阿蘇鉄道／真岡鐵道／由利高原鉄道／わたらせ渓谷鐵道／NPO法人神岡・町づくりネットワークほか

関連市町村観光課・観光協会
掲載諸施設ほか

地球新発見の旅
にっぽん 観光列車の旅
Scenic Train Rides in Japan

2015年5月22日　初版第1刷発行

編　者　K&Bパブリッシャーズ編集部
発行者　河村季里
発行所　K&Bパブリッシャーズ
　　　　〒101-0054　東京都千代田区神田錦町2-7 戸田ビル3F
　　　　電話03-3294-2771　FAX 03-3294-2772
　　　　E-Mail info@kb-p.co.jp
　　　　URL http://www.kb-p.co.jp

印刷・製本　加藤文明社

落丁・乱丁本は送料負担でお取り替えいたします。
本書の無断複写・複製・転載を禁じます。
ISBN978-4-902800-49-4　C0026
©2015 K&B PUBLISHERS

この地図の作成に当たっては、国土地理院長の承認を得て、同院発行の50万分1地方図、20万分1地勢図及び5万分1地形図を使用しました。（承認番号　平27情使、第34号）

本書の掲載情報による損失、および個人的トラブルに関しては、弊社では一切の責任を負いかねますので、あらかじめご了承ください。